高校教师教学价值自觉研究

周波·著 //////////// ●

GAOXIAO JIAOSHI JIAOXUE JIAZHI ZIJUE YANJIU

U0654550

四川人民出版社

图书在版编目（CIP）数据

高校教师教学价值自觉研究 / 周波 著.
--成都：四川人民出版社，2023.7
ISBN 978-7-220-12998-8

Ⅰ．①高… Ⅱ．①周… Ⅲ．①高等学校－教学研究
Ⅳ．①G642.0

中国版本图书馆CIP数据核字(2022)第252254号

高校教师教学价值自觉研究
GAOXIAO JIAOSHI JIAOXUE JIAZHI ZIJUE YANJIU

周波 著

本书编委会 编

责任编辑	段瑞清
版式设计	成都天海印务部
封面设计	张 科
责任印制	周 奇
特约校对	北京悦文文化
出版发行	四川人民出版社（成都三色路238号）
网 址	http://www.scpph.com
E-mail	scrmcbs@sina.com
发行部业务电话	(028)86361653　86361656
防盗版举报电话	(028)86361661
印 刷	成都国图广告印务有限公司
成品尺寸	170mm×240mm
印 张	17
字 数	267千
版 次	2023年7月第1版
印 次	2023年7月第1次印刷
书 号	ISBN 978-7-220-12998-8
定 价	89.00元

著作权所有·违者必究
本书若出现印装质量问题，请与我社发行部联系调换。电话:(028)86361656

目 录
CONTENTS

1　绪　论

1.1　研究缘起

1.1.1　高校教师重视教学是高校提高教育教学质量的时代需求

高等教育为我国经济社会发展提供了强大的人才与智力支撑，推动了社会发展和民族复兴。提高高校人才培养质量是高等教育的根本要求，是社会进步和时代发展的客观使然。然后，近些年来我国高等教育教学质量的下滑是一个不争的事实，成为一个亟须］解决的重大现实课题，引起了社会和国家的高度重视。教育部在 2001 年颁布的《关于加强高等学校本科教学工作提高教学质量的若干意见》提出："切实加强高等学校本科教学工作和提高教学质量，把提高教育质量放在更加突出的重要位置，实现我国高等教育的可持续发展。"2007 年国家实施"高等学校本科教学质量与教学改革工程"，把提高高等教育教学质量和深化教学改革提高到国家战略层面。2018 年 6 月 21 日，教育部在四川成都召开新时代全国高等学校本科教育工作会议。教育部部长陈宝生指出："高教大计、本科为本，本科不牢、地动山摇。人才培养是大学的本质职能，要推进'四个回归'，把人才培养的质量和效果作为检验一切工作的根本标准。一是要回归常识，二是要回归本分，三是要回归初心，四是要回归梦想。其中回归本分就是要引导高校教师热爱教学、倾心教学、研究教学，潜心教书育人。"① 高校教学质量是内在因素和外在因素共同作用的结果，其中内在因素起着决定性的作用，而内在因素中高校教师重视教学

---

① 陈宝生. 在新时代全国高等学校本科教育工作会议上的讲话［J］. 中国高等教育，2018，(15)：4－10.

和积极主动改善教学对提高高等教育教学质量具有决定性、根本性的作用。因而，引导和促进高校教师热爱教学、重视教学、倾心教学、研究教学和自觉改善教学是提高高校人才培养质量的根本着力点。倘若高校教师把教学视为一种外在的任务、把教学仅作为一种谋生的手段，他们还愿意在教学方面付出更多的时间和精力吗？改善教学和提高教学质量就难以成为他们的首要职责，就难以从根本上提高高等教育教学质量。因而，高校教师只有把教学内化为自身生命价值确证、提升与完善的内在价值需求，自觉把关心教学和积极主动改善教学作为自己的一种生命实践活动，才能从根本和源头上实现高校教学质量的有效提升。

1.1.2 教学与科研的失衡制约了高校教育教学质量的提高

高校是培养人才的专门场所，教学是实现高校人才培养的主要途径、是高校的根本职能。回顾大学的发展历史，教学是大学产生的源头和生存发展的根基，是大学的"原生功能"。自大学创始起，在相当长的历史时期内，教学一直是高校的首要和唯一职能。随着社会的发展需求，高校的使命和职能也随之发生着历史性的变化。1810年，洪堡以"教学与科研并重"的理念创办柏林大学，科学研究同教学相比，它以对社会的贡献和教师个人的回报所表现出来的直接化、可视化、见效快等特点在高校表现出强大的生命力。在19世纪初，教学与科研作为高校教师工作的两翼，矛盾并不十分突出，但到了20世纪40年代以后，大学科研贡献的凸显，使得科学研究成为高校获得社会声誉与资源的主要的、直接的依托，成为衡量与评价教师发展与贡献的主要指标，最终导致教学中心地位在"科研导向"的影响下逐渐被边缘化。目前不少高校在教师评价和考核方面普遍存在着"重科研、轻教学"的现象，逐渐形成了一种重科研而轻教学、重学科专业发展而轻教学专业发展的文化，甚至形成一种刻板的思维，即认为教师具有硕士或博士学位，掌握了学科专业知识就等于会教学，科研成果多和科研能力强、教学能力也会强。科研取向成为不少高校教师实际上奉行的价值追求，科研至上或科研主义成为很多高校不可言说的公开秘密。这种情况导致高校教师重学术价值、轻教学价值的倾向，教学在教师追逐现实利益的潮流中被边缘化、被抛弃在教育世界的"荒野"。"说时重要、忙时次要、评时不要或忘掉"成为描绘当前高校教学尴尬境遇的形象表达。重学术价值、轻教学价值必然抑制教师教学能力的发展，也必然导致教学质量的下降。如何改变高校教师重学术价值、轻教学价值的现象，使其积极主动改善教学，走主动、自觉的教学成长之路，实现教学和科研的有效平衡，成为高校提高教学质量不容回避的、亟待解决的现实问题。

1.1.3 高校教师教学价值自发引发了广泛而深刻的教学危机

教学本是高校的根本职能，是高校教师的根本职责。重视教学、潜心教学和积极改善教学是教师作为教学者角色的本然之意，是高校教师的本分所在，也是提高人才培养质量和实现中华民族振兴的根本希望所在。然而，在现实的高校教师教学生活中存在着教学兴趣不高、教学意愿不强、教学动力不足、教学投入不高等现象。做好教学工作是高校教师根本职责的本然之义，潜心教学和自主实现自身教学成长是教师职业的本源之意。但在现实中某些高校教师把教学视为一种外在的、额外的任务，把教学作为一种谋生的手段，存在着忽视教学成长，甚至在追求现实利益中主动"悬置教学"或抛弃自身的教学成长。高校教师教学的自发现象引发了一系列教学价值失范，进而导致一系列教学危机，制约着高校人才培养质量的提升。教学价值失范是指教师教学思想观念与行为的混乱与困顿，不符合教学需求。换言之，教师的教学思想观念与教学行为不能满足或不符合教学的要求与规范，甚至不利于教学活动和教学质量的提升。教学价值失范必将表现出深刻的教学危机，如教师教学价值观念冲突、教师教学者角色危机。某些高校教师不能较好扮演教学者角色，在教师职业生涯中以学者自居，忽视与遮蔽作为高校教师的教学职责；教师教学能力危机，即教师教学能力不能满足教学的要求。如在美国，15%的教师在第一年教学后离开学校，15%的教师在第二年结束时离任，超过50%的教师在工作7年内放弃教师职业。① 导致这种结果最主要的原因是高校教师难以适应教学工作环境和胜任教学工作。

1.1.4 高校教师教学价值自觉是教师教学专业发展的内在诉求

教师教学专业发展就是一个持续改进和不断提高的过程，就是一个积极主动自我完善的过程，它要求高校教师要持续不断地、主动地、自觉地学习。

① Michael Strong. Wendy Baron An analysis of mentoring conversations with beyinning teacher: suygestions and responses [J]. Teaching and Teacher Education, 2004, (1): 47-57.

高校教师如何对待教学活动，如何在教学活动中存在，直接关乎自身的专业发展状态和水平。高校教师教学专业发展不是一个自然而然的过程，它需要教师做到热爱教学、专注教学、主动研究和改善教学，它需要高校教师付出艰辛的努力和大量时间、精力等。高校教师教学专业发展虽然受内外因的共同影响，但从根本上讲，其发展主要受内在因素的支配，取决于高校教师认真对待教学和主动持续改善教学。高校教师教学价值自觉就是实现自身教学专业发展的动力之源和根本路径。唯有如此，高校教师才能全身心地投入教学工作，把教学作为自身生命成长的重要历程和重要方式，促使高校教师教学专业发展和自身生命成长的有机结合。高校教师教学价值自觉使教学专业发展不仅仅停留在生存层面，而是上升为高校教师的生命价值层面，使教学活动融入到高校教师的生命世界之中。教学成为高校教师的一种生命存在方式，为实现教师教学专业发展提供了力量源泉。"一方面，教师作为'人'的存在。首先是一种生命的存在。生命应该是丰富多彩、千姿百态的，应该是朝气蓬勃、有滋有味的。教师应该具有'人'的丰富性。另一方面，教师作为'师'的存在，又具有楷模与示范的特性。'学高为师、德高为范'是社会对教师职业的基本要求。一个人一贫如洗，对别人绝不可能慷慨解囊。凡是不能自我发展、自我培养和自我教育的人，同样也不能发展、培养和教育别人。这一切，要求教师必须自觉学习、主动提高，才能适应社会的需要，才能满足职业的要求。从这一意义上说，教育天然需要教师具有一种博大而高远的精神，一种充实而圣洁的灵魂，一种虔诚而温馨的情怀，以及追求完美人生的信念。教师只有先受教育，才能在一定程度上教育别人；教师只有诚心诚意的自我教育，才能诚心诚意地教育学生。"①

1.2 核心概念界定

1.2.1 教学价值

1.2.1.1 教学

何谓教学，自人类产生教育起，就没有停止对教学的探讨，由于文化、

---

① 王枬.教师发展：从自在走向自为［M］.桂林：广西师范大学出版社，2007：11.

教育背景、个人经历、立场、视角等的不同，人们对教学的理解呈现出多样性。如顾明远在《教育大辞典》中把"教学界定为以课程内容为中介的师生双边教和学的共同活动。"① 王策三在《教学论稿》中把"教学界定为是由教师教，学生学的统一活动；在这个活动中，学生掌握一定的知识和技能，同时，身心获得一定的发展，形成一定的思想品德。"② 李秉德在《教学论》中把教学定义为"教的人指导学的人进行学习的活动，进一步说，指的是教和学相结合相统一的活动"③。十二所重点师范院校编写的《教育学基础》把教学定义为"是一种尊重学生理性思维能力，尊重学生自由意识，把学生看作是独立思考和行动的主体，在与教师的交往和对话中，发展个体的智慧潜能，陶冶个体的道德性格，使每一个学生都达到自己最佳发展水平的活动"④。本研究中教学是指教学主体以教学内容为载体、以对话为基本方式的一种价值实现与提升的活动。

1.2.1.2 价值

自人类社会产生起，价值就进入了人们的生活世界之中，同人的生活、生产等紧密相连。但在相当长的历史时期，价值并没有从生活中分离出来成为独立的研究对象。直到 19 世纪末 20 世纪初产生价值哲学开始，人们才对价值的本质进行专门的、广泛的、深入的探讨。纵观价值哲学发展史在价值本质的探究中主要存在主观主义价值本质论和客观主义价值本质论。主观主义价值本质论主要包括情感说、兴趣说、意志决定说、欲求说、需要满足说、心灵赋予说、结果评价说等；客观主义价值本质说主要有客体属性说、先验性质说、功能说等。无论在西方还是在中国，需要满足说影响最广、认同者最多。如情感愉快论认为价值的实质在于使情感愉快、价值由人的情感决定，其代表人物主要有奥地利哲学家迈农、新康德主义弗赖堡学派价值哲学的奠基人德国哲学家文德尔班、美国实用主义哲学家刘易斯等。兴趣价值论认为价值就是对某种兴趣的满足，代表人物主要有美国哲学家培里、乌尔班等。

① 顾明远.教育大辞典（上）[Z].上海：上海教育出版社，1998：711.
② 王策三.教学论稿 [M].北京：人民教育出版社，1985：91.
③ 李秉德.教学论 [M].北京：人民教育出版社，1991：2.
④ 十二所重点师范院校.教育学基础 [M].北京：教育科学出版社，2008：269.

满足需要说认为价值就是客体对主体某种需要的满足或趋近，代表人物主要有美国实用主义哲学家詹姆士、艾德勒、英国哲学家拉蒙特等。心灵赋予说认为价值是人的心灵、意志赋予事物的，代表人物主要有英国哲学家维特根斯坦、德国哲学家伽达默尔等。评价结果论认为价值是评价的结果，代表人物主要有日本学者牧口常三郎、英国哲学家彼得·罗素等。客体属性说认为价值就是事物本身所固有的善或恶，具有客观性，代表人物主要有英国伦理学家摩尔。功能价值论认为价值是客体的固有属性与评价它的主体相互作用产生的功能，代表人物主要有德国新康德主义哲学家李凯尔特等。

我国学者张东荪在 1934 年出版了《价值哲学》一书，介绍了西方价值哲学各派理论的观点，他以满足需要与要求去理解价值的本质，同时也阐发了他的价值哲学思想。张东荪对价值哲学的介绍与研究，是当代中国价值哲学的发端。在相当长的时间内，价值研究在我国一直处于沉寂状态甚至让人谈之色变的"禁学"。直到 20 世纪 70 年代末我国兴起了"实践是检验真理的唯一标准"的大讨论和实施改革开放的国策，才引起和促进人们关注和研究价值问题，在 1980 年以后很快就兴起了价值热。① 我国的价值研究充分吸收了西方研究研究的成果，并根据中国的实际进行颇具特色的本土研究，更加关注现实生活、关注实践与生命，因而更具有实践与生命特性。价值研究无论在数量还是质量上，无论是在广度还是深度上都取了令人骄傲的成绩。

"人类的一切行动之中都既有事实成份，又有价值成份，都是事实判断和价值判断的结合。……事实和价值、事实世界和价值世界不是现实中互不相干的、完全并列的两个东西，或两个世界，而是同一事物、同一世界的两个层面。……一切事实本身，一旦被科学探索活动确认，就已经打上了人的印记，渗透了理论，预设了价值，受到了理论和价值的'污染'。也就是说，客观事实不是自发地呈现在我们面前的，我们称之为事实的那些事实，恰好是那些对我们具有某种重要性——具有某种价值（正价值或负价值）的事实。……事实本身在价值上不是中性的，事实负载着价值。每一科学事实都具有理论负荷和价值负载。"②

---

① 王玉樑. 从理论价值哲学到实践价值哲学 [M]. 北京：人民教育出版社，2013：308－309.
② 袁贵仁. 价值学引论 [M]. 北京：北京师范大学出版社，1991：36－38.

　　"'价值'这个词最初在古代的梵文中意思是'掩盖、加固',以后进一步延伸,价值就成了一个专用词,指对人的'好处、益处、有用,或珍惜、可宝贵、可重视'等等。一句话,这个词本来就是好的意思。变成正式学术用词后,这个词变得更加全面了。单说'好'的这一面,可以叫做'正价值'或简称'价值';'不好或坏'的一面,则叫'负价值或无价值'。"①

　　"价值的本质是主客体相互作用中的客体主体化,客体对主体的效应。这是价值的一般本质。主客体相互作用中客体对主体的效应包括正效应和负效应。客体对主体的积极效应或正效应,是正价值,这是狭义的价值,狭义的价值指善;客体对主体的消极效应或负效应,是负价值,则指恶。通常人们所说的"有价值",指的是正价值,即狭义的价值;人们的价值追求也是追求正价值。在这个意义上可以说,价值必定是善的。"② "价值是发生在劳动活动中主客体之间的一种关系,表示客体为人而存在,对人有意义、有用。价值关系通俗地说就是意义关系、作用关系。"③ 因而,价值就是实践活动中主客体交互作用,客体对主体需要的满足或趋近而产生了积极效应或意义。它体现和强调的是促进人生存与发展得更加完善、更加美好,促进人全面自由自觉和谐发展,促进人生命价值的实现、完善、提升与超越。价值不仅关注过去与当下,也关注未来;既追求现实的生命价值与意义,也对可能的美好生活充满了憧憬与期待,并致力于追求一种更高更好的美好生活与意义。"价值既反映'现有',更反映'应有';既体现'实然'更体现'应然'。"④

　　教学作为人的一种具体活动形式,往往被打上了人的"印记",负载着人的某种价值追求。因而,教学不仅仅是一种事实性活动,还是承载着某种价值的事实。事实与价值作为教学活动的一体两面,体现了教学是一种"实然"与"应然"的有机统一。教学价值作为教学的固有属性、作为价值的一种具体形态,准确理解教学价值对引导和促进教学主体认真对待教学和积极改善教学具有积极意义。根据前文我们对教学和价值的理解,我们把教学价值理解为教学对主体需要的满足或趋近产生的积极效应或意义。

① 李德顺.新价值论 [M].昆明:云南人民出版社,2004:19.
② 王玉樑.从理论价值哲学到实践价值哲学 [M].北京:人民教育出版社,2013:360.
③ 袁贵仁.价值学引论 [M].北京:北京师范大学出版社,1991:40-79.
④ 袁贵仁.价值学引论 [M].北京:北京师范大学出版社,1991:238.

1.2.2 价值自觉

价值自觉是指"人们正确认识并掌握一定客观规律时的有计划的、有远大目的的活动"①。价值自觉就是"在认识人类发展的本质和规律的基础上，把眼前利益与长远利益、局部利益和整体利益有机结合起来的价值追求"②。价值自觉是指"人类在社会实践活动中，在一定程度上认识和理解了自身活动的必然性和规律性以后，具有较为明确的价值指向性、目的性和计划性的活动状态"③。价值自觉是指"对社会历史进程中逐步凝练的文化精髓的理性把握与认识，是对能够反映特定民族生活方式、理想信念等的自我提炼与总结"④。所谓价值自觉，"就是人们在正确认识事物的本质和规律基础上，积极、主动深思熟虑和理性地追求功利与真善美的统一，追求社会与自然的和谐发展，追求有利于人的健康、全面发展的价值"⑤。价值自觉"是人们对客观事物以及价值的本质和规律认识的高级状态，是对价值认识的积极、能动和理性的认识状态"⑥。结合与借鉴已有的研究成果，我们认为价值自觉是指价值主体在科学认识对象的本质、价值和深刻意识价值主体自身价值需求的基础上，把价值需求的满足、实现与提升作为价值实践的根本追求，表现出的积极、主动、认真的状态。

1.2.3 价值自发

价值自发和价值自觉是刻画人的价值活动状态的一对哲学范畴，因而，价值自发是和价值自觉相对应的一个概念。价值自发是"指人们缺乏对事物规律性认识时的活动。盲目地为客观必然过程所支配，往往不能科学地预见其活动的后果"⑦。"所谓价值自发，就是人们在不认识事物的本质和规律的情况下，不加思索，不用别人暗示，盲目地追求某种价值的状态。"⑧"自发

---

① 辞海 [Z]. 上海：上海辞书出版社，2000：2281－2282.
② 王玉樑. 价值自觉与科学发展观 [J] 天津社会科学，2008，(1)：10－14.
③ 孙伟平，罗建文. 从自发到自觉：民生幸福的价值追求 [J]. 西北大学学报 (哲学社会科学版)，2013，(5)：29－33.
④ 朱哲，薛焱. 价值自觉、价值自信与价值实践 [J]. 思想教育研究，2014，(5)：23－27.
⑤ 王国银. 论价值自发和价值自觉 [J]. 学术论坛，2005，(12)：12－16.
⑥ 刘秀华. 马克思实践观视域中价值自觉的内涵及功能 [J]. 前沿，2013，(23)：15－17.
⑦ 辞海 [Z]. 上海：上海辞书出版社，2000：2281－2282.
⑧ 王国银. 论价值自发和价值自觉 [J]. 学术论坛，2005，(12)：12－16.

是指人类在社会实践活动中盲目地、不自觉地为一定历史必然性所驱使和支持，不能明确预见地自身活动的结果和前途。"① "所谓价值自发就是不认识发展的本质与规律，只图眼前价值、局部价值，而忽视长远价值、整体价值的价值追求。"② 本研究中，价值自发是指价值主体未能正确认识与把握对象的本质、规律、价值和没有意识到自身的价值需求，导致在对待对象上表现出的一种盲目、被动、消极、短视、随意的价值行为状态。

1.2.4　价值自觉与价值自发的关系

价值自觉和价值自发这对哲学范畴，表征人在价值活动中的对价值对象的本质、规律和发展趋势的把握性程度，对价值对象是否具有理性认识，对自身生存的意义是否理解，对个体自由全面发展的意愿程度。它们是价值主体在价值认识、价值选择、价值追求、价值创造和价值实现中的两个层次，二者既相互区别又有内在的联系。区别表现为："一是在价值本质认识上，价值自觉坚持唯物辩证法，坚持从实践、事实出发；价值自发在价值本质认识上，主观性居于主导地位。二是在价值理论中，价值自觉坚持逻辑一贯性；价值自发在理论中忽视一贯性。三是在价值活动中，价值自觉坚持工具理性和价值理性的统一；价值自发推崇工具理性，忽视价值理性。"③ 四是在对价值对象认识上，价值自觉能够给予理性认识；价值自发缺乏理性认识或给予对象错误的认识。五是在价值追求中，价值自觉表现为目标明确、积极主动、能动、自觉，坚持个人价值和社会价值的统一、眼前利益和长远利益的统一；价值自发表现为目标模糊、盲目、消极、被动，追求个人价值、眼前利益。六是在价值实现上，价值自觉利于生命价值的拓展、提升、丰富和完善；价值自发遮蔽了生命价值的拓展、提升、丰富和完善。价值自觉与价值自发虽有区别但又有内在的联系，主要表现为：一是价值自发是价值自觉的基础，是价值追求过程中开始必然产生的现象。价值自发为价值自觉做了准备，价值自觉是在价值自发的基础上逐渐发展起来的。二是价值自觉是对价值自发的扬弃，它内在地包含、吸收了价值自发的一些合理因素而不是一概否认价

---

① 孙伟平，罗建文. 从自发到自觉：民生幸福的价值追求 [J]. 西北大学学报（哲学社会科学版），2013，(5)：29 - 33.

② 王玉樑. 价值自觉与科学发展观 [J] 天津社会科学，2008，(1)：10 - 14.

③ 王国银. 论价值自发和价值自觉 [J]. 学术论坛，2005，(12)：12 - 16.

值追求的内容。三是价值自发到价值自觉的转化，需要一定的条件，特别重要的是提升人的价值素养，努力提升人的价值自觉的程度和水平。①

1.2.5 教学价值自觉

目前，虽然对教学价值自觉的认识还没有直接可供参考和借鉴的研究成果，但前文对教学、价值、价值自觉的内涵进行相当程度的介绍，这为我们理解教学价值自觉奠定了基础。我们认为教学价值自觉是指教学主体在科学认识教学本质、教学价值和深刻意识到自身教学价值需求的基础上，把教学价值的实现与提升作为教学的根本追求，自愿把更多的时间、精力、情感等投入教学中表现出的积极、主动、认真状态。

1.3 研究意义

1.3.1 理论意义

1.3.1.1 丰富和完善高校教师专业发展理论

高校教师专业发展包括学科专业发展、教学专业发展和社会服务等多方面的内容，其中教学专业发展作为高校教师专业发展的重要内容。教学问题是高校教师教学专业发展的核心问题，如何引导和促进高校教师重视教学、潜心教学和自觉改善教学是高校教师教学专业发展的重要内容。通过探讨实现高校教师教学价值自觉的理路，为探究高校教师教学专业发展提供了一种全新的视角，不仅利于构建高校教师教学专业发展理论，还利于丰富和完善高校教师专业发展理论。

1.3.1.2 为高校教师潜心教学和自觉改善教学提供理论依据

通过对教学本质、教学价值的分析和教学生命价值同教学价值自觉内在关系的探讨，引导和促进高校教师把教学作为生命存在的重要方式、把生命价值实现与提升作为高校教学的根本价值追求，实现了高校教师教学世界和自身生命价值的有机统一，利于使高校教师把教学内化为自身生命价值实现与提升的过程，高校教学由一种外在的任务转化为高校教师生命发展的内在

---

① 王玉樑. 价值自觉与科学发展观［J］天津社会科学，2008，(1)：10－14.

需求，为高校教师潜心教学提供内在的理论支撑。

1.3.2 实践价值

1.3.2.1 提高高校教育教学质量

探寻高校教师教学价值自觉，利于激发高校教师教学的内在价值需求，树立科学合理的教学价值理念，引导教师认同教学、关注与研究教学和自觉自信地追求教学成长，使教学不再是高校教师的一种外在任务，而是作为教师的一种内在需求和生命价值实现与完善的过程，促使教学中心地位的复归和高校教师教学职责的主动履行，实现高校教学由"要我教学"到"我要教学"的跨越，引导和促进高校教师关心教学、倾心教学、研究教学和改善教学，从根本上实现和提高高校教育教学质量。

1.3.2.2 实现与提升高校教师生命价值

教师怎样理解和对待教学，教师教学专业就怎样发展，教师生命就将怎样呈现和生成。教学是高校教师生命存在的一种方式，是高校教师生命价值拓展和提升的有效手段与途径。高校教师教学本质上就是高校教师生命价值自我完善、提升与丰富的过程。本研究从"生命价值"的维度对高校教师教学进行分析，高校教学不再是专家或政府培训部门的预设，而是教师在教学实践中积极生成和主动建构。探索高校教师教学价值自觉的理路，促进教师认同教学和自觉树立教学发展理想，积极、主动、创造性地进行教学实践活动，利于促进高校教师在积极主动的教学实践中实现与提升自身的生命价值。

⊞2　人的生命价值存在及其意蕴

　　"我是谁?""我从哪里来?""我将何处去?""我何以存在?""我为何而存在?"……有关"我"的思考与探索,自人类产生起就成为人们的重要话题,为此人们付出了长期不懈的艰辛努力,使人对人自身的认识更加深刻、更加全面、更加丰富,也就为人提升与完善自我、认识世界与改造世界提供了基础。从"认识你自己"生命意识的唤醒到"人是万物的尺度"中心地位的张扬、再到"人已死了"对人主体性价值沉睡的忧虑、再到"以人为本"蕴含的生命价值立场和浓厚的人文情怀……一部人类的发展史,不仅是社会变革和科技革新的变革史,从最根本与核心的意义上讲,它更是一部人的探究自我、确证自我、提升自我、展现自我的"人史"。人如何存在,人就如何成为他自己;人如何生活与实践,人就如何形成与展现自己。人是社会发展的根本依据与前提,又是社会发展根本价值追求和最终归宿。所谓的物、所谓的事、所谓的社会,无不是人自身在它们身上的"映射"与"表达"。因而,认识和理解人就成为理解人与自我的关系、人与自然的关系、人与他人的关系的前提与基点,而认识和理解人实质上就是对人本质的认识,对人本质的认识与理解是对人的认识与理解的原点。"人如何存在"就如何生成、确证与展现人的本质。因而,"人是什么、人如何存在"就成为亘古以来老生常谈却又常谈常新的人生课题。人对"人是什么、如何存在"的认识与理解无不影响着人们的人生态度与行为、无不影响着人们的生活与实践、无不影响着社会的发展。人对"人是什么、人如何存在"的认识与理解不是先验的、不是一成不变的,而是生成的、开放的、动态建构的一个螺旋上升、不断趋近的过程。在人类发展史上,人时而生命意识清晰,又时而迷茫、困惑;人在造福他人的时候,有可能会为了一己私利有意或无意地损害他人;人在创造历史的同时，又难以摆脱外物的奴役与束缚。人就是这么奇怪——人不断地认识人、理解人、把握人，却又在异常复杂、丰富多元的社会生活中忘却了自我。人在认识与理解人的过程中迷失了自我，"掉进了二律背反的旋涡之中"。究其根源，是人们未能拨开"云雾"看清人的本质。在经济全球化和世界多元化、信息化、智能化的新形势下，全面科学认识与理解"人是什么、人如何存在"具有重要的现实意义，"认识自我乃是哲学探究的最高目标，它已被证明是阿基米德点，是一切思潮的牢固而不可动摇的中心"①，也是本论文的理论基础与逻辑起点。

2.1 人本质探寻的回顾与再探寻

2.1.1 有关人本质探寻的简要回顾

"认识你自己"不仅唤醒了人的意识萌芽与觉醒，还带给了人们对认识自我的困惑与迷茫。正如莎士比亚悲剧中的李尔王在极度愤怒、焦灼、痛苦之际的无助疾呼"谁能告诉我，我是谁"的一个世界级的艰难课题。人是什么？人的本质是什么？在人类历史及哲学史上，对"人"的认识与界定就成为一个带有整体性、根本性意义的难题。以致"在一定意义上，全部哲学的中心就是使我们回到人是什么，以及他在全部存在物中占有怎样的地位问题"。②人们从不同的立场、视角对"人"进行了探讨与界定，可以说有关"人"的认识与理解是众说纷纭、莫衷一是、林林总总。"自然人""动物人""神性人""宗教人""理性人""工具人""反思人""政治人""文化人""社会人"等人的形象风起云涌、异彩纷呈，人的形象在历史的演变过程中勾画出了一个多元、多维、多面、多态的"人的自我画像"。

我国历史上的一些学者从人性的角度考察和探索了人的本质。如孔子和孟子主张的性善论，据《孟子·告子》记载："人性之善也，犹水之就下也。人无有不善，水无有不下。"荀子曾言："水火有气而无生，草木有生而无知，禽兽有知而无义，人有气有生有知，亦且有义，故最为天下贵也。"荀子采用

---

① ［德］恩斯特·卡西尔. 人论［M］. 甘阳，译. 上海：上海译文出版社，1985：3.
② 欧阳光伟. 现代哲学人类学［M］. 沈阳：辽宁人民出版社，1986：37.

比较的方法凸显了人之为人的特点与优势，彰显了人的高贵的地位。同时荀子又认为人性是恶的、自私的。据《荀子·性恶》中记载："人之性恶，其善者伪也。"董仲舒认为人既有恶的一面，又有善的一面。据《春秋繁露·深察名号》记载董仲舒曾言："天两有阴阳之施，身亦两有贪仁之性。"他还认为不同等级、不同身份的人的人性是不相同的，如在《春秋繁露·实性》中他把人性划分为"圣人之性""中民之性""斗筲之性"。扬雄在《扬子法言·修身》中指出："人之性也，善恶混。修其善则为善人，修其恶则为恶人。"

西方的学者也十分重视对"人"的问题的探讨，一些学者鲜明地提出了自己对"人"的观点与看法。如苏格拉底认为"理性的原则构成了人的真正本质"，主张人是理性的动物。普罗泰戈拉认为"人是万物的尺度"，认识到了人在社会活动与关系中的主体地位和主体性。亚里士多德认为"人天生是政治动物"，强调人的政治性和人要积极地"谋政""参政"。西塞罗认为"人是社会动物"，强调人的社会性。笛卡儿的名言"我思故我在"，强调的是人的思维性。尼采认为"人是要被超越的存在"，强调人的超越特性。帕斯卡认为"人是一根会思想的芦苇"，强调人思想的重要与伟大。卡西尔认为"人是符号的动物"，凸显了人的文化特性。费尔巴哈认为"人是感性的存在"，强调人的自然属性。马克思认为"认识一切社会关系的总和"，从社会关系的角度考察了人的本质，凸显了人的社会性。

有学者对人们关于人的本质的认识与理解的主要观点概括为以下几种：一为劳动是人的本质；二为需要是人的本质；三为自由是人的本质；四为人的本质是主体性；五为人的本质是制造和使用工具的统一；六为人的本质就是他的文化的存在；七为人的本质就是人体内的基因；八为人本质是多种属性的综合。① 可见，人们对人本质的认识还有较大的分歧，难以形成一致的认识。但是这种分歧是正常的、客观的。因为人们对本质的认识和理解是基于不同立场、视角、需要，并且能够自圆其说。我们不能简单地说哪种观点是对的、哪种观点是错的。我们以严肃、客观的态度呈现有关人本质的探索成果，无意于去批判和否定已有成果，而在于为重新认识和理解人的本质提供思路与借鉴。

---

① 兰明. 人与人的存在 ［M］. 哈尔滨：黑龙江大学出版社，2013：14 - 15.

2.1.2　对人本质的再寻找

"生命问题是人生存的根本问题，也是人生永恒的主题，人类的进步就是对人的生命质量和生命价值的不断追寻和提升的过程，对人的生命的思考构成了人的终极关怀"①。因而，科学和正确理解"人的本质"是人之为人、人之成人的基础和前提。理解"人的本质"实质上就是要理解和寻找"人的生命答案"，人对"人的生命"理解的不同必将导致对"人的本质"的理解和认识的不同。因而，"人的本质"实质上就是要探讨和回答"人的生命"是如何存在和发展的，"人的生命"存在和发展的根据是什么，"人的生命"存在和发展意味着什么。事实上，对人本质的探寻就是对人的生命的探寻，即从对"人是什么"的追问转变为"人的生命是什么"的认识与理解。生命是一个同每个人休戚相关又耳熟能详的词汇。人们在日常生活中经常言及生命，如自然生命、精神生命、生命意义、生命智慧、生命活力、政治生命、职业生命、生命质量等，几乎我们每个人都对什么是生命有着自己的答案。但对于到底什么是生命这一问题，并非每个人都能给予清晰的回答。正如许多人对所熟知的事物所感知的那样：你不问我还比较清楚，你一问我就变得模糊了，不知它究竟是何物了。在认识人的本质之前，须先对生命本身作一番理解。

生命的概念同人的概念一样古老而又难以界定。人们基于不同的学科、立场、视角与需要对生命进行了多维度的解读，使得生命的界定异常丰富和复杂。在《现代汉语词典》中把生命理解为"是蛋白质存在的一种形式"。这是从生物学的角度对生命进行了解读，无论是动物的生命还是人的生命都是蛋白质存在的一种形式，人的生命和动物的生命在这个层面上讲是没有根本区别的，只是具体的形体和构造不同而已。自20世纪以来，随着自然科学的迅速发展，尤其是生命科学的研究进入到一个更高的水平，人们对生命的结构有了进一步的认识。认为生命是在蛋白质和核酸相互作用下构成的一个统一体。从生理学的视角看，生命就是一个具有进食、消化、代谢、排泄、呼吸、运动、生殖、生长等功能的系统。从遗传学的视角看，生命就是通过

---

① 宋宝安，蒲新微. 论当代老年人的心理特点与生存价值［J］. 社会科学战线. 2005，（5）：192－196.

基因复制、突变和自然选择而进化的系统。从社会学的角度看，生命就是一个能同他者发生关系的能动的个体。社会学中生命不再是孤立、封闭的、静态的，而是一个开放的、能动的、关系性的存在者。

在人类历史上，不少学者是从哲学的视角对生命进行探索的。19世纪中期以前对生命的探索并未公开化、直接化，而是隐含在世界本源、人性特点等的探讨之中的，如苏格拉底的"善"，柏拉图的"理念"，人文主义对人性的彰显等无不隐隐约约地暗含着微弱的生命之光。从19世纪中期开始，由于人本主义思潮的深刻影响和推动，生命才不断成为世人公开的、直接言明的对象，并进入哲学的视野。如叔本华提出了"生命意志"，这种意志具有最大限度地延续生命的愿望，是一种无比强大的，原始的、神秘莫测的生存冲动和生命力。这种"生命意志"在生命的过程中产生，并对生命的一切活动进行统治，这种统治往往导致许多消极作用，如人的自私、虚伪、懦弱、凶残等。尼采提出的"强力意志"，他认为人的生命具有利己的本能，而"强力意志"保障和促进了生命本能的实现，即通过掠夺和防御的方式保障自己的优势、权力、统治和利益。人的生命过程就是一个通过强力意志获得一切、征服一切、超越一切的过程。狄尔泰主张的"生命体验"，他认为生命就是主体面对环境压力通过体验所得到的经验，是一个多层面的体验的过程。伯格森主张的"生命冲动"，他认为生命就是一条奔流不息的意识之流，生命本身就是一种积极向上的运动，但由于"生命冲动"的强弱不同导致了对生命运动阻力的克服程度的差异，从而使生命成长表现出多样复杂性。马克思主张的"有意识的生命"，他认为人源于动物，但人的生命与动物的生命有着本质的区别。人通过有意识的对象性的生存实践活动，人通过自己的生命力、创造力使对象世界发生合目的的变化，使人确认自己是有意识的存在体和切实地体验到生存的意义。因为"动物和它的生命活动是直接同一的。动物不把自己同自己的生命活动区别开来。它就是这种生命活动。人则把自己的生命活动本身变成自己的意志和意识的对象。他的生命活动是有意识的，这不是人与之直接融为一体的那种规定"①。舍勒认为生命在于直觉体验，而不应将人的生命定义为创造者和使用者，生命的过程就是一个用直觉体验一切的过程。

---

① 马克思，恩格斯. 马克思恩格斯全集第46卷［M］. 北京：人民出版社，1979：96.

海德格尔提出的"向死而生"，他认为生命是面向虚无的有限存在，这种有限的存在是一种"此在"，"此在"在与世界的交往中只有在坦然地接受死亡的体验中，才能得到英雄式的伟岸或终极的尊严，也只有在不断地选择和筹划的过程中才能超越过去，才能成为具有"本真状态"的人。从哲学的角度上看，生命的内涵十分丰富和复杂，远远不止以上所介绍的。

为了进一步理解生命的内涵，有的学者从生命结构的角度对生命进行了探索，因对生命划分的依据或标准的不同，生命结构表现出多样性。"人的生命是多层次、多方面的整合体，生命有各方面的需要：生理的、心理的、社会的、物质的、精神的、行为的、认知的、价值的、信仰的"①。"人的生命是一个多重矛盾关系所构成的否定性统一体。"② 综合国内外多年的研究成果，生命结构主要有二重说、三重说和四重说。高清海把生命分为种生命与类生命，种生命为人和动物所共有，类生命为人所独有。③ 冯建军认为，生命对人来说，不是单一的，而是双重的：自然生命和超自然生命的统一。人是在自然生命基础上的超生命的存在，是在本能基础上创造的自为的生命。离开了自然生命，人不是"人"，而是无肉身、无躯体的"神"；失去了超生命的追求和信仰，人不是"人"，而是只有本能的"动物"。④ 历史上对生命结构的二重论述可谓不少，其核心思想是把生命划分为以下几对主要矛盾关系：物质与精神、肉体与灵魂、有限与无限、现实与可能、感性与理性，等等。前者是实然的生命存在，后者是应然的生命追求，二者是辩证的矛盾统一体，在交互作用中推动着生命的不断发展与超越。张曙光把生命划分为肉体生命、精神生命和社会生命。⑤ 刘济良把人的生命划分为自然生命、精神生命、价值生命和智慧生命。⑥

以上无论是对生命内涵的探究还是对生命结构的研究，事实上都承认人是一种生命存在，人的生命既有"人之为人"的"实然"生命，又存在着

---

① 叶澜. 时代精神与新教育理念的构建 [J]. 教育研究，1994，(10)：3-8.
② 高清海. 人的"类生命"与"类哲学" [M]. 长春：吉林人民出版社，1998：38.
③ 高清海. 人的双重生命观：种生命与类生命 [J]. 江海学刊，2001，(1)：78-81.
④ 冯建军. 生命化教育 [M]. 北京：教育科学出版社，2010：4.
⑤ 张曙光. 生存哲学——走向本真的存在 [M]. 昆明：云南人民出版社，2001：197.
⑥ 刘济良. 生命教育论 [M]. 北京：中国社会科学出版社，2004：57-64.

"人之为人"的"应然"生命。对人的"实然"生命具有广泛的共识性，并把"实然"生命作为人生命成长的基石与前提，离开人的"实然"生命，人的生命成长与生命价值就会失去基础，就会成为一句空话。人们承认人的"应然"生命，并认为"应然"生命才是"人之为人"的根本，通过"应然"生命对"实然"生命的否定与超越，才能不断实现人生命的完善与生命价值与意义的提升。所不同的是对"应然"生命结构的具体划分存在着一些差异，就呈现出了所谓的生命结构的"二重说""三重说""四重说"。实际上，无论对人的生命进行怎样的划分和理解，人的生命都是一个"实然"生命与"应然"生命的有机统一体，人是一个生命存在。因而，已有的生命研究成果对本研究提供了一定的研究思路和启示，即为了研究的需要，本研究把"实然"生命称之为"事实性生命"，把"应然"生命称之为"价值性生命"。"人的生命"就是人基于"事实性生命"对"价值性生命"追求与提升的一种存在。

2.1.3　人是实践的生命存在

本质需要借助概念这个工具进行表达，而概念则需要借助定义进行澄清，而定义的澄清则是我们在对事物内涵理解基础上的一种表征。因而，在人类话语体系中所谓的本质，实质上就是我们对"存在之存在"内涵理解基础上的一种内在规定性。人们对存在物本质的理解不同，则从根本上影响人们对存在物的看法、态度、情感以及行动。"人啊，你是宇宙的精华，万物的灵长！"（莎士比亚语）因而，正确理解和准确把握人的本质是我们认识世界和改造世界的重要前提。马克思对人本质的把握为我们进一步认识人的本质提供了重要的方法、视角和思路。"对于马克思来说，社会是由人相互作用和相互关系构成的；历史实质上是人的劳动史和人在劳动中的自我发展史。"[①] 因而，无论是人的劳动还是人在劳动中的自我发展本质上都是人的价值实践活动，即人在实践中确证、拓展、提升、生成和实现人自身的价值。从此意义来说，人的社会历史就是人的价值实现和发展史。在借鉴马克思有关人的本质理论和人类有关人的本质思想成果的基础上，我们把人的本质理解为：人是实践的生命存在。"人就是人的世界，人的世界就是人；人的最高本质就是

---

① 袁贵仁. 马克思的人学思想 ［M］. 北京：北京师范大学出版社，1996：6.

人的自由自觉的自我创造；人不断地在实践创造中自我完善和自我塑造。人就是在实践中追寻自身生命价值并朝着生命意义渐次生成的此在。"① 人通过在认识和改造世界的实践活动中展现自己的生命存在事实，同时也彰显了生命存在的价值。人通过与自身世界、自然世界和社会世界的交互作用，在改变世界的同时，也不断地改变着自己；在创造世界的同时，也在创造自己。人在实践活动中实现了事实性生命存在与价值性生命存在的有机统一。"总体来说，在如何看待世界的问题上，人们经常采用两种不同的界定方式，即事实判断和价值判断；相应地，世界对于人也常呈现出两种不同的存在方式，即事实性存在和价值性存在。……前者关系到'是什么'的问题，后者则还涉及'应如何'的问题。"② 人的本质就是生命在自由自觉的实践活动中的事实性存在和价值性存在的有机统一的过程。这个过程就是一个认识世界与改造世界的过程，就是一个认识自我与提升自我的过程，从根本上说就是一个实现人的发展和完善，不断确证、彰显、提升和拓展人的生命价值的过程。

2.1.3.1 人是事实性生命存在

人首先是事实性生命存在，它是价值性生命存在的前提与基础，为人的价值性生命存在提供了某种可能性，离开事实性生命存在的人，人的存在就会被异化为一种"空中楼阁"、成为一种纯粹的"神性"的存在。事实性生命存在包括人的自然生命存在和基于自然生命存在所开展的生命内容的一种事实。（1）自然生命存在（即存活着）。人从呱呱坠地的那一刻起，便自然而然地获得了人的自然生命，自然生命是基于人的生物性而言的。因而，在自然生命这个层面，人与动物没有根本的区别。人首先具有自然属性，使人成为一个活生生的、现实的、具体的、有血有肉的、感性的自然存在的生命体。"人直接地是自然存在物"。③ 作为自然存在的生命体，必将具有生物性的特征并受到人的生物本性的制约。一是人具有自然的生物本能。人具有动物所具有的那种生物性本能与欲望，正如告子所言："食色，性也。"人的自然生物本能驱使人满足自身的生理需要，如吃喝拉撒的需要。而这种自然生

---

① 王定功. 生命价值论［M］. 北京：教育科学出版社，2013：67.
② 陈伯海. 回归生命的本源［M］. 北京：商务印书馆，2012：138.
③ 马克思，恩格斯. 马克思恩格斯全集第46卷［M］. 北京：人民出版社，1979：167.

命存在正是"人之为人"的前提与基础，也是人建构其全部生命存在的原发点。二是人受生物本性的制约。作为自然界组成部分的人和动物一样，必将是受动的、受制约与限制的自然的生命体，其生存与发展无不受制于自然世界的制约。（2）内容性生命存在。自然生命存在体现了人存在着、存活着的生命事实，但并不意味着人已经做了某种属人的生命事实。自然生命存在仅仅意味着人像动物的那样存活着，人和动物所不同的是人往往要使自己更好的活着而充分发挥自己的"属人"的属性。"人们的生物性在总体上也是属人的。"① 人不可能像动物那样仅仅是具有生物性地活着而无所作为，人所具有的那种"属人"的属性驱使人按照某种目的、需要去行动、去做了什么，如按照人的需要烹饪某种食物。烹饪食物事实上就是基于自然生命存在所开展的生命内容的一种事实，即意味着人做了什么的生命事实，我们把这种生命事实称为内容性生命存在。内容性生命存在是人的自然生命存在的拓展与升华，实现了人从"存活着"的生命事实到"做了某种属人"的生命事实的跨越。内容性生命存在是事实性生命存在的高级形式，使人和动物分离开来，并且使人的价值性生命存在的产生具有可能性和现实的基础。

2.1.3.2 人是价值性生命存在

人不仅是自然世界的一部分，也是价值世界的一部分。正所谓人的一半是魔鬼、一半是天使。人的存在不仅能"是其所是"和"不是其所是"的事实性生命存在，还能"是其所以是"和"是其所能是"的价值性生命存在。所谓价值性生命存在主要表现为人对生命价值与意义的持守、追求、拓展与提升上，它是人对自身的事实性生命存在的超越和价值赋予，是人之为人的根本体现和根本追求。人虽然具有受动性、受制约与限制的特性和自然生物本能，但人同时还具有自己的生命意愿、批判性、反思性、超越性、主观能动性等。因而，人不会满足于同动物无实质差异的自然生命存在，总要在遵循与利用自然生命特性去追求和提升人的生命价值和意义。"人们总是要打破自己客观的、现实的处境、经历和背景的局限，不断发挥主动性与能动性，使生命意义能够'表现'和'表达'，从而保持超越意识，追求意义人生，

---

① ［德］米切尔·兰德曼．哲学人类学［M］．张乐天，译．上海：上海译文出版社，1988：203．

这样才能给生命奏出美妙的乐章。"① 人的存在无不关涉到价值，生命的存在不仅仅在于自然地"存活着"，更在于过一种追求生命价值、创造生命价值、拓展生命价值、提升生命价值的生活。"人之为人"的本质，可以说就是一个价值性生命存在。"人不能忍受无意义的生活，假使生活没有意义，人也要制造出某种意义赋予生活，否则，人就不能按人的存在方式而生活。"② 人的存在主要同两个世界发生交互关系：一是个体与自我（内在世界）发生交互作用的关系。在这种交互关系中，个体的我通过发挥自身的主体性，不断确证、生成、建构与提升自我的生命价值，使人生命价值世界不断走向完善、丰富、充实，实现了内在生命价值（个人的自我价值）的提升与完善。二是个体同自然界、他人与社会（外在世界）发生交互作用的关系。在这种交互作用中，个体通过发挥主体性改造着外部世界，推动着外在世界的进步与发展，实现着个体的外在生命价值（个人的社会价值）。人在改善外部世界的同时，又在提升自我。"一个活生生的人，就是一个社会生命的个体。他既有自然性质的形体和寿命，又有社会性质的存在方式和关系特征。个人一生的价值，也表现在两个方面：他对他人、社会的意义，即'个人的社会价值'；他对自己的意义，即'个人的自我价值'。"③ 因而，按照价值对象，我们把价值性生命存在分为个体的自我价值（内在生命价值）和个体的社会价值（外在生命价值）。人的价值性生命存在就是个体的自我价值和社会价值的有机统一体，偏颇任何一方，都将影响另一方的生命价值彰显，也终将不利于人的整体性的、健康的价值性生命存在。

2.1.3.2.1 个体的自我价值

个体的自我价值是指作为主体的"我"的生命存在及其属性对"我"的需要满足或趋近所产生的效应，即主体"我"的生命对"我"有价值。④ 换言之，主体"我"的生命存在及属性对自身生命价值的拓展、提升、丰富、完善有意义。人正是通过自己的行动或现实的创造劳动，在不断追求着、改善着、提升着自己，才能使人不断地自我完善和发展。人之为人，人存在的

---

① 蒲新微. 论实践视阈下人的生命价值及其实现路径 [J]. 理论探讨，2009，(5)：82 - 85.
② 孙利天. 死亡意识 [M]. 长春：吉林教育出版社，2001：49.
③ 李德顺. 新价值论 [M]. 昆明：云南人民出版社，2004：151.
④ 刘亚明. 生命价值论要 [J]. 社会科学研究，2016，(6)：136 - 142.

依据，就在于人自己在自我创造中实现个体的自我价值。人类史不过就是一部自我的创造史，也是一部人的自我价值的创造与实现的历史，"历史不过是追求着自己目的的人的活动而已。"① 人的自我价值使人成为自己的价值目的，人应该使自己活得更好、活得更加有意义、活得更精彩。人不再仅仅是实现价值的手段与工具，也是人自身生命价值的目的与归宿。一个人对自己是否有价值，是否能改善、拓展和提升自己的生命价值，成为衡量一个人是否能成为他自己的需要的尺子。一个人如果对自己都没有价值与意义，就很难谈得上对他人、对社会的价值。人一旦放弃了个体的自我价值，实质上就是放逐了人之为人的依据，人之为人的理想、信念、责任、权利、尊严、良知等就无从谈起。人的生命过程就是一个不断生成与提升的价值过程，人的自我价值不是一次性完成的，而是需要一直努力的渐次生成的过程。正所谓活到老学到老。人的生命本就是一个开放的、未确定的、未完成的动态的过程，在这个过程中包含着无限的可能性的生命意义，个体只有在不断地自我创造活动中实现自我价值才能赋予人生命价值的现实性，才能使个体的自我价值不断地超越自身，不断地追求和走向一种更高更好的生命价值存在。个体的自我价值的不断追求与超越体现和遵循了人的"为我性"的特性，不能把个体的自我价值的创造与实现简化为人的一种自私自利的行为与表现，而恰恰体现和彰显了"自己对自己的负责，人之为人的自尊、自爱、自重"。② 因而，每个人作为个体自我价值的生命主体，都应积极主动承担起创造和实现个体自我价值的主体责任，使自己成为个体自我价值的发起者、创造者、享有者。"人人从我做起，做好自己"，应该是每个人起码的觉悟。因为对人来说，除了自己解放自己，没有第二个上帝可以依赖。这种觉悟，就是人民群众的主体意识。③

2.1.3.2.2　个体的社会价值

个体的社会价值是指作为主体的"我"的生命存在及其属性对他人与社会需要的满足或趋近所产生的效应或意义。人是社会中的人，不可能脱离社

① 恩格斯. 自然辩证法 [M]. 北京：人民出版社，1955：19.
② 袁贵仁. 马克思的人学思想 [M]. 北京：北京师范大学出版社，1996：181.
③ 李德顺. 新价值论 [M]. 昆明：云南人民出版社，2004：149.

会而存在，人在与他人或社会的交互作用中，积极地满足他人或社会的需要，推动着他人或社会的发展。马克思说得好："人们只有为同时代人的完美，为他们的幸福而工作，才能使自己也达到完美。"历史上的"狼人"虽然具有自然生命，但是他脱离了社会而存在，也就不可能具有个体的社会价值。个体的社会价值是衡量人的生命价值的重要维度，它主要体现为个体对他人或社会的贡献。贡献越大，个体的社会价值就越大；反之，个体的社会价值就越小。人对社会的贡献是"人之为人"的社会存在的依据，也是人获得社会认可、尊重和社会给予个人回报的基石。正如歌德所言："你若喜欢自己的价值，就得给世界创造价值。"① 社会的发展与人类历史的进步就是无数个体前仆后继式所作出的贡献的"合流"。

无论是普通人还是历史伟人，人的价值性生命存在都是个体的自我价值和个体的社会价值的统一的生命过程。个体的自我价值是面向自我的，它主要着眼于人自身的发展、完善与超越；而个体的社会价值则是面向外在社会的，其主要着眼于他人和社会的发展、完善与超越。理论上说，每个人的价值性生命存在的过程都以一定的方式完成和实现个体的自我价值和个体的社会价值的统一。但是，实际上，有时候会出现个体的自我价值和个体的社会价值相脱离的现象。因为有时个体的社会价值的创造与实现不是一蹴而就的一个简单过程，而是一个复杂的、艰辛的充满曲折、挫折、痛苦甚至要付出生命代价的过程。有的人在困难面前退缩了，放弃了个体的社会价值；有的人却迎难而上，积极为社会做贡献，用实实在在的行动与成就创造和实现个体的社会价值，推动着社会的进步和人类的发展。在一定意义上说，个体的社会价值是个体的自我价值在社会关系中的一种生命价值的确证、拓展、延伸与彰显。只有当个体的自我价值实现不断地转化为个体的社会价值的实现，才能使人的价值性生命存在更具有现实意义。人不仅要对自己负责，还应对社会负责。人就不能仅仅停留在个体的自我价值的实现上，还要充分发挥个体的主体性，不断实现个体的社会价值。人应在自由自觉的实践活动中，主动地把提升自我与改善世界有机结合起来，实现个体的自我价值与个体的社会价值的交互生成与创造。

---

① 歌德. 德国诗选［M］. 上海：上海译文出版社，1982：111.

2.1.3.3 实践——人之为人的根基

人是实践的生命存在，脱离实践人就会降格为自然生命存在，人的生命价值就无从谈起。实践是人们认识世界和改造世界的活动。① 人在从事实践活动的过程中改善着自我世界，也不断地改造外在世界。人在实践中经历着人生的自我成长，推动着社会的进步，实现着个体的自我价值和和社会价值。"人是在实践的过程中成长的，是在实践中获得自我和实现发展的，丰富多彩的社会关系也只有在无限丰富的实践过程中实现。因此，实践是人之所以为人的关键，受动性和能动性的统一是在实践中实现的，实践不仅使人受动，但同时又给了人能动的可能和条件。"②

2.1.3.3.1 实践——人的生命存在之根和立命之本

人和动物虽然都具有自然生命，但人的生命存在从根本上不同于动物的生命活动。动物主要是依靠自身的生命本能的支配以适应外部环境的过程中维持自身的自然生命的存在。动物的生命活动和它的生命本身是直接同一和一致的，动物生命的过程实质上就是利用自身器官的构造与功能从自然界直接获取物质与能量的一个本能的活动过程。人的生命活动虽然也离不开人的自然生命，还必须以自然生命作为人的生命活动的前提。但是，人不会限制于自然生命而毫无作为，总是欲求自己的生命更有意义、更有价值、更有质量、更有品质。人按照自己的需要、意志和能力去从事自己的生命活动，人把自身生命之外的对象变成了自己生命活动的对象和意志本身，生命活动成为人的生命存在的对象性的活动。人在实践活动中，人把自身生命存在同"他者"有机地联系起来，形成一种对象化的活动关系，在这种关系中就产生了主体与客体，也就形成了复杂的、多方面的价值关系。人的生命存在就由单一的事实性生命存在变成一种事实性生命存在和价值性生命存在的双重属性的存在。"在实践中，人把自己对象化，分出主体性自我（**I**）和客体性的自我（**me**），产生人与自身之间的主客体关系，形成人的价值。在实践中，又产生人与社会的关系，人把社会对象化，产生人与社会、人与人之间的主

---

① 蒲新微. 论实践视阈下人的生命价值及其实现路径 [J]. 理论探索，2009，(5)：82-85.
② 刘旭东. 关注生命价值与创新教育琐谈 [J]. 青海民族学院学报（社科科学版），2005，(2)：100-103.

客体关系，形成社会的价值和个人的价值。"① 在对象性的活动中，人成为一种主体性的存在，不仅是把握对象的主体，也是把握自身生命存在的主体。在对象性实践活动中，人不仅认识与改造对象，也认识自我和促进与提升自身的发展与完善。"实践使人成为一种具有能动性的主体存在物，并不断地改造、创造着现存世界。"②

人的生命本质上是实践的，人只有在实践中才能真切地感知生命价值、体验生命价值、创造生命价值。实践是人的生命确证自我、展示自我、彰显自我、提升自我的一种特殊的生命形式，人在实践中不断创造着人生命存在和发展条件。"实践是整个人类世界的根本基础。……只有在实践活动中，人才能获得他所需要和可能需要的一切。"③ 因而，人的生命只有全面地、积极主动地融入到实践中，进行自由自觉的实践活动，人的生命才是一种现实的、活生生的、具体的、有血有肉的、立体的、开放的、动态的生命存在。人的生命也只有扎根于实践之中，才能从实践中吸收生命成长所需要的各种"营养"，滋润自己的"生命之花"和生成丰硕"生命价值之果"。

2.1.3.3.2　实践——人的生命存在与生命价值生成的方式

实践使人成为"人"、使人的生命成为"人的生命"，它成为人特有的、根本的存在方式。人们怎样实践，就怎样在实践中表征自己的生命存在，也就怎样在实践中生成人的生命价值。正如马克思所言："个人怎样表现自己的生活，他们自己就是怎样。因此，他们是什么样的，这同他们的生产是一致的——既和他们生产什么一致，又和他们怎样生产一致。"④

2.1.3.3.2.1　实践是有意识的活动，这是人的生命存在与生命价值生成的前提

有意识是相对于无意识而言的，动物的生命活动是一种无意识的活动，它受动物的生物本能的支配。而人的实践就是一种有意识的活动，它是指人的实践活动或行为符合生命存在与价值生成的需要与目的，并受人的思想、

---

① 袁贵仁. 价值学引论 [M]. 北京：北京师范大学出版社，1991：161.

② 杨耕. 如何讲授＜辩证唯物主义和历史唯物主义＞（第四版）导论 [J]. 教学与研究，1996，(5)：24-28.

③ 车玉玲. 总体性与人的存在 [M]. 哈尔滨：黑龙江人民出版社，2001：18.

④ 马克思，恩格斯. 马克思恩格斯全集第1卷 [M]. 北京：人民出版社，1995：67-68.

意愿、意志和主观能动性所支配。从人的自然生命讲，人的生命存是受生命的自然规律所制约的，人如何在有限的生命过程中更好地"安放"自己的生命，如何在有限的生命时间里实现无限的生命价值，这是人之为人理应要思考和积极应对的问题。人之为人的一个重要维度就是人不是毫无目的地进行实践活动，而是带着自己的目的、需要、利益、思想、意志参加生命活动，在活动中积极按照自己的意志改造对象世界，使实践活动成为"属人"的生命活动和变成为自己的生命意识与意志的对象。"生命本身是科学永远难以穷尽其奥秘的合目的性存在，人的生命更是有意识地表现和体验其生命潜能的自成目的性的存在。"①

2.1.3.3.2.2　实践是自由自觉的活动，这是人的生命存在与生命价值生成的根本

自由自觉是相对于自在自发而言的，动物的生命活动是一种受本能支配的自在自发的活动。人的实践活动虽然也存在着自在自发的情况，但从根本上而言，人的生命活动不同于动物的生命活动的一个本质特征就是人的生命实践活动是一种自由自觉的活动。主要体现为：一是人积极主动地对外部世界的认识与把握。人是自然界的一部分，同时又是社会的存在物。人在与外在世界的交往中不可能不受制于外在环境和条件的制约，人具有受动性和受制约性的特性。人的生命活动虽也有自然受动性的一面，但是人更具有自觉能动性的一面，并且多数情况下人的自觉能动性居于主导地位。人在生命活动和生命价值创造活动中，积极地发挥自身的自觉能动性，全面客观地认识事物的特点、规律，遵循和利用事物的特点与规律，改造、评价和占有事物，以满足人的内在需要，为生命存在与生命价值生成创造有利的条件和奠定基础。二是理性地把握人生命活动的需要与目的。如果说人对外部世界的认识与把握，是为了人的生命存在与生命价值生成合规律性；那么人对自身生命活动的需要与目的的认识与把握，则是为了使人的生命存在与生命价值生成合目的性。人的需要与目的往往是多样复杂的，对人的生命活动具有强大的驱动力，对人的需要与目的认识越清晰、把握越精准，则利于促使人的生命活动更加符合人的"内在尺度"，使生命活动更具有目的指向性。三是作为主

---

① 张曙光. 生存哲学的命意及其当代旨趣［J］. 哲学动态, 2001,（1）: 2-7.

体的人应选择合适的方式积极主动地进行生命活动。人应把人的生命活动的"合规律性"和"合目的性"有机统一起来，使人的生命活动方式既体现"外在尺度"的要求，也符合"内在尺度"的需要，积极主动自觉地认识世界、改造世界，在推动社会发展的同时，也积极实现自身的发展、完善与提升。

2.1.3.3.2.3 实践是超越性的活动，这是人的生命存在与生命价值生成的关键

实践是一种具有开放性、动态生成性和多向性的活动。社会的发展和人的完善的要求使得实践活动处在一个创生和发展的过程之中。人参与各种实践活动，使自己的生命融入到一个无限发展可能的实践潮流之中。在实践中，人的生命不会仅仅止于自然生命，人对自身外来的理想"生命形象"充满着憧憬；人不满足现实的生命存在与生命价值，通过发挥人的主观能动性，使人不断地超越自身的现实的生命存在，追求和努力实现更高质量、更高层次的生命存在与生命价值。无论是人类的实践历史还是人的生命成长过程，都是一个不断否定、不断扬弃的螺旋式的上升过程。生命的成长就是建立在一个阶段对前一个阶段的否定与扬弃的基础之上。否定与扬弃不仅仅是一种对已有的否定、反思、批判，更是一种批判基础上的发展、建构与超越。人的生命存在与生命价值就是在不断地自我否定、自我超越的过程中实现发展、拓展、完善与提升的。"人生不仅仅是简单的年轮增加的过程，它更是体验越来越深刻、情感越来越丰富、思想越来越全面的过程，或者更彻底地说，人生实际上就是生命的意义感不断增加的过程。在这个过程中，人的生活得到肯定，人自身实现着超越。"①

2.1.3.3.2.4 实践是彰显价值的活动，这是人生命存在与生命价值生成的体现

人类实践历史，就是一部在实践基础上创造出来的文明史、辉煌史，也是一部彰显人的生命价值的述说史、展示史。人类实践的成果，无不是人的生命存在的结晶，无不是人的生命价值的体现。人在实践中按照"合目的性"

---

① 刘旭东. 关注生命价值与创新教育琐谈 [J]. 青海民族学院学报（社科科学版），2005，（2）：100－103.

和"合规律性"的要求创生着价值，所创造的价值不仅提升了人自身的生命价值和改善着实践本身，还确证着、言说着人的生命存在与生命价值。实践彰显人的生命价值主要表现在两个方面：一是通过社会彰显人的生命价值。人在实践中创造的价值通过反作用于社会，使社会更加有序和谐、更加公平民主，生产生活工具与技术更加先进，人类更加文明、人与人之间更加友好与信任，等等。社会的发展与进步为人类实践创造更好的条件，促进着实践本身的发展与完善，使得实践印证和彰显人的生命价值。如人所创造的文化作为人的生命的外在表现形式，它不是自然的产物，而是人在创生生命价值的社会化实践活动中形成与创造出来的，它体现、确证和彰显了人的生命存在与生命价值。二是通过个体彰显人的生命价值。人在实践活动中通过不断地认识自我、改造自我、完善自我、提升自我，使人的生命意识、生命智慧、生命能力、生命质量等得以不断提升，将自身发展成实践的真正主体，使人的主体性得以张扬和确证，从而使人获得了更有利于进行和改善实践的生命素养与品质。人不断改善实践的过程，既是一个人的生命价值提升的过程，也是人的生命存在与生命价值不断体现、表征与彰显的过程。实践在创造人的生命价值的同时，也确证、体现、彰显着人的生命存在与生命价值，事实上两者不是一分为二的，而是实践活动的一体两面，共同融于人的生命活动的过程中。实际上，实践创造与彰显人的生命价值的过程，就是人追求生命、感悟生命、体验生命、反思生命、拓展生命、成就生命的过程，就是人不断获得生命存在感、生命价值感、生命成就感、生命幸福感的过程。这必将引导、激励和促进人的生命走向一种更高的自由自觉的生命存在与生命价值生成。

2.2　人生命的特征

人是实践的生命存在，是事实性生命存在和价值性生命存在的有机统一。人的生命既不是一个纯粹的自然生命，也不是纯粹的价值生命，而是一个由多重矛盾关系构成的复杂的、辩证的有机统一体。正是由于人生命自身的复杂与矛盾，勾画出人生复杂多元的多彩画卷，也决定了人的生命特征的多维性和复杂性。

2.2.1 生命的物态性

在以往有关生命的研究中，在讨论生命特性的时候，更多是用"生命的身体性""生命的自然性""生命的物质性"等来表述的，而本研究使用"生命的物态性"进行表达，其内涵不仅包括了人"活着"的天然特性，还包含了人在人与自我、人与他人、人与自然、人与社会等活动与关系中所呈现的"生命在场"的自然性。因而，生命的物态性是指人生命存活及活动过程中所表现出来的自然特性，可以分为"存活的自然性"（活着本身所表现出来的生命自然性）和"存为的自然性"（活着的所作所为所表现出来的生命自然性）两个方面。一是存活的自然性。存活的自然性是指人的生命活着本身所具有的各种自然属性。人首先是一种自然生命存在，当人只有存活于世，人能作为自然界的一部分，才能利用自身的自然生命体进行各种活动。人的生命不能离开自身的身体而存在，自然生命为生命的存在与发展奠定了基础。人类的历史首先就是一部人类生命的自然史、就是生命的延续史、自然生命特性的展现史。正因为人的生命的存活是人的生命自然性的前提，保全人的自然生命就成为了人存在的第一要务，人只有活着才能讨论和进行其他活动。人获得和保全了自然生命就具有了天然的自然性，自然性是人生命本能活动必然表现出来的特性，主要是由人的器官结构与功能所决定的。在人的自然性方面，人和动物、人和人相互之间没有实质性、根本性的差异，都是受生物的本能所支配与控制的。人有七情六欲、有求生求死的本能等都是人自然性的正常表现。所谓的"存天理、灭人欲"等显然是违背人性的，是和人的自然性相矛盾与冲突的。因而，我们要正确科学地看待人的自然性，创造条件积极地满足人的合理的自然需要，使人的自然生命安全、健康与快乐地存活于世，为人的生命价值的拓展与提升奠定坚实的前提。二是存为的自然性。如果说人的生命"存活的自然性"是人无异于动物的一种纯天然的自然性，那么"存为的自然性"则是一种具有社会规约的自然性，如吃东西本是人和动物无差异的自然属性，但吃什么、如何吃、在什么场合吃、什么时间吃等使人的吃东西和动物的吃东西有着天壤之别。因而，在社会规约中人的自然属性又不仅仅停留在纯天然的自然层面，使人的自然属性又高于动物的自然属性。因而，存为的自然性是存活的自然性的拓展与提升，又为人的生命价值的创生提供了可能与奠定了基础。

2.2.2　生命的价值性

人的生命虽然具有自然性，生命活动受自然本能的制约。但是，人的生命活动不是任其自然性摆布的，人无时无刻不企图确证和彰显人生命的力量和意义。人的生命活动无不是一个价值参涉其中的活动。人不仅要活着，还要活得有价值、有尊严、有光彩。没有价值的人生是不值得过的！人的生命不在于自然生命的长度，而在于价值生命的厚度。正如臧克家在《有的人》中所言的那样："有的人活着，他已经死了；有的人死了，他还活着……"人的社会贡献不在于自然生命的长短，而在于价值生命的意义。"价值的本质是主客体相互作用中的客体主体化，客体对主体的效应。这是价值的一般本质。"① "价值是发生在劳动活动中主客体之间的一种关系，表示客体为人而存在，对人有意义、有用。价值关系通俗地说就是意义关系、作用关系"。② "追求价值是人类的本性；而追求和创造价值的历程，则是现实人类生活（由智慧与无知、成功与失败、欢乐与痛苦、光荣与罪恶交织起来的生活）的真谛。"③ 追求价值是人生命内在需要和实践活动的基本目的，也是人参与实践活动的直接动力。在生命活动中，不管人是否具有价值意识，人的生命都和价值紧紧相连，人的生命活动成为追求价值的活动，人的生命存在成为一种价值存在，人的生命成为一种价值生命。人在价值追求的生命活动中，不断深化对生命本身的理解和价值客体的认识，不断提高自身的生命价值意识与价值认识，拓展生命价值存在，使自己不断从自然生命本能的自发存在走向一种生命价值的自觉存在。人在认识自我与改造自我过程中使自己生命不断走向完善、丰盈的同时，也在不断地认识外在世界、改造外在世界，推动和促进着社会的发展与进步。个体与社会的发展既是生命价值追求的目标又是其价值追求的结果。生命价值在不同的生命活动中表现出具体的、多样化的价值形式。因而，社会的发展与进步就是由许许多多的具体的、多样化的生命价值所构成和推动的。在社会层面讲，不同的人的生命价值的具体表现形式往往具有差异性，军人的根本生命价值在于保家卫国、教师的根本生命价

---

① 王玉樑. 从理论价值哲学到实践价值哲学 [M]. 北京：人民教育出版社，2013：20.
② 袁贵仁. 价值学引论 [M]. 北京：北京师范大学出版社，1991：40－79.
③ 李德顺. 新价值论 [M]. 昆明：云南人民出版社，2004：4.

值在于教书育人、法官的根本生命价值在于维护公平正义……人们应根据自身的生活、职业等的具体要求与特征，充分地、科学地认识和理解自身生命所应当承担的生命价值权利与责任，积极发挥自身的主体性、主动作为，自觉把自己的自然生命融入到职业生命之中，把个人生命价值追求融入到社会生命价值的追求之中去，把改善自我同改造社会有机结合起来，实现在推动社会发展的过程中追求、实现与提升自己的生命价值。

2.2.3 生命的实践性

人是自然界的一部分，但人却通过实践的方式从自然界中分离出来，并赋予人不同于动物的本质属性，建立起了生命与实践的内在关系。一是实践是生命存在的现实土壤。人的生命存在须臾也不能脱离人的实践活动，实践为人的生命存在提供了现实性的基础，人在实践中吸收各种属人的"营养"，使人成为人。人和动物存在的一个重要的区别是，动物的生命存在是其生命本能的自然存在，动物的生命活动是和它生命的本能完全一致的；而人的生命存在是在遵循自身生命本性的基础上同人的实践活动紧密相连。实践为人生命的形成、生存与发展提供了现实的条件，从而使人的生命逐渐形成为一种自由自觉的生命存在。"人的这种活动、这种连续不断的感性劳动与创造、这种生产，正是整体现存的感性世界的基础。"① 即实践活动是现存世界和人的生命存在的基础与现实土壤。二是在实践中形成人的生命价值。人的生命价值不是遗传而获得，也不是无缘无故产生的，而是人在实践活动生成的。人类的实践是一种有意识、有目的自由自觉的能动活动，人在实践中不断深化对客观事物本质、特性、规律的认识与理解，也不断加强对自身需要、目的、特性、发展规律的认识与把握，以便更好地把握世界与自我，人们对未来充满了人生的期待和憧憬，以求获得更好的生存方式和生存能力。人总是期望与企求在认识实践与改造实践的过程中去谋求更有意义、更高质量的生活。从根本上来说，实践的过程就是一个人化和化人相统一的过程。在实践活动中，人把自己的理想、信念、需要、目的、利益、知识、能力、情感等因素通过主客体的活动与关系对象化为客观现实的东西，使人的本质力量不断作用于对象世界，并创造出一个属人的对象世界，这种属人的对象世界就

---

① 马克思，恩格斯. 马克思恩格斯全集第1卷［M］. 北京：人民出版社，1995：77.

是人化世界。人化世界就是在人与自然、社会交互作用下形成与发展的结果。同时，人在创造人化世界的过程中也在不断重新认识自我、充实自我、改善自我、提升自我，即"化人"的过程，也将创造一个属人"化人世界。""在实践活动的基础上，人化世界"与"化人世界"相互影响、相互促进，实现共同的生成与发展。三是人的生命存在与生命价值在实践中体现与彰显。"实践体现了人作为不同于自然生命的自觉生命存在，是人之为人的最主要的标志。"① 人在实践中不仅形成和获得人之为人的本质力量，还通过实践确证、体现和彰显人之为人的本质力量。因而，实践促进了人的发展与提升，人的发展与提升也将利于促进实践本身的改善。人的生命存在与生命价值形成于实践之中，并展示于实践活动之中。

2.2.4 生命的整体性

生命是由许多相互关联、相互作用的元素构成的复杂的、自组织的系统。本研究把人的生命划分为事实性生命和价值性生命，二者并非各自封闭的、单独的生命系统，只是为了研究的需要进行了人为的划分。事实上，它们作为整体生命的组成部分，是交融相互作用的存在的，脱离了生命的整体就失去了本原的意义与品质。因而，人必须全面地占有自己的生命本质，才能成为一个整全的人。"人类的生活是否有意义和价值呢？……除非将生活看作一个整体对待，否则我们无法去思考和解决这个问题；对生活价值的判断只能从一个整体去看。"② 我们应以整体的眼光看待生命、发展生命、成全生命、提升生命。一是生命需要的整体性。生命的需要不是单一的，而是多元复杂、动态变化的。生命的需要不仅有物质的需要，还有非物质的需要。美国心理学家马斯洛在1943年出版的《人类激励理论》一书中将人的需要从低到高按层次分为五种，分别是：生理需要、安全需要、社交需要（爱与归属的需要）、尊重需要和自我实现需要。每种需要又包括很多具体的需要，如生理需要包括了衣、食、住、行、性等需要。实际上，人的生命的需要比马斯洛所划分的五个层次的需要复杂得多。人的需要不仅复杂多样，而且会受环境、个体等因素的影响而发生变化，如成年时期的需要和婴幼儿时期的需要有很大的差异，人心情愉快的时候和悲伤的时候需要又有所不同。人的生命需要

① 陈伯海. 回归生命本原 [M]. 北京：商务印书馆，2012：95.
② ［德］R. 奥伊肯. 人生的意义与价值 [M]. 张蕾，译. 北京：新星出版社，2013：3-5.

的复杂多元和动态变化性构成了生命需要的整体性，为人的生命的复杂性与整体性提供了原动力。二是生命发展内容的整体性。生命的发展包括身体、知识、能力、思想、观念、智慧、意志、情感、思维、品格等内容的全面发展，只有各个方面都实现了良好的发展，才能形成与发展成完整的生命。只有完整的生命才能使人全面地占有人的生命本质，才能使人具有丰富、饱满、充盈、立体的生命内涵与形象。三是生命发展方式的整体性。实践是生命存在的根本方式，实践使人成为人。但实践的具体方式却是千差万别的，如生产实践、社会实践、科学实验等，而每种实践又包含着十分丰富的、具体的、形式多样的实践形式。实践具有共同性，使人生命具有相同的属性，但不同的实践也具有较大的差异性，导致不同的实践造就了不同的人。参与何种实践、以何种方式参与实践，就生成怎样的人。人只有通过多元、整体、开放的生存与发展方式，才能形成整体的生命。单一的、片面的、封闭的社会和人的生存方式，就会导致"单向度的人"、人便会出现一个单向度的思想和行为模式。① 因而，单一、片面的生命方式难以形成人的整体生命，而是必将对生命的完整性造成伤害与生命本质的异化。人只有全面的参与社会生活，摆脱生活与实践的"条块化""分割化"，才能全面地占有自己的生命本质、才能形成整体的生命世界。四是生命过程的整体性。虽然按照生命的特性，可以将生命的整个过程划分为若干个阶段。但从整体的纵向上看，生命是各个阶段不可分割的有机整体，是一个延绵不断的、渐进生成的整体的过程。我们因立足于生命的整体与全程去认识、理解和把握生命的内涵、本质、规律、价值等，而不能局限于生命的某一方面、某一阶段，不能"只见树木、不见森林"。

2.2.5 生命的独特性

世上没有两片完全相同的树叶，也没有两个完全相同的生命体。人的生命不仅具有共性，还具有独特性。人的生命的独特性不仅是相对于动物的生命而言的，从根本上说，更是体现在人与人之间的差异上。人与人的差异主要是通过其各自的独特性展示出来的，使人成为世界上独特的生命存在。由于人的遗传因素、家庭背景、成长经历、个性特征、生命认识与体验等的不

---

① ［美］赫伯特·马尔库塞. 单向度的人——发达工业社会意识形态研究［M］. 刘继，译. 上海：上海译文出版社，2008：11－15.

同，导致人的生命在多方面表现出独特性。一是自然生命方面的独特性。人的自然生命虽然在很多方面具有共同性，如人的外形、结构的构造、本能的需求等，但是人的自然生命的组织器官与结构的性能等方面具有较大的差异性，如有的人力大无比、有的人手无缚鸡之力、有的人好动、有的人喜静等。人自然生命的差异性和独特性为人的价值生命的差异性与独特性奠定了物质基础。二是价值生命的独特性。人不仅是事实性生命存在，更是一种价值性生命存在。人与人之间的区别不仅体现在自然生命方面，而且主要体现在价值生命方面。如人在生命价值选择、价值判断、价值追求、价值实践等方面具有差异性。正是由于人的价值生命的独特性，使得人在社会中表现出多元复杂的存在，也使得社会异常复杂与多元。人的生命独特性要求人应根据自身的特点选择适合自己的人生道路，根据自己的特点充分发挥自己的优势，去创造属于自己的生命价值世界和贡献自己的生命力量。

2.2.6　生命的创生性

人是一个未完成的、开放性的存在，人不可能通过一次实践就全面地占有人的本质，而是在无数的实践中形成与发展其本质的。因而，人的生命不是一次性的结果，而是一个开放的创造生成的过程。所谓生命的创生性就是指人的生命不是一个封闭一成不变的存在，而是一个在实践中随着实践、环境、内在需要等变化而不断创造与生成的过程。这个过程就是把人生命的潜在性在实践中转变为现实性并不断生成新的可能性，就是不断促进生命拓展、丰富、完善与提升，就是不断实现与创造生命价值的过程。"柏格森把生命分为三种形式，即植物生命、本能生命和理智生命，每种生命的形式都有属于自己的独特的创造。生命就是一条无底的、无岸的、不停歇的河流，生命是创造的连续体，生命流动的过程就是一个永不停歇的崭新的创造过程。"① 人并不像动物那样从一出生就具有了该类动物生命的全部内涵，动物的生活仅是生命本能的展示与不断重复的一个机械的过程。人一出生只是获得了同动物一样的自然生命，但人的社会生命与价值生命还没有真正开启。当人全面参与社会生活和实践活动时，人的生命才从社会与实践中不断占有社会、占有实践，人的生命才能不断生成为一种价值性生命存在。人的生命在实践中

---

① 柏格森. 形而上学导言［M］. 刘放桐，译. 上海：商务印书馆，2001：58.

才能实现由低级到高级、由单一到丰盈、由弱到强、由简单到复杂、由不完善到完善。

纵观社会发展史和人类文明史就是一部不断创生的历史。人类历史从石器时代到铁器时代、到蒸汽时代与电气时代、再到电子信息时代和高级智能时代，无不体现了社会生产力与生产关系等的创新与变革，无不是一个动态的、开放的创生的过程。社会发展与人类进步不仅为人的发展提供了条件，同时也对人的生命的发展提出了新的要求。社会的发展为人的生命发展提供了物质条件，提高了人认识世界与改造世界的视野与能力，使人的生命创生有了现实的基础。同时社会的发展也要求人不断提高自身的素质、能力和改善思维品质等，以适应和促进社会的发展。因而，人生命的创生不仅是社会发展的结果与要求，也是推动社会发展与人类进步的动力与条件。人生命的创生融入到了社会发展与人类进步的大舞台之中，生命的创生成为主体不断探求新知并时刻审视自我生命存在的活动。人只有不断提高生命创生所需要的综合素质、摆脱与超越各种因素的制约，才能使人的生命处于一种开放的、宽松的、自由的、活跃的创生状态和形成创新精神、创新能力，人才能在主动参与丰富多彩的实践活动中不断生成和实现生命价值。"生命哲学认为，创造不是存在于生命之外，而是存在于生命之中。生命本身就是一种创造，生命冲动无时无刻不在创造新的东西。人的本质是创造的，生命的本质是创造的。我们的人格在成长中创造，又在创造中成长，它有无数发展的可能性。"①

2.2.7 生命的超越性

人是一个开放性的、未完成的存在，这种存在意味着人的生命存在与发展具有无限的可能性。人的生命居于现实的生活之中，又不满足现实的生活而不断朝向未来的生活，对未来理想的、美好的生活充满了期待、向往与憧憬。人只有不断实现对前一段生活的否定性、批判性基础上的超越，才能不断实现比"前一段生活"更加美好的生活。人生命的超越性是人存在与发展的根本特性之一，它是指人不断超越生命的有限性、超越现实性，不断追求和实现一种更美好、更理想、更完善的生命存在与生命价值。生命的超越就

---

① 马秋丽，燕良轼. 教育的生命价值探索［J］. 高等教育研究，2006，（1）：27-30.

是对生命有限性的超越，就是对生命现实性的超越，就是对自身不足的超越。正是由于生命的超越性才能不断实现生命价值的拓展、完善与提升。生命的超越性意味着人对生命有限性的不满，对生命无限性的追求。人渴望"长生不老"，但人的生命存在受自然规律和生理机能的制约，其自然生命的存在时间总是有限的。人自然生命的有限性唤起人们对生命无限性的向往、思考与追求，人们企图在有限的生命过程中实现对生命无限的追求，人通过拓展和提升自身的生命价值使人有限的生命获得无限的新生，使人有限的生命在人对社会的贡献中实现生命的升华，使人有限的生命在精神世界中得以延续。生命的超越性意味着人对现实性的不满，对未来美好生活的向往与追求。人居于现实的生活之中，受制于各种现实因素的制约，人成为一种受动的存在，人渴望摆脱现实性的束缚，过一种"诗意"的生活。因而，人又对未来可能的完满生活充满了憧憬，企图通过发挥自身的主体性实现对现实的超越，过一种指向未来的理想生活。"正是这种超越的本性，促使人类不满足现实的存在状态，不断地向着理想的、可能生活迈进。"①

生命的超越性意味着人对自身的不满，对完善与提升自我的追求。人有自我实现与自我超越的需要。人要在丰富多彩的实践中实现生命价值与超越自我，需要面对的一个首要问题就是要客观地审视与正视自身，全面客观分析自身存在的不足，正确对待自身生命的不完美，人对自我现状的不满为生命的超越提供了原始的冲动与动力。因为，人对自身生命存在与生命价值完善的追求与超越，是每一个生命体灵魂深处永存活力、永不停息、永不熄灭的火花。人总是寄希望于"今天的我"比"昨天的我"还好，"明天的我"要比"今天的我"要完善与有意义。对自我美好形象的追求，引导和促使人思索与追求个体素质的提升、生命的完善、灵魂的优美。对此，雅斯贝尔斯说："没有一种外部的障碍，没有一种外部的灾难，能够剥夺我们精神本性的崇高任务。"②"人，只有人——倘使他是人本身的话——能够自己作为生物——超越自己。"③

① 车玉玲. 总体性与人的存在 [M]. 哈尔滨：黑龙江人民出版社，2001：36.
② [德] 卡尔·雅斯贝尔斯. 时代的精神状况 [M]. 王德峰，译. 上海译文出版社，1997：176.
③ [德] 马克斯·舍勒. 人在宇宙中的地位 [M]. 李伯杰，译. 贵阳：贵州人民出版社，1989：34.

2.3 人的生命价值追求

2.3.1 生命价值

人类的生命史，就是一部人类生命的价值史，就是一部人的生命价值的发现、创生、确证、实现、彰显与超越的历史。人类的生命存在、活动与生命价值相生相伴、相辅相成。理解与把握人的生命存在对理解与把握人的生命价值具有重要的意义，下文我们将对生命价值作一番考察与认识。

2.3.1.1 生命价值的觉醒与发展

自人的生命产生始，人就开始积极确证、寻找、创造和实现人的生命价值。探寻和追求生命价值就成为人类社会永恒的主题，人在追求生命价值的过程与活动中发现生命、理解生命、反省生命、批判生命、建构生命、创造生命。人的生命与生命价值成为"你中有我""我中有你"的一对相互依存、相互映衬的价值关系。但是，在相当长历史时期，尽管人在有意无意的从事着、创造着生命价值、在呐喊着"认识你自己""人是万物之灵"等，但由于社会生产力的低下、人认识能力与视阈的局限等原因，使人的生命价值并没有真正进入主流的社会意识之中，生命与生命价值并没有成为一种普遍的话语。从整体上讲，人的生命意识与生命价值意识处于一种朦胧的、潜意识的遮蔽状态。人把自己生命与生命价值的支配权交付给了以"上帝"为代表的外在权威的神秘力量。人的生命在人类历史的相当长时期处于一种无足轻重、无关紧要的地位，生命价值更是被放逐在"荒芜的沙漠之中"。历史的车轮开到"文艺复兴"时期，横跨14世纪至16世纪的文艺复兴是一场思想文化运动，认为人拥有认识世界、改造世界的智慧与力量，人是世界和社会财富的创造者，人是衡量一切事物的尺度，人要相信自己、追求人生、积极生活与奋斗；主张用"人权"代替"神权"，主张以"人"为中心、以"人"为本位，反对以"神"为中心、以"神"为本位；强调人的地位、尊严、价值、自由、博爱，强调现实生活与价值人生，倡导积极生活与积极人生，鼓励人们创造生命价值和现实生活的意义、追求现实幸福生活与世俗享乐，提倡科学与理性，反对愚昧无知等。文艺复兴运动使人的生命地位、生命尊严、生命价值得以高扬，生命价值意识得以普遍确立，促进和实现了生命价值的觉醒。人从对外在"神秘力量"的崇拜逐步转向对自身生命的关注、对生命价值的追求与现实生活的体验与享受。

人类发展由于第一、二、三次工业革命引发的社会巨变与生产力的极度发展，使得人的生命意识与生命价值在彰显与高扬的过程中却随着科学理性与工具理性的"攻城略地"渐渐迷失了自我。人的生命在科学理性的支配下，在极度确证与彰显生命价值的过程中导致了自身生命与生命价值的异化。人在改造世界、促进社会发展的过程中，却唯独遗忘了对自身生命存在质量与发展的关注。人不再是目的，人成为外在的工具。工具理性对人生命的异化和生命价值的遗忘，使人陷入一种迷茫、惶恐不安的生命状态之中。人不得不重新叩问生命之门：人的生命意义何在？于是乎，人站在新的历史起点上重新审视人的生命与生命价值。新时期，"人就是人""以人为本""人是一种价值性生命存在"等价值观念不断被人们普遍认识与接受，引起了一场新的生命价值思潮与革命。"以人为本"就是"以人的生命为本""以人的生命价值为本"，具有鲜明的生命立场和浓厚的生命价值意识，引导和促进人们关注生命、尊重生命、关怀生命、成全生命、发展生命、享受生命。生命价值融入到了生命活动与生命过程之中，融入到了主体之间的交往之中，融入到了社会的发展之中，具有浓厚的时代气息和新的内涵。探寻生命价值、追求生命价值、创造生命价值、实现生命价值、提升生命价值等成为新时期人们的生命活动与过程的本源之意和力量之显。

2.3.1.2　生命价值与人的发展

发展有三个层面的意思：一是指哲学上的术语，指新事物对旧事物进行扬弃的过程；二是指心理学术语，指人的身、心两个方面的发展过程；三是指日常用语，即指人和社会的变化过程，例如个人职位的升迁、学业的增长等。① 因而，人的发展就是指人的身心各方面不断否定、扬弃与超越的过程。"发展意味着不断展现历史丰富的可能性，争取全面地实现人的本质力量。"② 人的生命价值的实现就是一个人的本质力量不断确证、生成与实现的过程。因而，生命价值与人的发展有着内在的、统一的辩证关系。理清生命价值与人的发展的关系对认识和把握生命价值具有重要的意义。一是生命价值提升与人的发展在方向上具有内在一致性。生命价值的实现与提升对生命个体而言，主要是指促进和推动个体生命生存和发展质量与素养等的丰富与完善，是人本质的确证与实现。人的发展实际也是指个体的身体的、心理的、生命的、思想道德的、能力素质的、智慧品质的、情感态度价值观等方面的丰富、完善与提升的过程，也是人本质力量的确证、生成与实现。因而，生命价值提升与人的发展在方向上具有内在的一致性即都是人从不完善向完善的、由简单向复杂、由低级向高级的生成与实现的过程，是人之为人的确证、生成、实现与彰显的过程。二是生命价值是人发展的根基与核心内容。从价值论的视角上说，人的发展就是人的价值的创生与实现的过程。人的价值所包含人的生命价值、经济价值、文化价值、政治价值、道德价值等，其中，生命价值是人的价值的根本与核心内容，是人的一切价值实现的根基和逻辑起点。因而，生命价值也就是人的发展的根基、核心内容与逻辑起点。三是人的发展是生命价值的基础与彰显。从自然属性上看，人和动物没有多大差别。人不仅具有自然属性还具有社会属性，人是不会满足于受自然生命本能支配生活的，而是要在自然生命的基础上去创造生命的意义，过一种有价值、有尊严、有品位的生活。人要活得有价值、有尊严、有品位，其基本前提就是人要发展。人只有在实践中不断丰富自己、完善自己、充实自己、提升自己，才能不断提高自己认识世界与改造世界的能力与素养，也才能提高自身生命价值创生的能力，也才能奠定生命价值实现与提升的基础，才能彰显出自身的生命价值。

2.3.1.3 生命价值的内涵

"生命价值就是在人的实践活动中，生命的存在和属性以人的全面发展和

---

① 薛忠祥. 教育存在论——教育科学的形而上学基础研究［M］. 武汉：武汉大学出版社，2013：164.

② 熊晓红，王国银. 价值自觉与人的价值［M］. 北京：人民教育出版社，2007：191.

社会的全面进步为尺度而建立起来的一种客观的主客体关系。这种关系是生命存在及其属性以满足人的全面发展与社会全面进步为目的而呈现的一种肯定的意义关系。"① "所谓生命价值，就是人的生命现实存在本身，是人的人性能力无限发展的目的和程度，以及在主体间对象性关系中生命的地位和作用。"② 我们认为生命价值就是生命的存在及其属性在实践中对个体与社会发展需要的满足与趋近所产生的积极效应。生命价值的内涵主要包括以下几个方面的内容。

2.3.1.3.1　生命是生命价值的前提与基础

生命是价值主体需要的物质承担者与行为的发出者，离开生命存在及其属性，人和社会发展的需要的满足就成为一句空话，人和社会的发展就不可能实现。生命包括生命现实存在本身和生命的属性两个方面的内容。一是生命的现实存在。人只有具有自然生命才能使社会生命获得价值与意义成为可能。因而，保护人的自然生命和生命的现实存在是人价值性生命存在的前提，也是人的生命价值的前提与基础。需要强调的是生命存在本身即使不能直接满足人与发展的需要，也以一种"人道价值"形式间接满足个体与社会发展的需要，对社会、对人类产生积极的意义即生命存在的本体论意义上的价值或生命的人道价值。"也就是说，不管人的体格是否健全，身体器官是否完整，即使他没有任何能力为社会、他人与自己创造财富，只要他活着，他的生命存在，他就具有作为人的尊严与权力，生命的人道价值就一直存在。"③ 因而，生命存在的人道价值实现和彰显了一种积极的精神向度，必将对个体与社会发展产生积极的精神效应。二是生命的属性。生命的属性表现形式丰富多样，人应在实践活动与过程中发挥、充实、完善人的生命属性，使之更好地满足人与社会发展的需要，促进人的发展和社会的进步。

2.3.1.3.2　个体和社会是生命价值的主体

生命价值就是生命存在及其属性对个体和社会需要的满足或趋近所产生的积极效应。一是个体是生命价值的主体。个体不仅是生命的主体，还是生

①　唐英. 价值·生命价值·生命价值观：概念辨析［J］. 求索，2010，（7）：87-89.
②　刘亚明. 生命价值论要［J］. 社会科学研究，2016，（6）：136-142.
③　路日亮. 人的生命价值与人的全面发展［J］. 中国特色社会主义研究，2012，（5）：36-41.

命价值的主体。个体在生命实践活动中使生命存在及其属性利于自身的自然生命的健康、身心素质的提高、生存能力与水平的增强、生命质量与智慧的提升等。生命的个体价值是生命价值的一种表现形态，是生命对生命个体自身的生命完善与发展的意义的一种价值。二是社会是生命价值的主体。这里的社会是指除生命自身之外的他人、家庭、家族、民族、国家、人类等，是一个内涵比较广的观念。人在生命实践中认识世界、改造世界，不仅利于完善与提升自身生命价值世界，还利于推动社会的发展与进步，形成与创造一种生命的社会价值。生命的社会价值也是生命价值的表现形态，它强调的是生命存在及其属性对社会的积极效应。生命的个体价值与生命的社会价值是生命价值的两种主要的价值形态，在实践中两种价值形态相互依存、相互作用，共同推动着生命价值的创生，实现个体与社会的发展。

2.3.1.3.3 实践是生命价值创生与实现的根本方式与路径

生命价值一旦脱离了活生生的实践活动，生命价值客体与生命价值主体的价值关系就失去了现实的依托与土壤，生命价值的创生与实现就失去了基石，生命价值就不可能产生与实现。因而，实践是生命价值创生与实现的根本方式与路径，生命价值只有在实践中才能产生与实现。人的生命具有实践的秉性，人不可能完全处于一种自然的本能状态，人具有在实践中确证、寻求、创造与提升生命价值的需要与冲动。人在实践活动中，积极进取和自觉追求与创造生命价值，使人的实践活动过程成为一个人主动自觉追求、创造、实现、提升生命价值的过程。生命价值不仅存在于实践之中，并通过实践得以创造、实现、提升与彰显。因而，人应根据自身的生命价值追求，选择适切的实践活动，认真实践和自觉实践，在实践中创造与实现自己的生命价值理想。

2.3.2 生命价值追求

生命价值的创生与实现是人之为人的根本价值追求，也是彰显人之为人的根本方式与依据。人的实践活动就是一个追求、实现、完善与提升生命价值的过程，也是一个人确证、生成、实现与提升生命本质的过程。人在追求与实现生命价值的过程中推动与促进着人的全面发展与社会的文明进步。人所追求的生命价值的内容主要体现在以下几个方面。

2.3.2.1 生命的全面和谐发展

人是一个复杂的、多样的、动态的整体性生命存在，整体性是生命的重要特征。人追求生命的全面和谐发展体现与彰显了生命的整体性特征，也是实现人成为完整的、全面的人的根本途径。人只有成为完整的人，才能全面地占有自己的本质和生命价值。生命的全面和谐发展就是人的自然生命与价值生命的协调发展，就是身心的协调发展，就是人的德、智、体、美、劳各方面的协调发展，就是真、善、美的协调发展，就是生命的个体价值与生命的社会价值的协调与实现，就是生命现实的发展和可能的发展的统一……生命的全面和谐发展意味着人在生命实践中不是只提升生命某一构成要素，不是只追求与实现生命某一方面的价值；而是把人的生命视为一个相互关联的整体，把追求和实现生命的全面和谐发展作为生命实践活动的根本价值追求与目的。我国儒家提倡的仁、义、礼、智、信，古希腊倡导与开设的"七艺"课程，欧洲文艺复兴时期提倡的人文主义思想与教育，马克思关于人的全面发展理论，我国当前的基础教育的教育目的……这些蕴含了生命全面和谐发展的思想与价值追求。

人在实践中会形成和创造多元化的需要。人的生命不仅有自然的需要，也有社会的需要；既有物质的需要，也有精神的需要；既有现实的需要，也有超现实的需要；既有眼前的需要，也有长远的需要。生命多元的、复杂的需要引发和促进着人对各种不同需要的追求，不同需要的满足则利于生命的全面和谐发展。人应在生命实践中积极培育健康向上的、多元的、合理的需要，在满足生命多元化的需要中实现生命的全面和谐发展。

2.3.2.2 生命的自由自觉发展

"人是生而自由的，但却无往不在枷锁之中。自以为是其他一切的主人，反而比其他一切更是奴隶。"[①] 人生而自由是一种"本性自由"或"天然自由"，是自由的潜意识状态，人生命的自由就是要把潜在的自由状态在生命实践中发展为一种"主体自由"或"生命自由"。生命的自由自觉发展是人全面占有和彰显自身本质的一种状态，它不是人偶然的、个别的实现。生命的

---

① ［法］卢梭. 社会契约论［M］. 何兆武，译. 北京：商务印书馆，1980：8.

自由自觉发展既是生命价值追求与发展的现实结果，也是生命价值进一步追求与发展的条件。生命的自由自觉发展是生命在现实的生命实践过程中努力摆脱盲目的奴役，消除一切自发性行为，变被动为主动，自主确定生命发展的需要和价值目标，积极主动参与生命实践活动，实现生命的积极主动、充分自由地发展。生命的自由自觉发展体现以下几个方面的要求：一是主体对生命发展的需要与价值追求有着清晰的认识与准确的把握。人只有对生命发展的需要和生命价值追求有着明确清晰的认识与把握的时候，才能明确自身生命发展的真实需要是什么？应当追求什么样的生命价值？由自身生命发展需要引发的生命实践活动才能是一种持续的、主动的、自觉的生命过程，因为生命实践活动与生命价值追求的动力与动机来源于自身的生命需要，而不是源于外在的规训或强迫。二是主体对客观事物本质、规律、特征等有着整体性的、清晰的认识与把握。对客观事物的全面客观认识是生命自由自觉发展的基础。人要想在实践中摆脱客观事物的束缚，就应当对客观事物的本质、规律、特征等有着全面准确的认识与把握。三是实现了被动发展到主动发展、由生命价值自发到生命价值自觉的深刻转变。在现实的生命实践活动中，人不断形成自己的生命价值意识，逐渐意识到人是生命的主体，人不是消极被动接受外物或他人作用的被动存在物，人只有在生命实践活动中积极努力，主动自觉完善、丰富、提升自我，才能不断增强把握和主宰自身生命的力量，才能确证、创生和实现生命价值。

2.3.2.3　生命的开放创生发展

人的生命是一种开放的、未完成的存在。生命价值不是一次性完成的，而是一个实践过程中开放性的、动态创造与生成的过程。生命只有处于一种开放的状态之中，才能利于生命同外界进行全方位的、动态的物质与能量交换，使生命处于一种活跃的、觉醒的、自觉的状态，不断吸收积极的因素，实现生命的自我更新、扬弃、创生与超越。一部人类生命史，就是一部生命开放创生与超越的历史。人类从原初对自己与自然界的懵懂认识导致的对外在力量的崇拜、无知与恐惧，到人生命价值意识的觉醒引起的人们关注自己的生命世界，再到人类中心主义折射出的人生命力量与价值的过度膨胀，再到以人为本所体现的生命立场与生命价值追求，这难道还不能说明生命不是处于一种开放的不断探索的过程之中吗？生命不是在开放的不断探索中完善生命、创生生命、成全生命、提升生命吗？一个人的生命历程：从婴幼儿的懵懂无知……到儿童时期的天真活泼……到青年时期的活力四射……到中年时期的稳重成熟……到老年时期的泰然自若……这无不体现了生命处于一种开放的创生发展的过程中。生命一旦封闭自持，生命的成长与生命价值追求的"大门"则被关闭，人生的意义则无从谈起。生命价值的追求与实现是在实践活动中完成的，并通过实践彰显自身的生命特性。实践活动本身就是一个开放的、不确定性的、动态多变的过程。人要想在实践中确证、创生、实现与提升自己的本质与生命价值，就必须使自己的生命潜能在实践中变成现实，并不断创生出更高水平的生命潜能，使生命处于一种开放动态的创生的状态之中。唯有如此，人才能更好地参与实践、融入实践、认识实践和改造实践，使实践成为人生命活动的组成部分和生命价值创生的根本方式。人的生命也只有在实践中实现开放创生发展，才能使人永葆实践活动的主体地位而不沦为实践的"奴婢"，才能规避人的故步自封和生命的停滞不前，才能实现、确证、彰显与提升人的生命价值。

2.3.2.4　生命的持续终身发展

人的生命具有未完成性和无限发展的可能性，生命的过程就是不断追求与实现生命完善和生命价值超越的持续的、终身发展的过程。"人的非特定化是一种不完善，可以说，自然把尚未完成的人放在世界之中，它没有对人作最后的限定，在一定程度上给他留下了未确定性。"① 人的未确定性与未完成性，为人生命的持续终身发展提供了可能性与现实的必要性。虽然，人的自然生命具有有限性与唯一性，但人的价值生命就是要在自然生命的基础上不断追求生命的全面发展、自由自觉发展、开放创生发展；在时间上讲就是要追求和实现生命与生命价值的持续终身发展。俗话说得好：活到老，学到老，发展到老。正如孔子所言："吾十有五而志于学，三十而立，四十而不惑，五十而知天命，六十而耳顺，七十而从心所欲，不逾矩。"这体现了孔子的一生就是一个不断学习的过程，就是一个在终身学习的过程中实现生命持续终身

---

① ［德］兰德曼.哲学人类学［M］.阎嘉，译.贵阳：贵州人民出版社，1988：228.

发展的过程。20世纪60年代由保罗·朗格朗提出的终身教育思想在短短几十年已成为世界各国普遍认可和推广的教育思想。终身教育思想内涵和所具有的终身性、全民性、广泛性、灵活性等特点无不体现了生命持续终身发展的内涵与要求。社会的日新月异、实践活动的复杂多变、职业与生活要求的不断提高，以及"人是一种不断需求的动物，除短暂的时间外，极少达到完全满足的状况，一个欲望满足后，往往又会迅速地被另一个欲望所占领。人几乎整个一生都总是在希望着什么，因而也引发了一切"①。因而，人应当树立生命持续终身发展的理念与意识，不断提高生命持续发展的能力与素养，在有限的生命中实现生命的无限发展，使人的一生成为一个不断完善生命、追求与提升生命价值的过程。

2.3.3　生命价值追求的意蕴

2.3.3.1　现实的生命价值与可能的生命价值的统一

人是实践的生命存在，是事实性生命存在与价值性生命存在的统一体。人由"过去"而来，生活在"当下"，又朝向"未来"。当"过去"还是"当下"的时候，"当下"则是"过去"的未来；当"当下"变成"过去"的时候，"未来"就变成了"当下"，人又朝向一个新的"未来"。因而，人的生命价值追求与实现的过程就是一个现实的生命价值与可能的生命价值交互作用、矛盾统一的过程。这个矛盾统一的过程推动和促进着人生命价值的螺旋式上升，即体现了生命存在的特征，又遵循和体现了生命价值的内在规律与发展逻辑。

人首先是事实性生命存在。人因具有自然生命而存活于世，并生活在现实的、具体的、真实的、形象生动的生活世界之中。生活在现实世界之中的人具有丰富多样的现实需要，激发和促进人们为过好一种现实的生活而努力。"人不能忍受无意义的生活，假使生活没有意义，人也要制造出某种意义赋予生活，否则，人就不能按人的存在方式而生活。"② 人们只有在不断追求、实现和完善现实的生命价值，才能过好一种现实的生活，并确证和实现人的现实生命存在的本质。追求和实现现实的生命价值是人之为人的基础，也是实

---

① ［美］马斯洛．马斯洛人本哲学［M］．成明编，译．北京：九州出版社，2003：1.
② 孙利天．死亡意识［M］．长春：吉林教育出版社，2001：49.

现生命不断完善与生命价值不断超越的前提。追求和实现现实的生命价值，不仅使人好好地活着，还利于激发人为了活得更好而朝向一种可能的生命价值而自由自觉地实践。人的生命首先要立足当下，着眼现实的生活，主动自觉实践与积极努力，满足现实的生命价值需要，完善、拓展与提升现实的生命价值。人追求和实现现实的生命价值主要表现在三个方面：一是现实的生命价值来源于现实的生命世界。虽然人具有自然生命的本能特性，对现实的生命价值具有重要的制约与影响。但现实的生命价值要高于自然的生命价值，它是自然生命在现实的生活与实践的交互作用的过程中产生的。因而，现实的生命价值既不是天然的，也不是凭空产生的，而是人在现实的生活与实践中产生与形成的。人一旦脱离现实的生命实践活动，现实的生命价值就失去了现实土壤与根基，人就难以产生现实的生命价值需求与意识。如"狼人"虽具有人的自然生命，却不具有人应具有的现实生命价值需求与意识，从根本上说，"狼人"脱离了现实的生命实践活动，缺失了产生现实生命价值需求与意识的现实土壤与根基。二是现实的生命价值为了改善现实的生命世界。人之为人不可能浑浑噩噩地活着，不能听天由命和任凭现实生存环境的"摆布"，总是企图改善生存环境与条件，以便更好地栖息于现实的生命世界之中。人只有更好地栖居于当下，才能对未来有着更好的憧憬与期待，才能创造更好的条件，以此为未来可能的生活奠定基础。改善现实的生命世界就成为人追求与实现现实的生命价值的直接目的、归宿与现实动力。三是现实的生命价值要依托现实的生命世界。现实生命价值的追求与实现既要依赖于人的自然生命的存在与延续，还要依靠诸如健康的体魄、高尚的道德情操、积极的生命价值意识、坚定的理想信念、充沛的精力与积极向上的精神、坚强的意志品质、较强的实践能力、优良的思维品质等。因而，人只有具备相应的追求与实现生命价值的现实条件与品质，才能在生命实践活动中更好地认识世界、改造世界，才能在生命实践过程中迎难而上和解决实践问题，创造满足个体和社会发展所需要的价值，为社会进步与人类发展做出贡献，并推动自身生命的完善和生命价值的提升，实现生命的个体价值和生命的社会价值的有机统一。

人的生命是现实的存在、自然生命具有有限性，但"人的生存恰恰是为了对本能的突破、对有限生命的超越"①。人总是追求着现实的生命价值，但又不满足现实的生命价值。人对未来可能的美好生命存在和生命价值充满了憧憬与期望，无时无刻不在为超越生命的有限性和现实的生命价值而努力奋斗。正如海德格尔所认为的那样："此在"总是其所不是而将要是的存在，"此在"不会固定于某一点上，而总是不断地超越自己，不断筹划、设计、选择自己。"② 人生活于"此在"，又总是企图和努力向着"彼在"；人是其所是，又是其所不是。人的本质是由生命存在的过程决定的，不是一次性完成的，而是在持续不断地实践中动态生成的，人只有在生命实践的过程中才能不断确证、创生与提升自己本质以及不断完善自己。人的生命具有超越性、创生性等特征，并且人的生命价值追求着生命的全面和谐发展、开放创生发展、自由自觉发展、持续终身发展。因而，人的生命价值追求表现出一种动态的发展状态，人生活在现实世界之中、追求和创造现实的生命价值；但人又总不满足于自己的现实状况，反思现实、批判现实、否定现实，思考未来、期待未来、追求未来，在现实生命的基础上去追求和创造更高的生命存在状态和可能的生命价值。人"思考着未来，生活在未来，这乃是人的本性的一个必要成分"③。

　　未来美好的、更高的生活和生命存在境界，指引和激励着现实的生命存在向着未来可能的生命存在秉持一种开放性、不断自我否定与扬弃的动态发展的状态，引领和促进着人不断自我更新、自我否定、自我超越，自由自觉地去追求一种更美好的生命存在境界和可能的生命价值。人正是通过对自己生命的不断完善和生命价值的不断超越来确证、实现和提升人之为人的本质和人生的意义。人在不断超越自我的过程中，既在完善与重构人的本质，又在拓展与提升人的生命价值世界。人的自我超越不是一种自在自发的行为，而是一种具有强烈生命价值意识、需求与使命的自由自觉的生命实践活动。生命个体不仅要在现实生活中追求现实的生命价值，还要勇于和善于否定与批判现实的生命存在与现实的生命价值，明确自己的生命潜能、生命价值需

---

① 高清海. 人就是"人"［M］. 沈阳：辽宁人民出版社，2001：17.
② ［德］马丁·海德格尔. 存在与时间［M］. 陈嘉映，王庆节. 译. 北京：生活·读书·新知三联书店，2006：183.
③ ［德］恩斯特·卡西尔. 人论［M］. 甘阳，译. 上海：上海译文出版社，2009：68.

求与使命。在不断扬弃现实的生命价值的基础上赋予可能生命价值以充实丰富的内涵，对未来的可能的生命价值充满憧憬和具有坚定的价值信念与坚强的意志，主动自觉谋求自我生命的发展与完善，设想、谋划、追求和创生更高的生命存在，实现生命价值的完善、丰富、拓展、创造与提升。

2.3.3.2　"成我"与"成他"的统一

从个体的价值活动的指向上看，以人为主体的生命价值的指向是双向度的：主体"我"的生命对"我"有价值；主体"我"的生命对与"我"相对的一切他者有价值。① 我们把前一种生命价值称为生命的个体价值，即"成我"；把后一种生命价值称为生命的社会价值，即"成他"。"成我"与"成他"是从个体生命出发划分的两种基本的生命价值，在这两种生命价值的基础上可以延伸出其他类型的价值形态。"成我"的生命实践活动的目的在于个体自身，个体与主体是合二为一的。个体的活动是为"我"的活动，"我"的生命价值的完善、拓展、创生、实现与提升是个体生命实践活动的目的与价值追求。"成他"的个体生命实践活动的目的在于个体"我"的之外的他者（包括他人、家庭、家族、民族、人类等），个体的生命实践活动是为了推动和促进"他者"生命价值的完善、拓展、创生、实现与提升，这成为个体生命实践活动的目的与价值追求。"成我"，生命个体是实践活动的目的，"他人"则成为"成我"的手段；"成他"，生命个体成为手段，以社会为存在形式的"他者"成为目的。因而，"成我"与"成他"是辩证统一的。

人的生命价值实践活动首先体现为"成我"性，即人是人生命实践活动的目的，个体自我生命价值的完善、创生、实现与提升是个体生命实践活动的目的与价值追求。如康德所强调的"人就是目的本身，亦即他决不能为任何人（甚至上帝）单单用作手段，若非在这种情形下他自身同时就是目的"。② 实践活动是由人的需要引起的，人在生命实践活动中首先要满足自身的需要。人的需要的满足既成为引发和促进人从事生命实践活动和追求生命价值的内在动力，也是人生命价值追求首先在于"成我"的直接动因。因而，

---

① 刘亚明. 生命价值论要——主体间的"关系性"价值 [J]. 社会科学研究，2016，(6)：136 -142.

② [德] 康德. 实践理性批判 [M]. 韩水法，译. 北京：商务印书馆，1999：144.

"就目的而言，人的一切活动最终都是指向自我的，即都是为我的"①。人在生命实践活动中，不仅是行为的发出者，还是行为效应的"接收者"，人成为人自身的主体。人在实践中生命自我完善、丰富、拓展、实现与提升的过程就是一个"成我"的过程，在这个过程中人的本质得以确证与实现，人的生命价值得以完善与提升。人从呱呱坠地起就获得了自然生命，自然生命使人具有了成人的物质基础和可能，但人的自然生命并不能自然地使人成为人。人成为人的过程实质上就是人在生命实践活动中一个不断"成我"的螺旋式上升的过程，在这个过程中人不断获得与形成属人的特性，使人逐渐"接近人"和"成为人"。

"成我"是人的生命实践活动和生命价值追求成为个体的一种内在的需要，实践活动与生命价值追求不是一种源于外在力量的"压迫"，而是源于自身生命发展与提升的内在需要。人的生命价值所追求的生命全面和谐发展、开放创生发展、自由自觉发展与持续终身发展等就有了现实的力量源泉，激发和推动着个体积极主动、自由自觉地参与生命实践活动，以坚强的意志和坚定的信念，敢于克服困难，努力追求与实现生命发展和生命价值提升。"成我"的实现不是一次性完成的，而是伴随人的生命发展过程的始终。人在生命的不同阶段，不同的生命实践环境中等承担的"成我"的使命、责任与内容是有所不同的，人应当自觉把"成我"作为自身生命实践活动的目的，努力完成各个生命阶段和具体实践环境中"成我"的职责与要求，实现由无数个小的"成我"累积成人生大的"成我"。

个体的生命实践活动的价值追求不仅指向自身，对自身生命的完善与提升具有积极意义；其活动的价值追求还指向除个体生命之外的他者，对他者生命价值为完善与提升具有积极意义。因而，个体生命实践活动不仅是一个"成我"的过程，还是一个"成他"的意义活动。人们在认识世界与改造世界的过程中，不仅审视、反思和满足自身生命发展的需要，促进自身生价值的完善、实现与提升；还要积极地同社会发生广泛而深刻的价值关系，引导和促进社会的变革和进步。人不仅在"成我"的过程中确证、创生、实现与彰显自己的本质，还需要通过"成他"的方式与途径来确证、创造、实现与

---

① 郭湛. 主体性哲学——人的存在及其意义 [M]. 北京：中国人民大学出版社，2010：40.

彰显人之为人的本质和生命价值。"成他"是个体在社会活动和关系中与他人交互作用产生的一种利于与促进他人生命发展与生命价值完善与提升的一种价值活动与追求。"成他"一方面是个体自我生命价值提升与彰显的需要。个体生命价值的完善与提升是主体同不同对象多元互动的结果。人不能局限在个体与自我交往的小圈子里，还必须积极主动地融入到社会大舞台之中，在推动与促进社会发展的过程中与不同的对象进行广泛的交往与互动，才能更加全面客观地认识自我、形成相应的生命价值意识与需要、提高自己能力、素养、意志、道德品质和形成科学的情感、价值观等，使自身的生命价值处于一种开放的、创生的动态过程之中。同时，"成他"也为个人的生命发展与生命价值追求创造了有利的条件和保障。另一方面是人类发展与社会进步的需要。人类发展与社会进步不是自然而然的结果，而是建立在无数个"成他"所形成合力的基础之上的结果。人人都积极"成他"，才能不断为人类发展和社会进步提供源源不断的动能。

因而，人不仅具有为我性，还具有为他性。人在生命实践活动中所表现出的为我性和为他性交错复杂的形态。从"成他"行为发出者的视角上看，"成他"主要有三种类型：一是把"成他"作为目的。这种类型是把"成他"作为人生命实践活动的目的和价值追求，体现了人之为人的生命境界和高尚的价值追求。在现实生活中表现为无私的奉献，它体现了人类的高尚的精神品质，是社会所倡导和需要的。二是"成他"作为手段。这种类型体现了主观上为自己，客观上推动和促进了他者的生命发展和生命价值的完善与提升。人在生命实践活动中的生命发展与生命价值的实现是以自身为目的的，而人自身目的的实现还要依靠他人作为目的实现的条件。而以他人作为自身目的实现的条件并不是无条件的，它是以"成他"作为交换条件的。人只有不断地在促进他人生命的不断完善和生命价值提升中，才能更好地为自己生命的完善和生命价值的实现创造有利的条件。"每个人为另一个服务，目的是为自己服务；每一个人都把另一个人当作自己的手段相互利用。"① 三是把"成他"作为目的与手段的统一体。人不仅把"成他"作为目的，而且把"成他"的结果作为"成我"的条件与手段。人在促进他人生命价值的实现与提

---

① 马克思，恩格斯. 马克思恩格斯全集第46卷［M］. 北京：人民出版社，1995：198.

升的过程中，事实上，也是在为自己生命发展创造条件，亦即是说，人在成为他人手段的同时也把他人作为实现自己目的的手段。为此，就出现了马克思所言的那样："每个人只有作为另一个人的手段才能达到自己的目的；每个人只有作为自我目的才能成为另一个人的手段；每个人是手段同时又是目的，而且只有成为手段才能达到自己的目的，只有把自己当作自我目的才能成为手段，也就是说，每个人只有把自己当作自为的存在才把自己变成为他的存在，而他人只有把自己当作自为的存在才把自己变成前一个人的存在。"① 因而，人在生命实践中应积极自觉实现"成我"与"成他"的有机统一，才是生命价值追求、完善、创生、实现与提升的现实体现与要求。

---

① 马克思，恩格斯. 马克思恩格斯全集第 46 卷［M］. 北京：人民出版社，1995：198.

3 高校教师教学价值自觉之解析

3.1 自觉之分析

3.1.1 自觉的内涵

"自"是主体自我，是认知与行为的发出者，是主体性的表征；"觉"即觉醒、觉知、觉悟、觉解，是内心的觉悟和自我意识的主动觉醒与成熟。自觉包含着三层含义：一是主体对自我生命需要和事物本质、规律与特征的理解，并明白事物对自身存在与发展的意义；二是积极、主动、自觉地树立与调整价值追求方向、目标、内容与过程等，使价值追求与生成更加高效和丰富；三是自由自觉地进行实践并在实践过程中主动寻求价值的实现、生成与超越。自觉是个体生命意识与自我意识发展成熟的主体表征，它既是价值生成与意义建构的动力，又是价值追求的目标。从哲学的意义解读，"自觉即内在的自我发现和外在创新的自我解放意识。它是人类在自然进化中通过内外矛盾关系发展而来的基本属性，是人的基本人格。自觉是人一切实践行为的本质规律，表现为对人自我存在的必然维持、发展。人类自觉本质的维护与发展是自由的真实实现。自觉性是指个体自觉自愿地执行或追求整体长远目标任务的程度，其外在表现为热情、兴趣等，内在表现为责任心、职责意识等等"[1]。由此，我们把自觉理解为主体在对自己需求与对象、规律本质等科学认识与理性把握的基础上进行实践或开展行动表现出的积极、主动、认真的状态。自觉主要包括两个相互依存、相互作用的部分。一是主体对自己与对象的科学认识与理性把握。这里主要包括主体对自己内在需求的认识，对

---

[1] 陈玉琨. 教育从自发走向自觉 [M]. 上海：华东师范大学出版社，2013：13-14.

对象本质、规律、特征等的科学认识与理解，并能意识到主体内在需求同对象的内在关联，这是自觉的前提与基础。二是主体在实践或行动中表现出积极、主动、认真的状态。这是主体在科学认识与理性把握基础上的一种客观结果，主体在实践或行动中表现出来的积极、主动、认真状态往往具有稳定性、持久性、明确的指向性。

自觉不是生而有之的，而是在长期的实践中形成的。实践是主体形成自觉的现实土壤，主体只有在实践中不断深化对自身内在需求与对象本质的科学认识与理性把握，不断提高自身的觉醒与觉悟程度，积极主动进行实践和改善实践，才能不断提高自身的自觉程度。

3.1.2 自觉的特征

自觉是主体认识和行动的有机统一，是内在尺度与外在尺度的有机统一。它同自主、自为相比虽都具有积极主动性，但却和自主、作为有着根本区别，表现出显著的特性。一是在对客观事物的认识上，自觉比自主认识更加全面与深刻。自觉注重对事物本质、规律、特性的正确认识和理解，并按照和遵循客观事物的规律办事，体现了主体生命需求和事物规律的有机结合，是内在尺度和外在尺度的高度统一。体现了主体在实践活动中的积极主动性，表明主体的行为不是出于外在的压力或强迫，而是基于主体的主动发出，主体的内在需求是自觉的内在动力。自主是指主体具有独立存在与发展的能力，自己管理自己的行为与自己做主，自己对自己的行为负责而不受他人的支配与控制。自觉不仅包括了自主的主体积极主动和自我负责，还包括了主体对自我生命需求的觉知和对客体的本质、规律、特性等正确认识与理解。这不仅体现了自觉的内涵比自主更为深刻、更为丰富，"具有更为宽广的阐释空间，也更切合教育传统和当代教育的实际"。① 二是在价值指向和追求上，自觉比自主具有更明确、更高的指向性。自主的价值指向既可能是生命价值追求，也可能是物的价值追求，其价值指向与追求并不是很明确和清晰，但自觉更多以生命发展与完善和生命价值生成与提升为根本价值取向和价值追求，具有浓厚的生命情怀和生命意义。三是在主体行为上，自觉比自主更深刻、更全面。自主是主体对自己行为的管理与负责，它体现的是一种外在行为的

---

① 李政涛．生命自觉与教育自觉［J］．教育研究，2010，（4）：5-11．

积极主动。自觉不仅包括外在行为的积极主动，更为重要的是主体内在的积极主动。因而，自觉不仅表现对实践活动和对象的热情、兴趣和积极，还指向内在的自我生命，如"我是谁""我将何处去""我能做什么""我应该成为什么样的人"等的追问与内省，它更是表现出了主体的进取精神和对生命的良知、担当与使命。正如《论语·泰伯》中曾子所言："士不可以不弘毅，任重而道远。仁以为己任，不亦重乎？死而后已，不亦远乎？"顾炎武所大声疾呼的："天下兴亡、匹夫有责。"这就体现了作为自觉之主体的人的进取精神、担当职责与使命精神。四是自觉不仅有为我性还具有为他性，是"成我"与"成他"的有机统一。自为与自在相对应，这两个概念是19世纪德国古典哲学家黑格尔用以表述"绝对理念"发展不同阶段的专门术语。自在即潜在之意，表现为事物的客观存在；自为即展开、显露之意，是展开了的存在。自为的展开必须要遵循自在之物的内在规律。因而，自觉和自为都注重遵循事物的内在规律与特性，强调按规律办事。自为有为我的特性，行为的目的指向自己，自为侧重主体对客体的展现与改造，因为"有什么样的行为就有什么样的个人……人的真正的存在是他的行为"①。自觉也十分注重对客观世界的认识与改造，强调实践活动对人发展和生命价值生成与提升的重要性，同时还十分重视主体认识自我、认识世界的价值意识的重要性，主张内在意识和外在实践的有机统一。因而，自觉较自为更能体现高校教师教育教学活动的特点和更加符合高校教师职业的内在要求。

3.1.3　对生命价值层面自觉的理解

自觉具有自身丰富的类型和相应的层次，就类型而言，依据不同的标准有不同的自觉类型，如文化自觉、政治自觉、行动自觉、理论自觉等。就层次而言，依据不同的标准自觉有不同的层次。以价值作为依据，自觉就包括物质层面的自觉、生命层面的自觉等内容。生命层面的自觉是从生命价值的维度探讨自觉问题的。生命价值作为价值的一种重要内容和人之为人的根本价值追求，是价值王国中的一种根本价值，追求与实现人的生命价值亦是人本质的根本确证与彰显。因而，生命价值层面的自觉是自觉的根本内容和高级形式。

---

① ［德］黑格尔. 精神现象学［M］. 贺麟，王玖兴译. 北京：商务印书馆，1979：213.

生命价值层面的自觉是对人自身生命的自然性、自发性的超越，自觉程度体现了人生命活动的深度与广度，展示了生命价值追求的方向与自主程度，彰显了人生命存在的状态和生命价值追求的境界。"表明的是人的精神、思想或认识的状态，进而还表明在某种精神、思想或认识支配下人的实际存在、行动或实践的状态。"① 人的生命在实践中不断形成与发展自己的意识、思想，从原初无意识的自然生命逐渐形成有意识、有思想的价值生命，使人从无意识或潜意识的生命状态发展成为有意识或显意识的生命状态、从思想不成熟发展成为思想越来越成熟的生命状态、从感性主导的生命状态发展成为理性主导的生命状态。人在实践中形成了生命的意识自觉与理性自觉，使人的生命活动从自发的状态中解放出来，使人的生命活动成为一种有意识、有思想、有理性的自觉活动。人的意识自觉和理性自觉使人的生命活动摆脱了自发、盲目、随意的冲动，人成为自身生命的主体，自己规划、自己选择、自己确定自己的人生道路。人成为自己的主体、才能真正占有自己。在意识自觉的指导下，人更加明白自己的需要、兴趣、长处、不足，利于对自己形成全面客观的认识，选择适合自身的人生道路与生命价值追求，选择合适的方式去完善自我、发展自我。理性自觉的指导性，利于人们对事物本质与规律的认识，为生命活动奠定基础。生命价值层面的自觉不仅仅停留在认识层面的自觉，还体现在主体的生命实践自觉。人的生命活动在自己需要、目的和意识的指导性，遵循、把握与利用事物的本质与规律，克服困难和战胜挫折，积极改善世界与提升自我，追求和实现自身生命价值与意义。

3.2　教学及其价值分析

教育是人类进步和社会发展的重要基石和途径，促进着人类生命发展和个体生命的质量与价值提升。教育不是一个简单的知识的传递过程，更不是一个以追求"分数"为价值立场与价值追求的活动。教育虽然离不开知识，但是知识只是教育实现与提升生命价值的载体与中介，教育使人在探索知识、使用知识、建构知识等的过程中体验生命、理解生命、感悟生命、建构生命、

---

① 郭湛. 主体性哲学——人的存在及其意义 [M]. 北京：中国人民大学出版社，2010：38.

获得生命智慧、提升生命品质等。关怀生命，提升生命价值是教育的本真所在和本源之意，也是教育应有的价值立场与价值追求。在教育过程中不同主体之间可以通过生命的对话、交流、互动等形式，实现生命之间的相互碰撞、相互理解、相互砥砺、相互融合，达到生命唤醒生命、生命引领生命、生命润泽生命、生命完善生命、生命提升生命的目的，全面实现教育的生命价值追求。"教育之所以为教育，正因为它是一个人格心灵的'唤醒'，这是教育的核心所在。"① 人格心灵的"唤醒"实质就是一个生命觉醒和生命价值不断提升的过程，就是要不断唤醒人的生命意识、激发人的生命活力与激情、培育人的生命理性、开发人的生命潜能、启迪人的生命智慧、提升人的生命质量。因而，教育的过程就是一个生命价值不断实现、创生、彰显与超越的过程，它就是一个使人不断成为人的过程，就是一个人的本质的形成、确证、创生的过程。教育的本质就是发展人、成就人、完善人的价值和人性，对真实生命健康成长的期盼和追求已成为当下教育理论与实践的焦点。② "教育是一种生命活动，同时又是获得生命质量或意义的手段或途径。不同类型、不同水平的教育，导致人所获得的生命的意义与价值是不同的。"③ 高等教育作为教育的重要组成部分，对促进人类进步和社会发展具有举足轻重的作用，在促进和提升人的生命发展与生命价值方面具有独特的地位和难以估计的意义。人的价值载体是人，与物的价值不同，教师是主体也是客体。对于国家、社会、集体、学校、家长、受教育者个体来说，教师是客体，教师用自己的劳动提供服务（"终极产品"和"过程服务质量"），满足他人和社会的需要，形成价值。教师也是主体，从主体的指向看，此时的劳动价值是指劳动"过程"和"结果"中所体现出来的对于教师自我实现的需要。④

3.2.1 教学的基本认识

教学作为教育领域的一个基本概念，人们已对其进行了广泛而深入的探讨，取得了丰硕的成果。因立场、视角和切入点等不同，主要形成了"传递

① 邹进. 现代德国文化教育学 [M]. 太原：山西教育出版社，1992：73.
② 李学书. 从认识论到生存论：中小学作业改革的新取向 [J]. 课程·教材·教法，2013，(7)：33.
③ 马秋丽，艳良轼. 教育的生命价值探索 [J]. 高等教育研究，2006，(1)：27-30.
④ 李继秀. 教师生命价值及其实现 [J]. 教师教育研究，2006，(5)：40-43.

说""特殊认识说""实践说""知情统一说""交往说""发展说""价值增值说""审美过程说"等本质观。本研究我们把教学理解为教学主体以教学内容为载体、以对话为基本方式的一种价值实现与提升的活动。其基本内涵主要包括:(1)教师与学生同是教学活动的主体,是一种民主平等的教育关系,在教学中具有自身的主体性,教学质量主要是师生主体间交互作用的结果。(2)教学内容是师生开展对话活动的中介,也是实现师生发展的载体。(3)教学不是一种控制、支配,而是一种民主平等的对话活动。(4)教学作为师生生命存在的重要方式,具有内在价值和外在价值,以实现与提升价值为主要追求,其中内在价值中的生命价值是教学的根本价值追求。(5)教学不仅培养学生,也造就教师,教师发展是学生发展的前提,教师教学价值自觉是学生学习自觉的基础。教师通过教学引导和促进学生获得知识、形成技能、培养品德、提升智慧、提升和完善生命价值,在这个过程中教师的生命价值也得以确证、拓展、提升与丰富。教学作为一个生命激发、唤醒另一个生命的过程,教师只有主动把教学作为自身生命价值实现、提升与丰富的活动与过程,在教学活动中首先实现价值自觉,才能在教学中去激发、唤醒和引领学生学习价值自觉。

3.2.2 高校教学的基本认识

高校教学作为教学的一种重要形态,它不仅具有教学的一般本质内涵,还具有自身的独特性,认识高校教学不仅是深入认识高校教学价值的前提,也是认识与实现高校教学价值自觉的前提。

3.2.2.1 教学是高校的首要职能、是高校教师的首要职责

教学、科研和社会服务是现代大学公认的三大职能,教学工作在高校处于中心地位,是高校的首要职能。纵观高等教育发展史,从早期的大学到19世纪初期,教学一直是大学唯一的、根本的职能。大学通过传递高深学问,培养各类专门人才,教学是大学的"原生功能"。在漫长的历史时期,大学内部虽然发生历史性的演变,但是教学作为大学唯一的、首要的、核心的职能一直未曾真正改变过。但是到了1810年,高校的使命和职能发生了历史性的变化,科研成为高校又一重要职能,并且科研以其独特的优势不断"挤占教学的领地",教学受到科研的严重挑战。但是科研与教学并没有从根本上失去

平衡，这种"和睦相处"的状态和关系直到 20 世纪中叶才被彻底打破。20世纪 50 年代美国设立国家自然科学基金，不断加大对科研的支持力度，鼓励各个高校积极开展科研工作，科研逐渐成为评价高校的主要指标。教学在科研至上或科研主义的"围攻"和"挤占"之下，其中心地位在悄无声息中黯然旁落。但是教学是大学产生的源头和生存发展的根基，不管大学的职能如何演变，大学的首要职能仍旧是教学。① 因为大学是培育人才的机构，主要职能是教学。正如英国牛津大学副校长卢卡斯所认为的那样，大学从事的是人的工作，首先应该是培养人才的场所。② 作为履行高校首要职能的主体——教师，教学自然成为他们首要的职责。高校教师可能从事着教学、科研和服务社会等多种工作，但是其首要角色是教学者。因而，高校教师只有首先把教学工作做好，才能使教学作为高校的首要职能落到实处。

3.2.2.2 教育性和学术性交互融合是高校教学的重要特征

高校教学同中小学教学相比，有着自身的独特性。一是高校教学具有学术性。时任美国卡内基教学促进会主席厄内斯特·博耶于 1990 年首次提出了教学学术理论，博耶把教学视为一种全新的学术形态，教学成为一门学术性事业，它不仅传授知识，还改造和扩展知识。③ 教学学术作为一种新型的学术范式，创造性地把教学纳入学术范畴，使教学具有可探究性、可表征性、可传播性、可交流性和可改进性等特征。高校教师不仅要传播高深的知识，还要研究和解决教学中的问题，进而更加有效地传播高深知识。这就要求高校教师要具有教学的问题意识、探究能力和应用教学学术成果的能力。教学学术同发现的学术、整合的学术和应用的学术有着根本区别，它是基于教学、为了改进教学和扎根教学的一种学术形态，它不在于丰富和完善知识，而在于解决教学实际问题和改善教学本身。二是高校教学具有教育性。教学具有教育性已成为教育理论界公认的命题。高校教学的教育性不仅具有其他教学的一般特征，还具有自身独特的内涵。其一，高校教学作为一种专业性活动，

---

① 彭春妹. 大学教学：应然、实然与当然 [J]. 大学教育科学，2010，(3)：29 - 32.
② 刘继安，储召生. 向世界一流大学学什么 [N]. 中国教育报，2002 - 08 - 11.
③ 吕达，周满生，等. 当代外国教育改革著名文献（美国卷·第三册）[M]. 北京：人民教育出版社，2004：23.

具有"高""深""专"等特点。这就要求高校教学不仅要使学生掌握高深的知识和专业能力，还要培养进一步探究的意识与能力、形成健全的人格和成熟的品德与思想等。其二，高校教学的对象是一个独特的群体，高校教学的对象主要是生理、心理上比较倾向成熟的青年，比较倾向成熟的青年比中小学生具有更强的自主性、主观能动性、创造性和批判、反思与建构意识与能力，这一群体的人生观、价值观与世界观逐渐趋向成熟与稳定。因而，高校教学的教育性要求更加严格、更加深刻，更加强调学生主体性作用。教学的教育性是高等教育的应有之义，是高校教师的基本职责。然而，在重科研、轻教学的评价文化体系中，高校教学的教育性价值与功能受到极大的遮蔽。重视和优化高校教学的教育性，实现同教学的学术性的有机融合和交互生成成为新时代高等教育的重要诉求。

高校教学的学术性和教育性并不是相互割裂的独立体，而是相互依存的一体两面，是认识高校教学和提高教学质量的有机整体。高校教学如果缺乏学术性，则难以体现高校教学的广度性、深度性、复杂性、前沿性、创造性等特性；如果缺乏教育性，高校教学必将违背教育教学规律与学生发展规律，难以引导学生成长和提高教学质量。因而，学术性和教育性交互融合是高校教学的重要特性。高校教学不仅要使学生有效地理解和掌握知识，还应激发学生的探究意识、能力与精神，引导和促进学生积极主动地探究人类未知领域；不仅使学生成才，还要使学生成人；不仅培养学生，也造就高校教师。高校教学无学术取向，教学则缺乏必要的深度；高校教学无教育取向，教学则异化为学术的奴婢。这就要求高校教学要坚持学术导向和教育导向相兼容的价值取向，即学术导向为先导、教育导向为根本的价值取向。因为无学术导向的教学是缺乏根基和眼界的，无教育导向的教学是无生命力和盲动的。

3.2.2.3 高校教学的生命性

高校教学作为高校师生生命存在的方式和重要的生命历程，是一个生命交互生成的过程，具有浓厚的生命性。高校教学不仅关注知识的传授、技能的培养、思维品质的改善，更加注重的是师生生命世界的丰盈。高校教学的生命性主要表现在以下几个方面：一是高校教学以生命发展需求为根本动力。师生作为较为成熟的生命主体，具有生命的价值性、超越性等特性，具有较强的生命发展需求。高校教学只有充分激发师生内在的生命需求，才能为师生主动自觉参与教学活动提供坚实的动力。二是高校教学以生命自由自觉为前提。高校教学具有较为宽松自由的空间，是师生共同参与的一种充满生命智慧的活动。它主要不是靠外在强制或压力而实现的，而是取决于师生生命的自由自觉。生命的自由自觉，才能使教学主体科学认识教学的本质、规律与教学主体自身的生命发展需求，才能全面激发参与教学的意愿和开发自身的潜能，使自身的生命世界融入到教学活动之中，从而使高校教学成为一种自由自觉的生命活动。三是高校教学以生命发展和生命价值提升为根本价值追求。高校教学虽然也传授知识，但传授知识不是目的，而是手段。如果高校教学停留在以传授知识为目的上，必将导致高校教学的肤浅化。实际上，高校教学并非反对知识的传授，而是追求在传授知识、处理知识和应用知识的过程中提升教学主体的生命智慧、生命价值和生命品质等。因而，高校教学主张以生命发展和生命价值提升为根本价值追求，这是高校教学的根本价值取向，也是其落脚点。四是高校教学以生命对话为主要方式。高校教学作为一种开放的活动，不是一个控制与支配的单向流程，而是一个充满生命活力、生命激情、生命情怀的生命对话过程。在生命对话中，实现生命碰撞生命、生命唤醒生命、生命引领生命、生命促进生命，进而实现不同教学主体的生命发展与生命价值提升。

3.2.2.4　教学与科研相辅相成

教学和科研是高校的两大主要职能，是高校培养人才的共同载体。在人才培养中应坚持教学与科研相结合的原则。教学支撑着科研，没有教学的支撑科研将难以为继。没有强大科研支持的教学，是生命力不强的教学。[①] 因而，教学和科研是教师全面占有自身生命本质和确证、提升自身生命价值的两翼。教师只有处理好教学与科研的关系，才能使自身的生命价值得到充分的、协同的、全面的拓展、提升。然而，在现实中高校教师教学和科研"非一体"的现象却普遍存在。在科研压力和诱导之下，高校教师存在"向科研漂移"的现象，即重科研工作而轻教学工作、重科研成果而轻教学成果。拥

---

① 张楚廷. 大学教学学 ［M］. 长沙：湖南师范大学出版社，2002：24.

有学科专业知识的人自古以来被视为社会的精英，往往享有优越的社会地位。随着社会分工的不断细化，学科专业划分也越来越细。掌握某一学科专业知识成为人们获得一定领域内社会地位和权力的凭借，尤其在知识经济时代，知识背后意味着相应的权力、地位与财富。高校教师往往具有博士、硕士学位，经过系统、长期的学科专业学习与训练，具备较强的科研能力，拥有扎实的、系统的、高深的学科专业知识。然而，长期以来却形成了一种刻板的思维方式，认为拥有高深的、系统的学科专业知识就能教学，科研能力强教学能力也强。事实上，科研与学科专业知识是高校教师有效教学的必要条件而非充分条件。高校教师要想取得良好的教学实效，必须具备相应的教学专业知识与能力。只有具备相应的教学专业知识和能力才能更好地将科研成果融入到教学的过程之中，实现科研成果丰富教学内容、促进课程教材建设、优化教学过程与方法、改善教学条件等，高校教学工作的中心地位、教学改革的核心地位、教学质量的首要地位才能真正落到实处。

3.2.3 教学价值的基本认识

教学价值是指教学对主体需要的满足或趋近产生的积极效应或意义。人是实践的价值性生命存在，教学作为教学主体的重要生命存在方式，教学主体的生命具有价值性、超越性，总是企图追求与实现某种价值。教学是教学主体以教学内容为载体、以对话为基本方式的一种价值实现与提升的活动，教学价值是教学的目的所在和主要追求，也是教学的本质属性。教学主体在教学中有着多元的价值需求，使教学负载着人的多元价值追求。我们把教学满足主体外在需要产生的积极效应或意义称为教学的外在价值；把教学满足主体内在需要产生的积极效应或意义称为教学的内在价值。

教学的外在价值与内在价值对不同的主体而言，其内容具有较大差异和具体指向。如就教师而言，教学的外在价值主要包括教师通过教学所得的酬金收入、职称晋升条件的达成、教学能力的彰显与提升、社会与职业地位的获得、个人价值的体现与认可等，它侧重的是教学对主体外在需要的满足与趋近，体现了教学的工具性与实用性。教学的内在价值主要包括教师通过教学使自身精神世界获得丰盈、个人情感世界获得升华、人格获得完善、生命获得发展和生命价值得以实现与提升等，它侧重的是教学对教师内在需要的满足与趋近，体现了教学价值的内在性、深刻性。教学作为一种价值性活动，价值实现与提升是教学的本质内涵。教学的外在价值与内在价值作为教学价值的一体两面，是一个客观存在的统一体，具有内在的联系。作为教学主体的教师在追求教学某种外在价值的时候，实际上也会有意识或无意识地追求或实现教学的某种内在价值；反之，亦然。

人作为一种实践的价值性生命存在，价值与人的实践活动有着天然的密切联系。实现、追求与提升价值是影响人参与和从事实践的直接的、内在的、根本的支配性因素，也是人之为人的根本体现与本质确证。因而，认识与追求价值的程度在一定程度上决定了人参与和从事实践的自觉程度，也就成为人参与和从事实践的根本动力。教学作为教师的一种重要的生命存在方式，教师参与教学负载着某种价值追求。教师对教学价值的认识与追求程度就成为影响教师教学价值自觉的根本因素，也成为教师参与和从事教学实践的根本动力所在。对教师而言，教学的外在价值和内在价值的共同作用影响着教师的教学意愿与行为。人的生命具有价值性、超越性、创生性与自觉性等特征。教师面对教学价值不可能无动于衷，而是要积极主动作为，教学价值追求成为教学的根本动力所在。因而，教师只有全面深刻认识教学价值和积极主动追求教学价值才能引导和促进教师重视教学、关心教学、潜心教学、自觉改善教学。

追求价值是人类的本性；而追求和创造价值的历程，则是现实人类生活（由智慧与无知、成功与失败、欢乐与痛苦、光荣与罪恶交织起来的生活）的真谛。[1] 价值，对人类来说是永恒的诱惑、永恒的追求！[2] 高校教师作为实践的价值性生命存在，教学是高校教师生命存在的方式和重要的生命历程，教学成为高校教师自由自觉的生命价值追求、实现、彰显、提升、超越的活动。生命价值实现与提升作为教学内在价值的重要内容与维度，应是教师教学的根本价值追求和教学的本然之意，也是教师作为一种实践的价值性生命存在的根本彰显、确证与创生。高校教学的外在价值和内在价值作为高校教学价值的两个方面、各自包含丰富的内容，在影响教师教学价值自觉的作用方面有着较大的差异，主要体现为：教学的外在价值的影响表现出直接性、

---

① 李德顺．新价值论［M］．昆明：云南人民出版社，2004：4.
② 李德顺．新价值论［M］．昆明：云南人民出版社，2004：7.

外显性、易变性、外驱性等，教学的内在价值的影响表现出根本性、深刻性、稳定性、内生性等。高校教学内在价值追求较外在价值追求对高校教师教学价值自觉的影响更加根本和深刻。人作为实践的价值性生命存在，生命价值实现与提升是人之为人的根本价值追求和实践的根本价值旨归，实践是生命价值实现与提升的根本途径。高校教学作为一种充满生命气息和具有浓厚生命特性的活动，生命价值实现与提升作为高校教师内在生命需求和高校教学的本源要求，教学成为高校教师生命内在的组成部分和生命价值实现与提升的内在需要。从高校教学内在价值的生命价值维度探究高校教师教学价值自觉问题更具有根本性、深刻性和深远的意义。因而，由于种种限制和研究的需要，本研究主要遵循的是高校教学内在价值的生命价值的维度与立场，主要是从教学内在价值的教师生命价值层面探讨高校教师教学价值自觉。

3.3　教学价值自觉的生命价值意蕴

教师作为教学实践的生命存在，是事实性生命存在和价值性生命存在的统一。教学实践是一种充满价值性的生命实践活动，是教师生命存在的立命之本和生命价值实现之基。教师教学价值自觉使教学由一种外在的任务与负担内化为教师生命发展的重要历程和组成部分，教学不仅仅是教师获得物质生活的手段，而是教师实现自身生命价值的方式与途径。教师成为教学的真正主体，教学不仅培养学生，也造就教师自身。在教学过程中，学生不仅要掌握知识，而且要通过理解、使用与处理知识实现生命的完善和生命价值的实现与提升；教师不仅要借助知识的形式引导和促进学生生命的发展，也要不断完善和发展自身的生命和提升自身的生命价值。唯有如此，才能更好、更高水平地实现生命润泽生命、生命丰富生命、生命提升生命。教师教学价值自觉打破了传统的、封闭的、机械的、单向的教学程式，使教学实践变成了不同主体之间的生命交流、生命碰撞、生命对话、生命价值实现与提升的过程，教学充满着浓厚的生命气息和悦动的生命活力。教学成为教师自由自觉的生命超越活动，生命价值追求贯穿于教师教学过程的始终，也成为教师教学价值自觉的内在根本动因。

教学实践是人的活动，是有关人的生命活动。教学是手段、是载体、是途径，人才是目的和归宿。因而，教学应是为人服务的、为人的发展服务的，为人的生命完善服务的。教师教学价值自觉就是要坚持以人为本、就是坚持以师生为本，从根本意义上说就是始终坚持以师生的生命为本，把师生生命发展与完善作为教学实践的核心价值追求。人持有何种核心价值追求，往往对人的实践活动和日常生活产生深远的影响。教师具有何种核心教学价值理念和价值追求，将对教学实践活动具有重要的指导意义和对教学行为产生深远影响。试想，如果教师把教学视为为学生未来生活做准备的活动，那么职业知识与技能的获得就会成为教师教学活动的根本任务和目标。如果教师持有的是考试成绩的核心价值理念，那么考试分数就会成为教学的根本评价标准和根本价值目标。不同的核心价值理念和价值追求，体现了教师教学的不同价值目标、评价标准和行为方向。教学价值自觉就是坚持以师生的生命为本，从师生的生命出发思考教学问题，为了师生生命发展而积极主动解决教学问题。生命是一个神秘而神圣的存在体，从人类产生起就开始认识人自身的生命，无论是"认识你自己"还是"吾日三省吾身"，人对自身生命的认识从未停止过，也从未真正地全面揭开生命的神秘面纱，使人类对自身的生命处于永不停歇的过程之中，至今仍然是充满神秘色彩的未解之谜。生命又是圣神而高贵的，世界因为有了生命而变得绚丽多彩和活力四射。人类的知识、文化等因人类的生命而产生，又因生命而具有意义和焕发出光彩。教学作为人类知识传播与创新的阵地，人类知识因师生生命的参与而使知识具有了社会意义和新的生命力。没有师生生命的参与，知识就沦为没有生命活力的知识，知识就成为一种静态的、凝固的、没有价值的文字符号。因而，教学秉承的是生命价值理念，主张教学为师生的生命服务，以实现和促进师生生命发展为根本价值追求。师生生命是教学实践的核心与根本，是一切教学实践活动的基石。

为了师生生命发展和生命价值提升，从教学主体上看，一方面是为了教师生命发展。人具有为我性的特征，教学为了教师自身生命发展就是为我性的重要体现，这既符合人性，也符合教学的实际要求。教师在教学实践中实现自身生命发展使教学不仅仅是为了某种外在目的的达成，也是为了自我的完善，这就为教师改善教学提供了内在的动力源泉。教学一旦成为教师一种为我的生命活动，其内在的积极性、主动性、主观能动性将会被充分地激发出来，使教学成为一种自由自觉的自我完善的生命活动。教师作为教学主体，在教学实践中发挥着主导作用，是学生生命发展的"指明灯""脚手架"和"引擎"。试问，一个知识单薄、能力低下、人格缺陷、鄙贱学生生命的教师，怎能引导和促进学生的良好发展呢？因而，教师自身生命发展和生命价值提升是实现学生生命发展的前提与基础，是学生生命发展与生命价值提升的客观要求和实际需要。另一方面是为了学生生命发展。人不仅具有为我性，也具有为他性。人的实践活动既可以是目的，也可以作为手段。教师教学不仅仅是为了自己，也是为了学生。学生生命发展和生命价值提升是教师教学的根本目的和最终落脚点，也是教师生命社会价值的体现。教学价值自觉要求教师在教学实践中引导学生在理解知识、处理知识、使用知识的过程中启迪生命智慧、开发生命潜能，形成良好的生命品质、提升生命价值等。学生生命发展必将对教师提出新的要求，从而促进教师反思自我、提升自我，驱动教师生命的发展与完善。教师生命发展和学生生命发展是教学的两翼，保持两者的相对平衡，才能实现教学的持续改善和师生生命发展的相互促进和良性循环。

教学价值自觉的生命价值意蕴具有丰富的内涵，具体表现为以下几个方面的内容。

3.3.1 基于师生生命——教学价值自觉的前提

人是实践的生命存在。脱离实践，人的生命存在就是失去现实的土壤；而脱离人的生命，实践则变得毫无依据与价值。教学作为教师重要的实践方式，教学也就成为教师生命存在与生命价值生成的重要方式，师生生命也就成为教学活动的根本依据和重要前提。教学作为师生生命价值创生与提升的实践，师生生命既是生命创生与提升的行为发出者，也是生命价值创生与提升的接受者。脱离师生生命，教学的生命价值创生就成为一句空话，教学就成为师生生命世界之外的活动，教学价值自觉就无从谈起。教学活动只有同师生生命有着内在的、实质性的关联，才能使教学活动成为师生自己的事情。因而，在生命哲学的层面上讲，认识教学的本质实质上就是要深刻认识教学同师生生命的内在关联，就是要认识教学对师生生命发展与生命价值提升的重要意义，就是要认识教学主体生命的需求、成长规律、生命特性等。基于师生生命是指教学实践活动是建立在认识和遵循师生生命需求、生命成长规律和生命特性等的基础之上。这既是教学价值自觉的重要前提，也是搞好教学工作的重要保障。教师自身和学生的生命需求是什么是教师首先要考虑的核心问题，教学只有不断满足师生生命的内在需求，才能激发师生生命参与教学活动的积极性和主观能动性，才能为教学实践提供源源不断的内在动力支持，才能使教学焕发出强大的生命活力。师生生命需求具有多样性和动态生成性，提供一种满足不同主体生命需求的教学实践是教学价值自觉的重要体现与追求。认识、理解和按照师生生命成长的规律与特性进行教学活动也是基于师生生命的重要要求与体现。教师和学生的生命成长规律与特性既具有相同点，也具有差异性。教学就是既要遵循学生生命成长的规律与特性，也要遵循教师自身生命成长的规律与特性，实现教师与学生生命的共同成长。因而，认识教师自己、认识学生，对自身和学生的生命需求、生命成长规律与特性全面、科学、准确理解与把握就显得格外重要。这就要求教师既要走进学生生命世界，也要经常反思自我、客观真实地认识自我，把教学实践建立在师生生命的基石之上。

3.3.2 为了师生生命——教学价值自觉的根本目的

生命价值的创生与实现是人之为人的根本价值追求，也是彰显人之为人的根本方式与依据。人的实践活动就是一个追求、实现、完善与提升生命价值的过程，也是一个人确证、生成、实现与提升生命本质的过程。人在实践中追求生命的全面和谐发展、自由自觉发展、开放创生发展、持续终身发展，实现现实的生命价值与可能的生命价值的统一、"成我"与"成他"的统一。人作为一种生命价值存在，其生命具有创生性、超越性、自觉性等特征。人总是企图一种更加丰富、更加多彩、更加美好的生活，总是企图自己的生命世界更加丰盈与完善。教学作为师生的重要实践活动，生命价值创生与提升就成为教学活动的根本价值追求，也是师生生命自我确证与彰显的过程。唯有如此，教学实践才能融入师生的生命世界，师生生命才能主动地、全面地、深度地参与教学活动，教学活动才能成为师生生命自觉自主的活动。教师教学自觉可能具有多元化的目的，如考试成绩、职务晋升、经济待遇等，但其根本目的却是为了师生生命发展与生命价值提升。教学价值自觉一旦忽视或遮蔽其根本目的，必将导致教学的游离甚至是异化，也将使教学价值自觉失去根本导向而走向迷失。教学价值自觉的根本目的为了师生生命就是指教学是为了引导和促进教师与学生生命的发展与完善、生命价值的实现与提升，它体现了教学的根本目标和最终归宿，是一切教学实践的出发点和落脚点。教学成功与否、成效如何，关键看是否实现了师生的生命发展。教学的根本目的不是为了知识、不是为了技能、不是为了分数，而是为了师生生命的发展和生命价值的实现与提升。这无疑澄清了一个无须争辩的事实：教学是手段，生命才是目的，并使之成为了衡量教学的最高标准和最终依据。错把教学作为目的，生命作为手段是违背教学规律和生命成长规律，也是教学不自觉的一种表现形式，不仅对教学实践更是对师生生命产生深远的消极影响。

3.3.3 依靠师生生命——教学价值自觉的力量源泉

人作为生命价值存在，其生命发展与生命价值提升并不是一个自然而然的过程，而是作为生命存在主体的人的一个积极、主动创造的过程。人作为实践活动的主体，只有在实践活动中充分发挥自身生命的主体性，才能使实践成为人的生命存在与生命价值生成的方式，才能使实践成为一种有意识的、自由自觉的、超越性的、彰显价值的活动。作为主体的生命具有价值性、创生性、自觉性、超越性等特征。人认识世界与改造世界的过程无不是一个生命价值参涉其中的过程，无不是一个确证和彰显生命力量与生命价值的过程。人作为未完成的生命存在，意味着人对自身生命存在的不满，也就意味着人有着生命价值提升与自我超越的需求，这就为人的生命发展与生命价值提升提供了生生不息的动力源泉。人作为生命主体，不仅具有生命价值提升与超越的需要，还具有主动建构和自觉提升生命价值的能力。人具有的生命主体性使人的生命价值提升与超越成为可能。人只有积极主动地参与实践活动才能不断地建构与完善生命的主体性，不断增强生命认识世界与改造世界的能力。主体生命成为生命价值追求的力量源泉，也是实现价值自觉的根本依托。教学作为师生生命发展与生命价值提升的重要途径与方式，师生的生命发展需要和生命能力为师生实现生命价值追求提供了坚实的保障，也是引导和促进教师教学价值自觉的力量源泉。教学价值自觉依靠师生生命就是指要把师生作为教学活动的主体，充分激发和发挥师生的生命主体性作为教学改善和生命发展的力量来源和价值目标实现的根本保障。因而，教学必须要紧紧依靠师生主体生命的全面全程的深度参与，才能实现教学质量的提升和主体生命价值的超越。教学价值自觉就是要充分调动师生参与教学实践的积极性、主动性，充分发挥师生的主体性，使师生认识到教学对实现生命发展的重要性，把教学内化为师生生命发展与生命价值提升的自由自觉的生命活动。

3.4　高校教师教学价值自觉的特征

高校教师教学价值自觉主要包括认识自觉和实践自觉两部分。自觉本身就是一个内在认识、内在觉知和外在实践与创造的统一。认识自觉包含着自觉的"觉醒""觉知""觉悟""觉解"之意，它是指高校教师对生命需求、教学本质与规律，及其教学对教学主体生命意义的正确认识和具有的高尚的、积极的、明确的价值意识。生命成长和生命价值提升是人之为人的本质要求和内在生命需求，教学是高校教师生命存在和发展的主要方式，也是高校教师生命成长和生命价值提升的根本途径。认识自觉内容主要包括：一是要准确认识教学主体（高校教师和学生）的生命需求，并把满足生命成长和生命价值提升的需求作为教学的根本价值追求，在教学过程中积极激发教学主体的生命需求，使教学成为教学主体生命成长和生命价值提升的过程，也是教学焕发出生命活力的内在动力。教学和人的生命发展就成为共进退的交融体，教学主体的生命发展是一种主动的、目的明确的内在作用的结果，强调了教学和教学主体生命成长的内在机能和"内在尺度"的重要性。二是要认识教学的本质、规律、特性等，遵循和利用教学规律，使高校教师的教学活动符合外在的客观尺度，强调教学和教学主体生命价值提升要遵循"外在尺度"的重要性。三是高校教师理解和认同教学对教学主体生命价值生成与提升的意义，并对实现生命价值生成与提升的条件、环境有着科学、客观、准确的认识和把握。四是高校教师具有生命价值意识，在教学实践中充满生命情怀，能够做到尊重生命、关爱生命、成全生命、完善生命，促进生命、润泽生命。

实践自觉是指在生命价值取向与目标的指向下，高校教师自觉把教学作为生命价值生成与提升的途径，并自由自觉地进行教学实践活动，在教学过程中积极主动地促进生命价值的生成与提升，实现现实生命价值和可能生命价值、个体生命价值和社会生命价值的共同发展。实践自觉是高校教师教学价值自觉的根本和最终落脚点，也是衡量高校教师教学价值自觉的最高尺度。仅仅停留在认识自觉层面不是真正意义上的高校教师教学价值自觉，它只是一种潜在的高校教师教学价值自觉,是对高校教师实践自觉的孕育。认识自觉是高校教师教学价值自觉的基础与提前,有利于促进高校教师教学走向实践自觉。因而,认识自觉和实践自觉是高校教师教学价值自觉的一体两面,高校教师教学价值自觉发端于认识自觉、扎根于实践自觉。高校教师教学只有走向实践自觉,才能促进生命价值由潜在变成一种现实,并在教学实践中孕育新的更高的、可能的生命价值世界,实现生命价值的开放、持续、动态的生成与超越。

高校教师教学价值自觉指引着高校教师的教学实践活动,使教学活动具有明确的生命价值取向和浓厚的生命情怀,它从根本上激荡教育教学的灵魂和引领教育教学最深层次的改革方向。高校教师教学价值自觉在教学生活中表现出以下特征。

3.4.1 "内在尺度" 与 "外在尺度" 的统一

坚持"内在尺度"和"外在尺度"的有机统一既是高校教师教学价值自觉的基础,又是其自我超越的内在要求。所谓"内在尺度"就是指高校教师教学要符合自身的内在需求尤其生命发展的内在需求,使自身的需求在教学过程中得以满足和实现。这在现实的教学实践中表现为教学实践是一种有目的、有计划的生命活动,教学主体按照自身的内在需求赋予教学实践某种目的,使教学不是一种盲目性的、自发的、随意性的活动,而是一种目的明确、自觉的生命活动。坚持"内在尺度"在教学过程中要以教学主体生命成长的需要为出发点,就是要坚持以教学主体为本、就是坚持以生命发展为本,使教学实践成为符合教学主体生命发展目的的活动,成为教学主体生命发展的重要组成部分。所谓"外在尺度"就是指高校教师对教学的本质、规律、特性等具有全面、科学、理性的认识与理解,在教学实践中充分遵循教学规律、人的成长规律等。人的任何实践活动无不受一定现实条件的制约,只有充分认识并利用现实的条件,才能最大限度地克服现实条件的制约,为实践活动创造一个良好的条件。高校教师教学实践必将受制于教学自身的限制,高校教师只有充分认识教学规律,遵循教学规律和利用教学规律,才能有效克服教学的制约,使教学实践符合教学自身的规律性,为高校教师教学价值自觉奠定基础。

3.4.2　内在动力的推进

高校教师生命的自我发展与完善、生命价值的生成与提升的内在需求是引发和促进高校教师教学价值自觉的根本内在动力。自觉的"觉"就包含着对自身生命需求与发展的觉醒、觉知、觉悟之意，人之为人的过程本质上就是一个生命不断发展、完善和生命价值不断提升与超越的过程。教学作为高校教师生命存在的主要方式和生命价值实现与提升的根本途径，教学的过程也就是一个高校教师生命发展与完善、生命价值实现与提升的过程。因而，教学成为高校教师满足自身生命发展需求的方式与途径，教师自身的生命成长和生命价值提升成为教学实践的根本内在动力。高校教师教学价值自觉不是源于外部力量的强迫，而是基于自我生命成长与生命价值提升的驱动。"这是人的生命成长与发展的基本取向，它强调人的生命发展主要是内在动力主导和自主推进的结果，而非来自外力的促进，即非'被发展'，'主动自觉发展'也因此而成为人之为人的基本特征。"① 名声、金钱、地位等外在因素虽对高校教师教学有着重要影响，但这些因素不是高校，教师教学的主要追求目标，更不是决定高校教师教学价值自觉的根本因素。教学不是名声、金钱、地位等的附庸与婢女，而是高校教师生命自主发展的生命历程。内在的生命发展需求为高校教师教学价值自觉提供了源源不断的内在动力，使教学焕发出生生不息的生命之光。

3.4.3　坚定的生命价值立场

教学是教学主体价值参涉和价值负载的活动，生命价值生成、实现与提升是教学活动的根本价值取向和追求。教学的生命价值取向就决定了高校教师教学的整体走向，成为教学设计、教学实施与教学评价的主要依据。高校教师教学价值自觉有着坚定的生命价值立场，以生命为本是高校教师教学活动开展的基石。教学是生命之间的对话与交流的过程，是生命自由自主自觉发展和生命价值实现与超越的过程。高校教师教学活动一切基于生命、一切为了生命，并在教学过程中通过生命主体实现生命发展和生命价值提升，教学成为生命成长与生命价值提升的奠基过程。高校教师教学坚持坚定的生命价值立场表现为：一是要坚持教学主体生命的全面和谐发展。生命发展所包

---

① 李政涛. 教育呼唤"生命自觉"［J］. 人民教育，2010，(23)：9 - 12.

含的内容十分广泛，如生命情感、生命态度、生命意志、生命能力、生命智慧等，教学不是为了实现教学主体生命某一方面的发展，而是为了实现生命的整体和谐发展。教学主体生命只有做到全面和谐发展才能满足生命全面发展的需要和全面地占有人之为人的本质，培养的人才能成为一个全面的、整体的、和谐的人。二是要坚持教学主体生命自由自觉地发展。生命成长是同教学主体最休戚相关的事情和最根本的利益体现，坚持生命的自由自觉发展就是要实现由被动发展转变为主动发展、由"要我发展"转变为"我要发展"。生命发展的动力不是来源于外在的强迫，而是来源于内在的生命需要。师生成为生命发展的主体，是生命发展的承担者、享有者。因而，在教学中要充分发挥教学主体的主观能动性，使自身成为生命发展的建构者。三是要坚持教学主体生命的开放创生发展。生命发展就是在生命之间不断碰撞、交流、对话的过程中实现的，教学实践就是一个不同生命之间的相互交流与对话的过程，使得生命处在一个开放的、创造的、生成的过程之中。封闭的生命环境必将导致生命发展的停滞与落后。高校教师教学价值自觉所坚持的生命立场就是要在教学实践中创造一种民主的、平等的、开放的、活泼的文化氛围，为未完成的生命成长创造一个有利的条件，引导和推动生命的开放创生发展。四是坚持教学主体生命的持续终生发展。生命的发展是一个持续的终生过程，不是一蹴而就和一次性完成的。在科技日新月异和社会迅猛发展的今天，人的生命只有实现持续终身发展才能不被社会所抛弃。高校教师教学应积极引导各方生命主体树立终身教育、终身学习、终身发展的理念，培养学习能力和优良的学习品质，使生命处于一种持续终身发展的状态和过程中。

3.4.4 清晰的生命价值意识

生命价值意识就是指生命主体在实践活动中对生命价值内容的觉察、认识和生命价值内容的反映。它对价值实践活动具有重要的影响，科学的、清晰的生命价值意识有利于指导和促进生命价值实践活动，提升生命价值和完善生命；模糊的生命价值意识则不利于开展生命价值实践活动。高校教师教学价值自觉具有正确的、稳定的、清晰的生命价值意识的特性，教学不仅仅是一个简单的知识传授过程，更是一个生命对话与交流的过程。教学不只是作为物质的人参与其中，人的生命必须要全方位、深层次地参与其中，使教学主体获得生命的体验、生命关怀、生命理解、生命意义的建构等。具有清晰的生命价值意识的高校教师在教学过程中才更具有生命情怀，才能自觉把学生视为活生生的、具体的、独特的、灵动的生命体，以平等的、开放的、民主的生命姿态和学生开展生命的对话与交流，在生命对话中实现生命引领生命、生命润泽生命、生命完善生命、生命提升生命。因而，高校教师在教学中需要自觉树立科学的教学价值观、学生生命观，以崇高的教学生命理念与坚定的教学信念进行教学活动和教学改革，在改善教学与提高教学质量中实现生命发展和生命价值提升。

3.4.5　自由自觉的教学活动

自由自觉的生命发展是生命价值追求的重要目标与内容，也是生命发展的重要条件。"'自由'一词源出于拉丁文 **liberas**，指被从束缚中解放出来。所以，所谓自由，从其本义或最一般意义上说，表示的是人或社会在其活动及其结果的关系中所表现的一种克服外在事物、外在力量的束缚、限制而获得的自觉、自主、自为的状态。"① 高校教师教学价值自觉使得教学成为一种自由自觉的生命活动，而不是一种非自由的、自发的行为。高校教师把教学视为自己生命发展与生命价值提升的重要方式、途径与载体，教学就是高校教师生命的重要组成部分。高校教师对教学充满了浓厚的兴趣和极大的热情，自愿把时间、精力投入到教学实践中，愿意做学生的朋友和学生开展平等的生命对话，把改善教学和实现教学主体的生命发展视为一种责任、使命与权力。教学不仅仅是高校教师谋生的手段，更是成全生命、完善生命、提升生命价值的一种方式；教学不再是高校教师外在的任务，而是内在的生命需求；教学不再是高校教师职称职务晋升的额外负担，而是高校教师搞好科研、提升职称职务的重要基础与砝码。高校教师成为教学真正意义上的主体，他在用心投入自身时间、精力的时候就是自己生命全面深入参涉其中的过程，也将通过教学达到开阔视野、提升能力、建构生命意义的目的，为自身职业和生命发展奠定坚实的基石。

人追求自由却又无时无刻不在枷锁之中，人也只有不断破解束缚自身自由的枷锁才能获得更大的自由。高校教师教学活动受制于教学本身的限制，

---

① 袁贵仁. 价值学引论 [M]. 北京：北京师范大学，1991：131.

使教学活动表现出一定的局限性。但高校教师作为教学主体不可能任受教学的限制与摆布，而应通过发挥自身的主体性以全面客观地认识教学的本质、规律、特性，不断提高自身的教学素养，增强支配与指导教学活动的能力。高校教师不断突破教学枷锁的过程就是不断提高自身主体性和自由度的过程。高校教师不断提高教学自由自觉度的过程就是高校教师教学价值自觉不断实现的过程，也就是高校教师生命发展和生命价值提升的过程。自由自觉的教学活动成为衡量高校教师教学价值自觉的重要尺度。教学一旦成为一种非自由自觉的活动，教学必将是封闭、乏味和沉闷的程序，必将缺乏生命的涌动和灵魂的交融，教学主体生命价值的生成与提升更是无从谈起。因而，唯有自由自觉，高校教师教学才是轻松愉快的；唯有自由自觉，才能使教学活动焕发出生命的活力与激情；唯有自由自觉，才能在教学实践中实现生命发展和生命价值提升。

3.4.6　教学主体生命的共同成长

人既是目的，又是手段。人既具有为我性，又具有为他性。人的生命发展无时无刻不同他人发生密切的关系，独立于社会的生命不能称为人，也是不存在的。人在实现自我发展的同时，也必须为他人的发展提供帮助，才能保障和实现自我的持续和健康发展。人的共同成长成为人类进步和社会发展的理性选择。高校教师教学价值自觉使高校教师意识到教学活动对实现教学主体生命成长具有双效性，即教学不仅要实现学生的生命成长与生命价值提升，也要实现教师的生命发展和生命价值提升。传统的高校教学主要是强调对促进学生发展的作用，而强调学生发展更多的是注重学生知识的掌握、技能的提升，注重教学的职业性，却忽视学生的生命性。培养社会所需要的各级各类人才不仅要掌握职业所需的知识、技能，更应具有生命情怀、生命智慧和优良的生命品质等。高校作为科技创新、文化传承、人才培养的前沿高地，对促进人类进步和社会发展具有不可估量的作用。教师与学生的共同成长成为高校教学的应有之义。

3.5　高校教师教学价值自觉的主要判断标准

高校教师教学价值自觉使得生命价值的生成与提升成为一种自由自觉的

生命实践活动，高校教师认识到了教学同教学主体生命价值的意义关联，在教学实践中自由自觉地追求生命价值的生成与提升。"人类对价值问题的发现和在价值问题上所遇到的挑战，实质上是人对自己的挑战；是人的实际生活对人类理论思维的挑战；是人的主体地位对人的自我意识能力的挑战；是人的本性和自发状态对人的实践自觉性的挑战！"① 教学实践中的生命价值不是自然而然产生的，而是靠教师与学生的努力与智慧创造出来的。生命价值实现、创生与提升的程度同教学主体的需要、能力、素质以及师生对其的自由自觉性的水平有关。"当我们没有意识到价值在哪里的时候，我们也在得到价值，享受价值，甚至在不知不觉地创造价值。但是由于不自觉，我们可能并不知道自己追求的究竟是什么，它在哪里，是怎样产生的，结果有时就会事与愿违，或者本末倒置，迷失方向。"② 因而，明确教学价值自觉的主要标准对判断、引导和促进高校教师教学价值自觉具有重要的现实意义。

3.5.1 明确的生命价值取向

教学实践活动的价值目标越明确，就越有利于指引和激发教学主体参与教学实践的积极性与主动性；反之，教学主体的教学行为往往是盲目性的、迷茫的。高校教师教学的根本价值追求不是高校教师偶然的、随机性的结果，而是高校教师教学价值自觉的体现。教学作为高校教师生命存在的主要方式，高校教师作为教学主体，不可能在教学中毫无目的和无所作为，他总是想方设法在教学实践中更好地实现人之为人的价值。生命价值作为人之为人的根本与核心价值成为高校教师教学的根本价值需求和价值目标。高校教师自觉把生命价值的实现、生成与提升作为自身教学实践活动的根本价值目标和价值取向。师生生命的发展与完善、生命价值的实现与提升成为高校教师教学最关注、最重要的目标。教学不是为了外在的名声、金钱、地位等，而是为了生命价值的自我实现与提升。"人之别于动物的最重要的一点，不是人能利用工具改造自然，而是他一直在追求生命的意义。生命意义是人身体机能、生存张力、生活况味的自我体验和觉解，也是人对自身生活于其中的整个

---

① 李德顺. 新价值论 [M]. 昆明：云南人民出版社，2004：14.
② 李德顺. 新价值论 [M]. 昆明：云南人民出版社，2004：69.

'属人'属性的体悟。"① 生命价值目标的追求是高校教师在教学实践中生命自我体验和生命觉悟的结果，也是高校教师本质力量确证与彰显的方向与过程。明确的生命价值指引和规范着高校教师的各种教学实践和教学行为，如何挖掘教学实践中各种资源对教学主体的生命价值成为高校教师教学的主旋律和永恒主题。教师不是为了传播知识而从事教学活动，而是通过传播知识实现自身存在更有生命意义；学生不是为了获得知识与技能而参与教学，而是为了通过获得知识与技能使生命更有价值。"教育的目的在于用知识启迪智慧，将智慧融入生命，最终提升生命的意义。"② 教学主体的生命价值实现与提升成为高校教师教学首先需要考虑的问题，也是各项教学实践活动的根本出发点与落脚点。

3.5.2　崇高的生命价值理想

理想是人在价值认同的基础上形成的对未来"蓝图"的观念和形象系统。理想是人的价值观念系统中处于最高的、最核心的部分，居于核心的统帅地位。它表达是人们对未来"世界图景""生活样式"的向往、期待与憧憬，是对现实世界和生活的超越，对人们设定某种价值目标与构建某种价值信念，对规范和引导人们的思想与行为具有深远的、整体的、根本的作用。理想把人和动物区别开来，使人成为人，并引领和促使人向着未来可能的更好、更高、更有意义的生活而努力拼搏。人一旦失去了理想，就意味着人生迷失了前进的目标和奋斗的动力，人就失去了人之为人的精神世界和丧失了生命意义上的自我。"理想为人的价值追求提供着自觉的典范或'样板'。理想好比是人的生活形象的'底片'：对过去和现在，它是生活的'曝光'和'显彰'；对今后和将来，它是'底本''样板'和'蓝图'。总之在理想中，人的价值意识形态从心理水平到观念水平，形成了一个完整、自觉的观念和形象系统，并且同知识和理智紧密地结合在一起，成为指导和推动实践活动的精神力量源泉。理想的培养、确立和追求，是人的精神生活的最高层次。"③ 高校教师是否具有崇高的生命价值理想是高校教师教学价值自觉的重要判断

---

① 王定功. 生命价值论 [M]. 北京：教育科学出版社，2013：187.
② 王小英. 教育原点的偏离与回归：点化与润泽生命 [J]. 学前教育研究，2008，(4)：34 - 37.
③ 李德顺. 新价值论 [M]. 昆明：云南人民出版社，2004：280.

依据。所谓生命价值理想是指高校教师在对教学的生命价值认同的基础上形成有关未来生命"蓝图"的观念与形象系统。它是高校教师教学价值观念体系的核心和根本部分，是核心的教学价值观，对高校教师教学的思想、理念、行为具有统摄性的指导作用；它为高校教师实践活动提供了实现生命价值的价值目标体系和源源不断的动力源泉。崇高的生命价值理想体现了高校教师教学的高尚的生命境界追求和丰盈的精神世界，彰显了生命价值生成与提升是高校教师教学的根本和最高的价值追求。崇高的生命价值理想为高校教师建立一套科学合理的价值目标和树立坚定的教学价值信念提供了依据和坚实的保障。高校教师教学具有了崇高的生命价值目标，教学就有了明确的前进方向和明确价值目标的指引与激励，有利于促使高校教师追求崇高的精神境界和摆脱外在世俗力量的束缚，教学的持续改善和生命价值的不断生成与提升就有了希望和动力支持。

崇高的生命价值理想意味着高校教师对现实教学实践中的生命存在的不满和对未来教学实践中生命存在"形象"的期望，意味着生命发展的可能性和生命价值的超越性。崇高的生命价值理想既是基于现实的生命价值存在，又是对现实生命价值的超越。高校教师生活在现实的教学实践中，并在教学实践中创造"属人"的生命价值，确证和实现人之为人的生命本质。但人生命具有超越性的特性，不会满足于当前的、现实的生命价值，在对现实反思与批判的基础上追求一种更高、更好、更美的生命价值。因而，高校教师在现实教学实践创造生命价值的同时，总是对未来生命价值充满了憧憬与渴望。高校教师即生活在现实的生命世界中，也生活在可能的生命世界中。崇高的生命价值理想为高校教师由现实的生命价值世界走向可能的生命价值世界提供了明确的方向，使高校教师以一种更加洒脱、更加具有智慧的眼光和更加具有勇气的内在生命力量，去为追求一种更加美好、更加自由和谐的生命价值世界而努力前行。生命价值追求与提升不是外力的利益驱动，而是崇高生命价值的指引与激发。生命价值实现与提升的过程就是生命价值不断超越的过程，就是高校教师教学价值自觉的过程，也就是高校教师教学价值理想实现与彰显的过程。

"现实是此岸，理想是彼岸，中间隔着湍急的河流；现实在山底，理想在山顶，中间隔着千难万险的坡路。人就是在了解事物过去和现在的基础上，把握事物的未来趋势，并根据事物发展趋势提出自己的理想、自己的奋斗目标，表达人对未来的向往和追求。……恩格斯更明确地写道，推动人们去从事活动的一切，都要成为'理想的意图'或'理想的力量'"。① 高校教师有着崇高的生命价值理想，教学实践就成了高校教师不断超越现实，不断实现生命价值目标的过程，也就是不断把理想变成现实的过程。高校教师不断把生命价值理想变成现实的过程，就是一个不断改善教学和提高教学质量的过程，实质上就是一个生命发展与完善、生命价值实现、生成与提升的过程。高校教师要具备和实现崇高的生命价值理想，应具备和创造实现理想的条件。

3.5.2.1　要具备清晰与强烈的生命价值意识

"人的意识不仅反映客观世界，并且创造客观世界。"② 清晰和强烈的生命价值意识是崇高生命价值理想的基础，也是引导和规范高校教师教学理念、思想与行为的内在精神力量。清晰而强烈的生命价值意识使高校教师对教学实践中的生命价值内容有着更加全面的、敏捷的、准确的觉察与觉解，并引导和促使高校教师为实现与提升教学实践中的生命价值而积极作为。具有清晰而强烈生命价值意识的高校教师不再把学生视为接收知识的容器，而是把学生看作具体的、活生生的、未完成的生命体。教学就是多元主体之间的生命交流、对话与生成的过程。尊重生命、理解生命、关怀生命、润泽生命、成全生命就成为高校教师生命价值意识的重要内容和体现。清晰而强烈的生命价值意识为崇高的生命价值理想奠定了坚实的思想意识基础，更是利于激发高校教师内在的生命情怀、生命态度和生命责任感。发展生命和提升生命价值不仅是高校教师的权利与责任，更是职业生命的乐趣和幸福所在。

3.5.2.2　坚定合理的生命价值信念

生命价值信念是高校教师对教学实践中生命价值理念和生命价值追求持有信任感的精神状态。坚定合理的生命价值信念使高校教师持有科学合理的生命价值观和教学行为，有利于高校教师在教学实践中对生命本质与前进方向的价值做出判断与选择。信念是形成理想的前提，理想是信念在实践中进

---

① 李德顺. 新价值论 [M]. 昆明：云南人民出版社，2004：71.
② 列宁. 列宁选集第55卷 [M]. 北京：人民出版社，1972：182.

一步发展的结果。一个人对某物某事如果不具备起码的信念，是不可能形成相应的理想的。因而，坚定而合理的生命价值信念是崇高生命价值理想的重要条件，也是崇高生命价值理想在具体教学实践中的体现。"理想是信仰对象的未来形象，是具体实践者的信仰。它是杂在坚定信念和信仰的基础上，在经过抽象上升到了高度具体化思维的产物。"①

3.5.3 高扬的生命价值主体性

"人的主体性是人作为活动主体的质的规定性，是在于客体相互作用中得到发展的人的自觉、自主、能动和创造的特性。"② 高校教师作为教学实践活动的主体，其主体性是在追求和实现生命价值的教学实践过程中表现出来的，是对象化活动的主体性。高校教师在自由自觉的教学实践中表现出来的主体性是一种具体的、现实的、活生生的生命特性，反映高校教师对主体世界、教学世界的认识、理解以及对主体世界、教学世界的改造的生命存在状态和生命境界。高校教师教学价值自觉所意蕴的自由自觉的生命价值生成与提升的生命活动，展示和彰显了高校教师在教学实践中所具有的高扬的主体性。高校教师教学价值自觉达到一种什么样的程度，高校教师的主体性就高扬到什么程度。因为，高校教师在教学实践中怎样，高校教师的生命存在及其生命价值就怎样，高校教师的主体性就怎样，高校教师就会成为怎样的人。高校教师主体性是教学实践中高校教师生命存在和生命价值追求的集中体现，展示了高校教师在教学实践中生命活动的深度与广度，是高校教师生命本质与特征的集中表达。高校教师教学实践中高扬的主体性具有丰富的内涵和多种多样的表达形式，其中高校教师教学的生命自由与生命能动性是认识与理解高校教师教学主体性的重要维度。

3.5.3.1 高校教师教学的生命自由

自由是人之为人的基本条件和核心价值追求，自人类产生始，人们就从来没有放弃过对自由的价值追求。裴多菲所作的著名诗："生命诚可贵，爱情价更高。若为自由故，二者皆可抛。"体现了自由弥足珍贵和人对自由的渴望。自由在不同语境中其内涵有着较大的差异，在日常生活用语中，自由是

---

① 李德顺. 新价值论 [M]. 昆明：云南人民出版社，2004：280.
② 郭湛. 主体性哲学——人的存在及其意义 [M]. 北京：中国人民大学出版社，2010：23.

指摆脱束缚与限制的自在状态，是同限制、束缚相对应的一个概念。在政治学中，自由是指人具有相应的权利，它是和权利相联系的一个范畴。在哲学中，自由是指主体在实践活动中认识必然性的基础上改造世界的一种自觉状态与生命境界。"自由不在于幻想中摆脱自然规律而独立，而在于认识这些规律，从而能够有计划地使自然规律为一定目的服务……自由就在于根据对自然界的必然性的认识来支配我们自己和外部自然。"① 自由是在主体的对象化的实践活动中体现出来的，表达的是主体的生命存在状态，体现着主体性。人的自由程度也就体现与反映了人的主体性程度，自由的人也就是具有主体性的人。高校教师作为教学实践的主体，在教学实践中自由状态体现了高校教师主体性。高校教师生命自由是指高校教师作为教学实践的主体主动承担教师责任，在认识与利用教学规律的基础上积极改善教学，以满足生命发展的需求，实现与提升生命价值。高校教师的生命自由并不意味着高校教师的教学活动不受任何外在条件的限制与束缚，而是高校教师在教学实践中追求生命价值的过程中通过努力克服或摆脱外在不利条件与束缚实现的。一是高校教师对教学规律、本质与特性等的认识是生命自由的前提。高校教师对教学规律、本质、特性等的认识与理解越全面、越科学、越深刻，就越有利于高校教师从事和改善教学，在教学实践中表现出的自由程度就越大，就越有利于高校教师发挥其主体性。二是高校教师对生命内在需求的科学认识是生命自由的基础。人的生命需求具有多样性，有外在需求，如名利；又有内在需求，如生命的发展与完善。人之为人的本质，从根本上讲就是一个生命不断发展与完善的过程，就是一个生命价值不断实现与提升的过程。教学作为高校教师生命存在的主要方式和生命发展与生命价值提升的重要途径，教学实践的过程就是高校教师生命内在需求渐进满足的过程。高校教师对生命的内在需求、实现方式等认识越深刻，就越有利于激发其教学的价值自觉，促使高校的教学实践摆脱外在因素的束缚，走上一种自由自觉的生命成长之路。三是在遵循和利用教学规律的基础上积极改善教学实践。高校教师教学的生命自由不是一种概念性的自由，而是一种实践活动中的自由。脱离教学实践的生命自由是毫无依据和毫无意义的。高校教师教学的生命自由不是为所欲

① 马克思，恩格斯．马克思恩格斯选集第 3 卷［M］．北京：人民出版社，1995：455 − 456.

为，也不是违背教学规律和消极地服从教学规律，而是在认识、遵循与利用教学规律的基础上，把自身的思想、意志、生命价值观念、生命情感、生命态度、生命理想运用于教学实践之中，在积极改善教学实践的过程中实现与体现高校教师教学的生命自由。

3.5.3.1.1　高校教师教学的生命自由是一种生命责任感的体现

高校教师教学生命自由存在于教学实践活动中，高校教师只有在教学实践中积极主动地创造才能实现，而积极主动地创造要求高校教师要有强烈的生命责任感。高校教师教学的生命自由不是随心所欲，而是教学赋予高校教师的一种权利与责任。"人被投进这个世界的那一刻起，就要对自己的一切行为负责。"① 作为教学主体的高校教师首先要对自己的生命存在与发展负责，才能主动承担起引领与促进学生生命发展的责任，这是作为教学主体的教师的主体性特征，也是教师主体性的一种生命态度。高校教师的生命责任感包括对自己的生命负责和对学生的生命负责两部分内容。高校教师对自己的生命存在与发展负责要求教师不断认识自我、反思自我、批判自我、理解自我、改善自我，积极进取，主动承担自身生命发展与生命价值提升的主体责任。高校教师生命发展与生命价值提升的权力与责任在高校教师自己！人具有为我性和为他性。高校教师教学的生命责任感是自身的生命获得全面充分发展和实现的内在需要与条件，同时也是引导和促进学生成长与生命价值提升的一个重要条件。对学生生命负责是高校教师教学生命责任感的一个重要的表现形式，也是高校教师对自身生命负责的重要延伸。教学就是一个主体之间的生命交流、生命碰撞、生命对话的过程，实现教师与学生主体生命的共同成长是高校教师教学价值自觉的重要特征，也是高校教师教学的生命自由的重要内涵与体现。对学生生命负责就是要求高校教师充满生命情怀和树立教学的生命价值理念，在充分全面认识生命、理解生命的基础上尊重生命、关爱生命、润泽生命、成全生命，实现学生生命发展与生命价值提升。

作为有生命责任感的高校教师在教学实践中表现出的教学行为往往具有浓浓的生命情感与生命趣意。积极进行教学和努力改善教学是高校教师教学

① ［法］让—保罗·萨特. 存在主义是一种人道主义［M］. 周煦良、汤永宽. 译. 上海：上海译文出版社，1988：13.

生命自由的一种表现形式，也是高校教师不断追求和提升生命自由的内在需求和实现途径。实现教学主体的生命发展与生命价值提升成为高校教师教学最重要的、最根本的意义所在和价值追求。教学不再面对的是同教学主体生命世界脱离的生硬的教学知识，而是具体的、活生生的、具有生命自由意志的生命体。敬畏生命、理解生命、尊重生命、关爱生命、发展生命、成全生命等将成为高校教师教学的基本要求和主旋律。强烈的生命责任感使高校教师教学从教学主体的生命需求出发，在教学过程中创造有利条件促进生命发展和生命价值提升。

3.5.3.1.2　高校教师教学的生命自由是一种生命能力的体现

生命自由不是自然而然的结果，而是作为教学主体的高校教师在教学实践中努力与作用的结果。"生命是一个存在者按照欲求能力的法则去行动的能力。欲求能力是存在者通过其表象而使这些表象之现实性的原因的能力。"[①]在教学实践中高校教师要克服对生命自由的各种制约因素和束缚，高校教师才能更好地占有人之为人的本质和享有生命自由。克服和战胜生命自由的制约因素需要高校教师具备相应的较高生命能力，因而，生命自由既是高校教师生命能力作用的结果，又是其生命能力的体现与彰显。一个缺乏生命能力的人，其生存都成问题，他如何能更好地关怀生命的存在与发展呢？他如何有能力去享有生命自由呢？教学实践活动作为一种复杂的、心灵震撼心灵的生命活动，对高校教师的生命能力提出了较高要求。教学作为生命引领生命、生命促进生命的实践活动，不同于一般的知识传递和技能训练。它不仅要求高校教师具备扎实的学科专业知识、广博的科学文化知识、一定的教学科学知识和较强的教育教学能力等，还要求高校教师要全面、深刻地认识、理解和把握教学规律、教学本质和教学特性，清晰地、准确地理解和把握教师与学生生命的需求、成长规律与生命特征，使教学实践符合外在的客观尺度和内在尺度的有机统一。

高校教师的生命能力作为教学主体的本质力量构成部分，其生命能力的高低直接影响教师主体性的程度，也决定着高校教师教学的生命自由的程度。生命能力是高校教师教学生命自由实现的现实条件，也是高校教师教学价值

---

① 康德. 康德著作全集［M］. 李秋零，译. 北京：中国人民大学出版社，2007：11.

自觉的基本条件。生命能力和生命素质有着密切的关系，高校教师教学的生命能力就是在一定的生命素质的基础上，在教学实践活动中经过不断学习和训练发展而来的。生命素质包括自然生命素质和价值生命素质两个方面，自然生命素质如身体健康等是生命自由的物质条件，价值生命素质包含的内容十分丰富，如生命情感、生命意志等，在生命自由的实现过程中发挥着至关重要的作用。生命能力是高校教师在教学实践中为实现与促进生命发展和生命价值提升所表现出来的稳定的个性心理特征。生命能力的大小是高校教师教学生命自由实现与否的关键，可以从不同的层面对其进行分类。如一般生命能力和特殊生命能力；求真的生命能力、向善的生命能力与审美的生命能力等。生命能力的提升主要取决于高校教师直接的教学实践活动，高校教师在教学实践中实现生命能力的发展，使生命素质、生命潜能不断变成现实的生命能力。生命能力的提高为高校教师教学的生命自由提供可靠的保障，高校教师生命能力发展到什么程度，就在多大程度上克服制约生命自由的障碍与束缚，高校教师教学的生命自由就能达到什么程度。反过来说，高校教师教学的生命自由达到什么程度，就体现和彰显了高校教师生命能力的强弱。因而，高校教师教学的生命自由的实现与提升的过程，既是高校教师生命能力主动自觉提高的过程，也是高校教师生命能力体现与彰显的过程。

3.5.3.2　高校教师教学的生命能动性

人是实践中的生命存在，既具有受动性，也具有能动性。受动性和能动性构成一对相互影响的范畴，但真正能体现与彰显人的主体性的本质内涵与特征的是人的能动性。人的能动性亦称为主观能动性或自觉能动性，它是指作为主体的意识或行动积极地、主动地、自觉地、有计划地作用于客观世界所表现出来的特性，如预见性、计划性、主动性、自觉性、创造性等。"生命是一种能动的、对象性的存在……能动性无疑是人的主体性最重要的内涵和最鲜明的表现。人是既能思想又能行动的存在，思想和行动都体现着人作为主体的能动性。"① 因而，人的主观能动性包括能动地认识世界和在认识理性的主导下能动地改造世界两个方面的内容。"思想等是主观的东西，做或行动

---

① 郭湛. 主体性哲学——人的存在及其意义 [M]. 北京：中国人民大学出版社，2010：29 - 47.

是主观见之于客观的东西，都是人类特殊的能动性。"① 人在认识世界和改造世界中的能动性是一种积极性的、主动的、自觉的、有目的有计划的活跃的状态。高校教师作为教学的主体，在教学实践中既具有受动性，其教学行为受制于教学环境与条件；还具有主观能动性，通过发挥自身的主观能动性最大限度地克服受动性以推动教学改善和生命发展。高校教师作为实践的生命存在，其能动性是其生命本质的根本确证与展示。作为具有能动性的生命存在，高校教师不可能屈服于现实的教学条件的束缚，不可能在教学实践面前袖手旁观或束手无策，而是在全面客观科学认识教学规律与本质的基础上积极主动自觉地改善教学，使教学更符合与满足教学主体生命发展和生命价值提升的需求。高校教师在教学实践中的能动性使教学主体的生命发展与生命价值提升发生了根本性的转变。

3.5.3.2.1　从感性认识到理性认识

能动性是高校教师教学的重要特征，是高校教师主体性的重要表现。能动性使高校教师具有了思想、价值观念、意志，使高校教师的认识不仅仅停留感觉层面，依靠科学的思维使感性认识上升到理性认识。人与动物都有感觉，但人高级的地方就在于经过能动性使感觉变成一种价值观念、一种思想。高校教师具有高扬主体性的人，对教学实践的认识并未停留在表象或现象层面，而是通过发挥自身的主观能动性，通过分析、综合、比较、推理等思维方式，去粗存精、去伪存真，实现对教学本质、规律、特性的全面、深刻与科学认识，形成科学的教学生命价值观念、教学思想、教学理念、教学生命理想等。教学不再是一个教师传授知识、学生接受知识的技术性的程序，而是一个充满生命灵动的多元主体之间的生命对话与交流的历程。高校教师在教学实践中应根据教学的本质和规律要求，全面认识教师、学生在教学实践的角色、地位与作用，正确理解和把握教学主体的内在生命需求，精准扮演好自身的角色和充分发挥自身的主观能动性，形成自身的科学的教学认识体系，实现高校教师认识由感性上升到理性，为教学实践活动提供科学的理论指导。高校教师认识从感性上升到理性，是高校教师认识在主观能动性的作用下实现的质的飞跃，是作为教学主体的高校教师能动性的具体表现与彰显。

---

① 毛泽东．毛泽东选集第2卷［M］．北京：北京人民出版社，1991：477.

3.5.3.2.2　从盲目到明确

教学实践是一种有目的、有意识的活动。为何教学？或教学为何？是每位高校教师必须要回答的根本性的问题。对这个问题的认识与觉解程度直接影响到教学实践是盲目的还是目的明确的活动。回答这个问题主要取决于两个方面的认识与理解：一是高校教师对教学本质、规律、目的与特性的认识与理解；二是对教学主体生命本质、成长规律与内在需求的认识与理解。高校教师在主观能动性的作用下实现了认识由感性上升到理性的状态，对教学和生命等的认识往往比较全面、科学、深刻与客观，反映了事物的内在的、必然的、固有的联系和体现了事物发展的内在逻辑。这就有利于高校教师克服和战胜教学的随机性、盲目性，从根本上规避高校教师教学的浑浑噩噩或无知为何的无精神、无进取的、无目的的状态。教学成为一种有目的、有计划的，焕发出生命活力与热情的生命活动，是高校教师在生命价值理念的指导下，具有清晰而强烈的生命价值意识和浓厚的生命价值情怀，以实现生命发展和生命价值提升为根本价值追求的一种生命活动。

3.5.3.2.3　从消极到积极

消极是不利于事物发展的一种态度与状态，主要表现为无为、否定的、不求进取的、消沉的一种面貌。消极是人作为主体的一种放逐，是人的主体性的一种消解。消极意味着人作用于对象的本质力量的下降，意味着人认识世界与改造世界能量的衰减，意味着人活动动力的泯灭。人类的发展史和社会的进步史是人类积极因素主导下的一种结果，消极因素不可能长期影响人类社会的活动。教学实践作为人类社会一种极具生命色彩的活动，生命力的焕发与绽放需要高校教师和学生以极大的生命热情和积极的生命情感投入到教学过程中去，才能实现以高校教师的生命正能量引发与促进学生生命正能量的生成。高校教师作为一种实践的生命存在，教学是高校教师实践的一种主要方式，是高校教师生命存在的主要方式和生命发展与生命价值提升的重要途径。教学不是高校教师外在的强制与要求，不是一种额外的任务与负担；它是高校教师职责所在与使命担当。由此教学由一种外在的操作流程转变为高校教师生命的重要组成部分，是高校教师生命自我发展与完善的内在需求。教学就获得了一个具有强大生命力的动力源，而动力源的寻找与获得不是一个自然而然的结果，而是高校教师在充分发挥主观能动性的基础上不断深化自我生命的认识、理解与改善需求，是一个认识逐渐完善与合理化的过程。在这个逐渐深化过程中不断实现高校教师教学由消极向积极转变，由经济、地位等外在追求向积极追求与实现生命发展与生命价值提升的根本转变。

3.5.3.2.4　从被动到主动

被动与主动作为一对范畴同消极与积极这对范畴有着紧密的关系。被动与消极都代表主体能动性不强，而主动与积极则表示主体具有较强的能动性。所不同的是消极与积极表示的是主体的一种潜能，一种态度的强弱状态；而被动与主动则表示主体在对象化的关系中主体与客体的作用关系，被动意味着客体作用于主体、主体处于一种接受的地位，主动则意味着主体作用于客体，主体是行为的发出者。消极易于导致被动、积极易于带来主动；被动往往表现为消极，主动往往表现为积极。被动与主动作为考察主体性的两个重要维度，是能动性强弱的两个重要体现方面。"一种是能引起变化的，一种是能接受变化的。前一种可叫做自动的能力；后一种可叫做被动的能力。"① 从作用的体现上看，主动是能动性的本质内涵与特性。高校教学作为一种不同主体生命碰撞、对话与交流的生命活动，它需要不同主体生命的全程、全方位地主动参与。只有当主体主动地参与到教学实践中去，才能从根本上把自身的生命真心实意地投入到生命对话之中，在生命对话的过程中激荡生命深处的灵魂。作为高校教学主体的高校教师，不是教学的旁观者、局外人，而是教学实践中自身生命成长的实现者、创生者，也是学生生命发展与生命价值提升的引领者、帮助者和促进者。高校教师在教学实践中面对活生生的、具体的、充满生命朝气的生命体，不可能无动于衷和毫无作为，而应是积极进取、主动作为，这不仅是高校教师能动性的表现，也是高校教师具有生命责任感的高度体现。教学不是高校教师前几年的教学经验在以后几十年职业生涯中的简单重复，而是需要高校教师不断付出艰辛努力、坚强意志和主动作为的一个生命探索与超越的过程。高校教师只有不断变被动为主动，才能提高教学实践的能动性，把教学实践转化为实现师生生命发展与生命提升的过程，才能在教学实践中全面地、深入地占有与生成生命的本质。高校教师作为一种价值性生命存在，是不甘心也不愿意处于一种被动的、无作为的状

---

① ［英］洛克. 人类理解论［M］. 关文运，译. 北京：商务印书馆，1959：204.

态，这正是高校教师作为教学主体理应具有的精神特质表现。

3.5.4 生动的教学实践

价值自觉是认识自觉和实践自觉的有机统一，实践自觉使价值自觉变得现实和有意义。离开实践，就无所谓真正意义上的价值自觉。因而，高校教师教学价值自觉在本质上是实践的，脱离实践的高校教师教学价值自觉只是停留在理念层面。教学实践作为高校教师实现生命价值的现实土壤和根本途径，它为生命价值提升与超越提供现实的依托与载体。积极的教学实践是高校教师一种负责任的态度与精神状态，高校教师如何对待教学，实质上就是如何对待自己的生命，也体现了高校教师的生命存在状态和生命价值的生成状态。高校教师教学实践是积极的还是消极的、是主动的还是被动的、是有计划的还是盲目的，这不仅反映了高校教师对教学的认识与理解，还体现了高校教师对待教学主体生命的理解与态度，更是展现了高校教师教学价值自觉的程度。明确的生命价值取向、崇高的生命价值理想激发和指引着高校教师积极地从事教学实践活动。高校教师积极的教学实践活动使崇高的生命价值理想的具体目标在实践过程中不断变成现实。高校教师积极地从事教学实践过程就是高校教师生命价值理想渐次实现的过程，也是高校教师的生命能动性确证、实现与提升的过程，还是其生命发展和生命价值提升的过程。可以说，教学实践是高校教师教学价值自觉的根本落脚点，甚至是高校教师教学价值自觉与否的根本体现。因而，高校教师教学实践积极主动与否，从根本上反映和展现了高校教师教学价值自觉的程度。教学实践自觉以教学认识自觉为基础与指引，自觉把教学实践内化为自身生命发展的过程，使教学价值自觉实现了认识自觉与实践自觉的内在一致性和有机统一。教学实践自觉表现为高校教师的一种生动的教学实践活动，这种生动的教学活动是高校教师积极主动参与教学、深度融入教学、自由自觉改善教学的结果。

生动的教学实践使高校教师的生命发展从潜能转变为现实。潜能是人的能力尚未发挥出来而处于一种非现实、潜在的力量状态。人从一出生就具有一系列潜能，并随着人的成长不断形成新的、更高层次的潜能。潜能意味着人具有发展的可能性，"潜在可能性的本质是现实化过程中具有极其多样的可能性"①。潜能为人的发展和本质的形成提供了基础，也使人表现出异常的复杂性。但人的潜能不会自然而然的成为一种现实，从潜能转化为一种现实需要具备多方面的条件，其中，人的主观能动性就是主要的条件之一。人的本质的确证、占有和生成的过程就是人在实践活动中不断把潜能变成现实的过程。从潜能变成现实是人之为人生命力量不断生成与超越的过程，也就是人的生命发展与生命价值提升的过程。高校教师是一个未完成的生命存在，具有多样的潜能，教学为高校教师从潜能转变成现实提供了现实的条件与途径。虽然高校教师具有无限发展的可能性，但是高校教师的潜能不会自然地变成一种现实，把潜能转变成现实主要取决于高校教师在教学实践中的作为。教学作为高校教师生命的主要存在方式与历程，是其生命发展与生命价值提升的重要途径。高校教师积极主动地进行教学和改善教学，使教学成为高校教师把潜能转变成现实的载体与途径。因而，高校教师教学价值自觉的实现过程也就是高校教师不断发挥主观能动性把生命潜能不断变成现实的过程。高校教师教学职业生涯不是一个封闭和静止的状态，而是一个开放的、不断生成的状态，是生命由潜能不断变成现实的过程。高校教师应在教学实践中积极主动发挥自身的主观能动性，在把潜能变成现实的过程中提高技能、启迪智慧、开拓视野、改善思维、润泽生命。

同时，生动的教学实践还为高校教师生命发展创造一种更高层次的可能。高校教师作为一种未完成的生命存在，总是对更高、更美好的未来的可能生活充满着憧憬与期待。高校教师在教学实践中通过充分发挥自身的主观能动性在把潜能转变成现实的同时，也在创造着更高水平、更高层次的潜能。批判性和超越性是高校教师作为教学主体之生命存在的重要特性和精神品质。高校教师往往对当下的教学现实生活不满，通过进行自觉的自我反思、自我批判，发现现实教学生活的不足之处，企图通过自身的能力改变这种状态。高校教师不仅生活在现实的教学生活之中，也生活在未来可能的教学世界之中。他通过发挥自身的主观能动性，在现实的教学实践中不断创生着新的可能的教学生活和新的潜能。这种新的可能的教学生活与潜能激励着高校教师

---

① ［美］马尔蒂莫·J·阿德勒. 哲学的误区［M］. 汪关盛等，译. 上海：上海人民出版社，1992：129.

在立足现实的基础上不断朝向与努力走向新的可能生活。高校教师的生命价值实现不是一次性完成的，生命价值所追求的生命全面和谐发展、自由自觉发展、开放创生发展和持续终身发展等本身就是一个螺旋式上升与渐进实现的过程。这个过程涵盖高校教师整个教学职业生涯，高校教师在整个职业生涯过程中只有牢固树立生命价值追求的根本价值目标，积极主动作为、充分发挥主观能动性，在教学实践中积极主动地把整个教学职业生涯变成一个生命发展与生命价值提升的过程。

4 高校教师教学的现实困境

　　人的生命是教育的原点，提高人的生命价值是教育的根本价值追求。教学作为高校教师生命存在的基本方式和提升生命价值的主要途径。高校教师作为一种实践的生命存在，不仅仅是一种事实性生命存在，更重要的是一种价值性生命存在。高校教师在教学中不仅获得赖以生存的物质条件，还将实现自身生命价值的提升。高校教学本是指向和为了教学主体生命价值提升的教育活动，是高校教师的一种自由自觉的生命实践活动，体现了教师生命的基本特征和价值追求。但是在现实的高校教学活动中，某些高校教师的教学追求与行为却发生了"教学漂移"现象，即教学本是高校教师的根本职责，却沦为大学教师不想做但又不得不做的一项"负担性工作"；[①] 教学本是高校教师生命价值提升的主要方式与途径，某些高校教师却无心教学工作，甚至把教学视为一种谋生的手段；教学本是师生生命对话与交流、碰撞与交互生成的过程，某些高校教师却把教学变成一个命令、控制、支配的单向程式；教学本是一个求真、扬善、尚美的方式，某些高校教师却把教学异化为追名逐利的途径。"长期以来，在教育发展中唯技术主义倾向严重，标准化和急功近利式的发展愿望使教育在摆脱传统形而上学的桎梏时，又滑向逐渐远离人真实的生命发展过程和真实的教育情景的极端，无视人的生命的丰富多彩，同时把教育活动简单化和模式化，许多思想家对此报以深深的忧虑。"[②] 教学不仅是一个培育学生、"成他"的过程，还是一个教师生命完善与生命价值提升的"成己"的过程。高校教学不仅使学生成才成人，也使高校教师生命存

---

　　① ［美］厄内斯特·博耶. 关于美国教育改革的演讲［M］. 涂艳国，译. 北京：教育科学出版社，2002：56.

　　② 刘旭东. 关注生命价值与创新教育琐谈［J］. 青海民族学院学报（社科科学版），2005，（2）：100-103.

在更有尊严、更有价值、更加幸福。关注高校教师的生命成长、提升高校教师生命价值，使高校教学成为高校教师的生命质量与生命价值不断确证、生成、提升与彰显的过程。"因而教育是一件极其谨慎的事，它需要教师精神世界的日益完善。"①

当高校教师把教学仅仅视为生存的需要或者额外任务的时候，就难以使自己全身心地、发自内心地、主动自觉地投入与对待教学活动，就难以把自身的生命世界真实全面地融入到教学活动中和实现生命的多维的交融互动与生成，从而在教学中不能全面真实地实现生命价值的生成、提升与彰显。高校教师教学对生命价值的忽视、遮蔽与放逐，使得高校教学成为一种价值自发的行为，不可避免地导致广泛而深刻的价值危机。"以往人类的生存危机多由于自然的灾害，或大规模的战争；而在现代社会，人类的生存危机已经变成了由生活意义的丧失到生命价值的隐去。这种状况在 20 世纪已经出现，而在 21 世纪它将成为人类面临的最大及最严重的人生问题。"②

4.1 高校教师教学状况调查

教学作为人才培养的根本途径，教学质量直接影响人才培养质量，高校教师教学状态是一个值得探究的重要课题。当前，高校教师教学究竟处于何种状态，高校教师教学状态直接影响着高等教育教学质量并关系着高等教育改革发展的走向。为了较为全面地了解高校教师教学现状，探究影响高校教师教学的因素，进而引导与促进高校教师教学价值自觉，笔者根据研究需要，在借鉴已有相关调查问卷的基础上自编调查问卷，对"高校教师教学现状"进行了专门调查研究，以期回答如下问题：目前高校教师教学的总体现状如何？哪些因素影响高校教师教学状态？

4.1.1 研究设计

4.1.1.1 研究工具

本次调查研究为了从总体上了解高校教师教学现状，主要采用了问卷调

---

① 张文质. 教育的十字路口 [M]. 上海：华东师范大学出版社，2002：18.
② 郑晓红. 论生活与生命 [J]. 江西师范大学学报（哲学社会科学版），2001（3）：107－112.

查法。在查阅和分析相关文献、请教有关专家的基础上，并根据研究的实际需要，编制了高校教师教学现状调查问卷。问卷内容主要包括高校教师个人基本情况，教学认识、教学意愿、教学投入、教学影响因素等几个方面，涵盖结构式问题和开放式问题。共计发放调查问卷 600 份，其中"双一流"建设高校发放 200 份、非"双一流"建设本科院校发放 200、高职高专院校发放 200 份，共收回 575 份问卷，经过认真甄别后有效问卷为 526 份，实际有效回收率为 87.67%。

4.1.1.2 研究对象

为了充分考虑研究对象的广阔性，本研究在对象选择上包括了"双一流"建设高校、非"双一流"建设本科院校和高职高专院校的教师，不同类型的高校教师各发放了 200 份调查问卷，有效回收"双一流"建设高校调查问卷 161 份、非"双一流"建设本科院校 195 份、高职高专 170 份，分别占 30.61%、37.07%、32.32%；性别结构：受调查男性教师 285 人、女性教师 241 人，分别占 54.18%、45.82%；年龄结构：接受问卷调查的 35 岁以下教师 185 人、35 岁到 50 岁之间的 203 人、51 岁到 65 岁之间的 127 人、65 岁以上的 11 人，分别占 35.17%、38.59%、24.14%、2.09%；教龄结构：接受问卷调查 5 年以下教龄的教师 115 人、6~20 年教龄的教师 301 人、20 年以上教龄的教师 110 人，分别占 21.86%、57.22%、20.91%；学位结构：接受问卷调查的教师具有硕士及以上学位的 498 人、学士及以下 28 人、分别占 94.68%、5.32%；职称结构：接受问卷调查的教师具有高级职称的 223 人、中级职称的 245 人、初级职称 58 人，分别占 42.40%、46.58%、11.03%。研究对象信息的基本情况及其特征如表 4.1 所示。

表4.1 研究对象基本情况

对象信息维度	特征	频率	百分比
高校类型	"双一流"建设高校	161	30.61
	非"双一流"建设本科院校	195	37.07
	高职高专	170	32.32
性别	男	285	54.18
	女	241	45.82
年龄	35 岁以下	185	35.17
	36～50 岁	203	38.59
	51～65 岁	127	24.14
	65 岁以上	11	2.09
教龄	0～5 年	115	21.86
	6～10 年	95	18.06
	11～15 年	118	22.43
	16～20 年	88	16.73
	20 年以上	110	20.91
学位	博士	261	49.62
	硕士	237	45.06
	学士及无学位	28	5.32
职称	正高	81	15.40
	副高	142	27.00
	中级	245	46.58
	初级	58	11.03

4.1.2 调查结果分析

4.1.2.1 高校教师教学认识情况

认识是主体对客观事物的反映，可以分为感性认识和理性认识。对事物认识的程度与水平将影响人们对事物的态度、行为与评价等。高校教师教学认识是高校教师对教学活动的反映，在一定程度上体现了高校教师对教学本质、规律、特征的理解与把握程度，也会对高校教师的教学态度、情感、行为与评价等产生深远影响。作为高校教师教学现状重要组成部分的高校教师教学认识，了解高校教师教学认识情况是认识高校教师教学现状的重要维度。从回收的有效调查问卷统计得出：是否认同教学是大学的中心工作的教师，认同的为 521 人、占 99.05%，不确定的为 2 人、占 0.38%，不认同的为 3 人、占 0.57%；是否认同教学是大学教师的根本职责，认同的为 315 人、占 59.89%，不确定的为 35 人、占 6.65%，不认同的为 176 人、占 33.46%；是否认同教学是大学教师生命的重要组成部分，认同的为 198 人、占 37.64%；不确定的为 40 人、占 7.60%，不认同的为 288 人、占 54.75%；是否认同教学是大学教师生命成长与生命价值提升的主要途径的教师，认同的为 169 人、占 32.13%，不确定的为 32 人、占 6.08%，不认同的为 325 人、占 61.79%；是否认同教学是大学教师与学生生命交互作用的生命创生过程，认同的为 146 人、27.76%，不确定的为 61 人、占 11.60%，不认同的为 319 人、占 60.65%。

高校教师对教学在大学中的地位具有较高的一致认同度，达到了 99.05%，充分说明教学是大学的中心工作已获得普遍的认同并已广泛深入人心，无论是"双一流"建设高校还是非"双一流"建设本科院校和高职高专院校，教学都应是大学的中心工作，这是高校的原初职能，也是高校存在的重要依据和高校区别于其他组织机构的根本维度。认同教学是大学教师根本职责的为 59.89%，不认同教学是大学教师根本职责的教师人数所占比例达到了 33.46%，这说明一些高校教师并没有把搞好教学工作作为自身的首要任务，在重科研、轻教学的高校文化与评价机制中又极大地强化了这种教学认识，在"双一流"建设高校中显得尤为突出，在 176 人的不认同教师中"双一流"建设高校教师为 98 人，占到了一半以上。高校教师把教学视为自身生命的重要组成部分和把教学作为生命成长与生命价值提升的主要途径的认同度并不高，这说明还有不少高校教师没有理解与发现教学同生命成长之间的内在联系和深刻奥秘。这也意味着提高高校教师教学的生命价值认识、理解与认同高校教学的生命价值仍然是今后需要进一步努力的方向。只有高校教师把教学内化为自身生命成长与价值提升的重要方式与途径，才能引发高校教师主动自觉地从事教学与改善教学。

4.1.2.2 高校教师教学意愿情况

教学意愿即教学愿望、教学心意、教学意向，它对高校教师教学行为具有"发动机"和"助推器"的作用。高校教师教学意愿是指向未来的能够满足自己需要的教学行动，它表现为想追求教学或从事教学活动的意愿。本研究从教学意愿的维度考察高校教师教学倾向，是认识高校教师教学现状的重要途径。从回收的调查问卷统计获得的数据：是否认同从事教学活动是一项充满乐趣的事情，认同的教师为 89 人、占 16.92%，不确定的为 91 人、占 17.30%，不认同的为 346 人、占 65.78%；是否对教学充满热情，符合的教师为 96 人、占 18.25%，不确定的为 85 人、占 16.16%，不符合的为 345 人、占 65.59%；是否愿意从事教学活动，符合的教师为 197 人、占 37.45%，不确定的为 36 人、占 6.84%，不符合的为 293 人、占 55.70%。

从统计的数据可以看出，当前高校教师教学意愿的总体程度并不高，必将导致高校教师消极的教学行为。高校教师教学意愿低下难以使高校教师专注于教学、倾心于教学、自觉进行教学反思和主动谋求教学改革。"当前缺乏教学意愿的教师越来越多，教学热情越来越低，教学活力越来越小，专注于教学而心无旁骛的教师越来越少，在教学工作中获得的快乐和满足越来越少。"[1]"如火如荼的教学质量监控并没有有效地化解当前的质量危机。……当前缺乏教学意愿的教师越来越多，心无旁骛专注于教学的教师越来越少。一个缺乏教学意愿的教师，如何去谈教学质量的提高呢？"[2]"教师的第一要务是教学，是教师义不容辞的责任。"[3] 高校教师教学意愿总体程度低下意味着高校教师从事教学与改善教学工作缺乏动力、缺乏热情，对教学活动的目的以及如何有效进行教学活动缺乏清晰的认识。高校教师教学意愿低下以及何种因素影响和制约了高校教师的教学意愿，这应是我们需要认真反思和理性对待的重要现实问题，也是提高高校教育教学质量不能回避的紧迫问题。

4.1.2.3 高校教师教学投入方面

高校教师教学投入主要是指高校教师在教学活动中所投入的时间、精力、态度、情感、意志等。事实上，高校教师教学投入难以完全用统计数据进行

---

① 叶逢福，赖勇强.高校教师教学意愿影响因素及对策探析 [J].现代教育论丛，2014，(5)：51-56.

② 余承海，曹安照.论高校教学质量的文化保障 [J].江苏高教，2014，(1)：87-90.

③ 潘懋元，罗丹.高校教师发展简论 [J].中国大学教学，2007，(1)：5-8.

精确的衡量。本研究调查高校教师教学投入也只是从整体上了解高校教师教学现状。

4.1.2.3.1 教学态度投入方面

教学设计态度投入方面。是否每次课前都要认真进行教学设计，符合的为 284 人、占 53.99%，不确定的为 31 人、占 5.89%，不符合的为 211 人、占 40.11%；教学设计是否要充分考虑学生的发展需要与兴趣，符合的为 383 人、占 72.81%，不确定的为 29 人、占 5.51%，不符合的为 114 人、占 21.67%；是否每次课前花大量的精力用于教学内容的更新，符合的为 166 人、占 31.56%，不确定的为 37 人、占 7.03%，不符合的为 323 人、占 61.41%。做好教学设计是上好一堂课的前提，是提高教学质量的基础。高校教师对待教学设计体现了高校教师对待教学的态度，从统计的数据上看，高校教师教学设计投入表现不一、有强有弱。超过一半的高校教师能够每次课前认真进行教学设计，超过三分之二的高校教师在教学设计时能够充分地考虑学生的发展需要与兴趣，但有超过一半的高校教师在课前没有花应有的精力用于教学内容的更新，这说明不少高校教师不肯在革新教学内容上下功夫，教学内容没有实现及时有效地更新。需要注意的是仍有 40.11% 的教师课前没有认真进行教学设计、21.67% 的教师教学设计没有充分考虑学生的发展需要与兴趣，说明仍有占有相当比重的高校教师需要端正教学设计的态度做到认真对待教学设计工作。

教学实施态度投入方面。教学过程中注重教学方法的灵活运用与创新，符合的为 214 人、占 40.68%，不确定为 59 人、占 10.65%，不符合的为 253 人、占 48.10%；教学实施自觉遵循与利用教学规律，符合的为 198 人、占 37.64%，不确定的为 203 人、占 38.59%，不符合的为 125 人、占 23.76%；主动平等地同学生开展对话，符合的为 265 人、占 50.38%，不确定的为 33 人、占 6.27%，不符合的为 228 人、占 43.35%；自觉应用教育教学理论指导教学实践，符合的为 231 人、占 43.92%、不确定的为 66 人、占 12.55%，不符合的为 229 人、占 43.55%；主动将教学研究与反思成果应用于改善教学，符合的为 291 人、占 55.32%，不确定的为 19 人、占 3.61%，不符合的为 216 人、占 41.06%；用心指导学生，符合的为 211 人、占 40.11%，不确定的为 22 人、占 4.18%，不符合的为 293 人、占 55.70%。教学实施是教学过程的关键环节，是提高人才培养质量的根本、是体现教学中心地位的关键所在。高校教师教学实施的投入将直接决定教学质量的高低。从统计的数据上看，当前我国高校教师教学实施的投入总体上而言不容乐观，教学工作的中心地位并没有从根本上贯彻落实到高校教师的教学实践中。当教学的中心地位在教学实践中"被边缘化"，提高人才培养质量就成为一句空话。因而，提高高校教师教学实施的投入是高校提高教学质量所不得不面临的一个棘手的重大的现实问题。胡蓉的问卷调查结果也基本和本研究的调查结果相吻合，"通过问卷调查结果来看，只有23.5%的教师对教学的态度很积极，一大半的教师对教学的态度是无所谓的，主要表现为：不少教师回避教学，认为教学是在浪费自己的时间和精力。还有些教师不认真进行教学工作，备课不充分，讲课不认真，这都反映出部分教师应付性的教学工作态度。"①

教学成长态度投入方面。主动谦虚倾听学生的反馈意见，符合的为277人、占52.66%，不确定的为33人、占6.27%，不符合的为216人、占41.06%；经常主动和同事讨论教学工作，符合的为127人、占24.14%，不确定的为28人、占5.32%，不符合的为371人、占70.53%；积极进行教学研究，符合的为329人、占62.54%，不确定的为11人、占2.09%，不符合的为186人、占35.36%；经常自觉进行教学反思，符合的为201人、占38.21%，不确定的为35人、占6.65%，不符合的为290人、占55.13%；主动听课观摩学习，符合的为98人、占18.63%，不确定的为89人、占16.92%，不符合的为339人、占64.45%；主动学习教育教学理论知识，符合的为266人、占50.57，不确定的为19人、占3.61%，不符合的为241人、占45.82%；遇到教学问题时主动寻求他人的帮助，符合的为155人、占29.47%，不确定的为39人、占7.41%，不符合的为332人、占63.12%。高校教师教学成长投入是实现高校教学专业发展的重要途径，也是高校教师改善教学与提高教学质量的根本方式。因而，改善教学成长投入是高校教师教学专业发展的内在诉求和提高高等教育教学质量的必然要求。从调查统计的数据看，高校教师教学成长投入存在着不主动、不积极，较大程度上制约了

---

① 胡蓉，陈璐. 高校教师教学水平现状及提升策略 ［J］. 西安邮电学院学报，2011，（5）：132 －135.

高校教师教学成长。具体表现为不主动谦虚倾听学生的反馈意见的教师占到总数的41.06%，不经常主动和同事讨论教学工作的教师占到总数的70.53%，不积极进行教学研究的教师占到总数的35.36%，不经常自觉进行教学反思的教师占到总数的55.13%，不主动听课观摩学习的教师占到总数的64.45%，不主动学习教育教学理论知识的教师占到总数的45.82%，遇到教学问题不主动寻求他人帮助的教师占到总数的63.12%。从获得的高校教师教学成长态度投入的数据上看，提高高等教育教学质量和实现高校教师专业发展仍然不容乐观。如何改善高校教师教学成长态度投入仍是一个亟待解决的现实问题。

4.1.2.3.2 教学时间投入方面

教学时间投入反映了高校教师教学投入情况，体现了高校教师的教学现状，是考察高校教师对待教学的重要指标。时间投入相对于其他投入维度而言，是一个更具有量化特征的维度，但教学时间投入也只是一个总体上衡量高校教师教学投入情况的指标，难以实现精准化。本研究力图从投入时间的量上对高校教师教学投入情况做一概要化考察。

平均每周用于备课的时间情况。从调查统计的数据看，平均每周备课时间2小时以下的教师为58人、占11.03%，2小时及以上且4小时以下的教师为90人、占17.11%，4小时及以上且6小时以下的教师为85人、占16.16%，6小时及以上且8小时以下的教师为101人、占19.20%，8小时及以上且10小时以下的教师为89人、占16.92%，10小时及以上的教师为103人、占19.58%。因各高校对教师每学年应完成的教学工作量存在着较大差异，单一衡量高校教师平均每周用于备课的时间难以说明高校教师备课时间的投入的多少。如果按照"正常的高校教师的上课时间周课时为8学时左右较为合理"① 来衡量高校教师的备课时间的话，那么高校教师用于备课的时间总体上是偏少的。平均每周用于备课时间低于6小时的教师为233人、占到总数的44.30%，这一数字意味着不少高校教师在备课上没有投入必要的劳动时间，必将直接或间接地影响教学质量。"平均每周用于备课的时间情况"

---

① 陈莉莉，庄铭杰．高校教师工作时间的有限性探析［J］．理工高教研究，2005，(12)：79-81.

和"每次课前都要认真进行教学设计情况"具有内在的一致性，二者相互佐证与相互支撑。

平均每周用于课外辅导答疑学生的时间情况。平均每周用于课外辅导答疑学生的时间1小时以下的教师为146人、占27.77%，1小时及以上且2小时以下的教师为306人、占58.17%，2小时及以上且3小时以下的教师为43人、占8.17%，3小时以上的教师为31人、占5.89%。课外对学生进行辅导答疑是高校教师教学工作的重要组成部分，是高校教师教学责任的重要体现，彰显了高校教师教学的内在品质和教学现状。从调查获得的统计数据看，平均每周用于课外辅导答疑学生的时间2小时以下的教师高达452人、占到总数的85.93%，这意味着高校教师用于课外辅导学生的时间偏少，教师课外同学生进行交流、沟通的时间很少。这进一步证实了我国高校普遍存在的一个现实：课堂教学结束了、教学也随之结束了。这说明，在课外教师与学生之间主动性的、实质性的有效互动有待进一步加强。

平均每周用于教学反思的时间情况。教学反思是教师对教学设计、教学实施、教学结果等环节与因素的审视与批判，它是教师提高教学水平与能力的重要手段，是教师专业发展的重要途径。从调查问卷获得的数据看，高校教师平均每周用于教学反思的时间在2小时以下的教师为108人、占20.53%，2小时及以上且4小时以下小时的教师为219人、占41.63%，4小时及以上且6小时以下的教师为89人、占16.92%，6小时及以上且8小时以下的教师为65人、占12.36%，8小时及以上且10小时以下的教师为30人、占5.70%，10小时及以上的教师为15人、占2.85%。上述调查数据显示，高校教师教学反思投入的时间总体上是不够的，表现为平均每周用于教学反思的时间4小时以下的教师高达327人、占到总人数的62.17%。高校教师教学反思是否主动自觉以及用于教学反思的时间从根本上讲完全取决于高校教师自身，它不是来源于外在的压力，而是发自高校教师内在的需求，更是从深层次体现了高校教师的教学状态。如何改变当前高校教师教学反思不自觉、不充分的现状仍是一个突出的现实问题。

平均每周开展教学研究的时间情况。从调查问卷获得的数据看，高校教师平均每周用于教学研究的时间在 2 小时以下的教师为 84 人、占 15.97%，2 小时及以上且 4 小时以下的教师为 89 人、占 16.92%，4 小时及以上且 6 小时以下的教师为 91 人、占 17.30%，6 小时及以上且 8 小时以下的教师为 109 人、占 20.72%，8 小时及以上的教师为 153 人、占 29.09%。从以上统计数据可以看出，高校教师花在教学研究的时间总体而言要高于花在教学反思上的时间。教学研究同学科专业研究既有内在的联系又有差异。它们都要求高校教师具有强烈的研究意识和较强的研究能力，但教学研究强调的是对教学实际问题开展研究，侧重解决教学实际问题，着力点是提高教学质量和实现高校教师教学专业发展，而不是建构系统的、专门的科学知识。开展教学研究虽然受到不少高校教师的重视，其地位与作用也被更多的高校教师认同，但平均每周开展教学研究少于 4 小时的高校教师仍有 173 人、占到总数的 32.89%，这和本研究调查的"是否积极进行教学研究"一项的统计数据具有较高的一致性。

平均每周用于改善教学的时间情况。从调查问卷获得的数据看，高校教师平均每周用于改善教学的时间 2 小时以下的教师为 153 人、占 29.09%，2 小时及以上且 4 小时以下的教师为 169 人、占 32.13%，4 小时及以上且 6 小时以下的教师为 94 人、占 17.87%，6 小时及以上且 8 小时以下的教师为 68 人、占 12.93%，8 小时及以上的教师为 42 人、占 7.98%。教学不是一个简单重复的过程，高校教师教学职业生涯不是一个简单重复的过程，而是一个持续改善教学、不断提升的历程。高校教学质量的持续提高和高校教师教学职业的持续发展就是源于教学的持续改善。教学的持续改善离不开高校教师的有效时间投入。从上面的统计数据可以看出，平均每周用于改善教学的时间小于 4 小时的教师高达 322 人、占到总数的 61.22%。

平均每周用于教学和科研的时间分配之比的情况。教学与科研是高校的两大主要职能，也是高校教师的两大重要职责。高校教师用于教学与科研时间的分配比例在一定程度上体现了教学与科研在高校教师心中的地位与价值。从调查的问卷数据看，平均每周用于教学和科研的时间分配之比大于 1 的教师人数为 106 人、占 20.15%，平均每周用于教学和科研的时间分配之比等于

1 的教师人数为 99 人、占 18.82%，平均每周用于教学和科研的时间分配之比小于 1 的教师人数为 321 人、占 61.03%。教学本是高校的中心工作和原初职能，高校教师理应把更多的时间用于教学。但是，从调查的数据可以看出，高校教学与科研的天平已经失去了平衡，占总数 61.03% 的高校教师用于科研的时间要多于教学的时间。"大学教师往往会选择将大量的时间和精力花费在能够使自己获得地位和荣誉的专业研究领域，而非教学方面。无论是观念层面还是实践层面，教学已经被普遍的矮化和边缘化了。"①

4.1.2.4　高校教师教学现状的影响因素问题

通过上述调查数据的整理与分析，可以发现我国当前高校教师教学意愿不强、动力不足、投入不尽如人意等问题，已经在较大程度上制约了高等教育教学质量的提高。如何改善高校教师教学成为当前高校面临的一个现实而紧迫的问题。本研究因受时间、能力的限制，只能对高校教师教学影响因素的某些方面做"横截面"的简要考察，不可避免地存在着一定的偏差。倘若对高校教师教学因素在相对较长的时间段作"纵向"的连续性调查，可能更能全面真实地反映高校教师教学情况。改革开放尤其是近些年来，我国高等教育发展迅猛、数量不断增多、规模不断扩大、教育投入不断增加、办学条件得到较大改善、教师工作条件与待遇得到较大改观，但"高校内涵发展和变化却很迟缓，传统落后的办学理念、教育教学观念、课程体系、教学模式和教学方法方式应然故我"。② 这说明教学质量问题一直困扰着我国高等教育事业的健康发展，也反映了高校教师教学情况总体上表现欠佳，且长期以来一直没有从根本上得到改善。

是什么因素影响了高校教师教学？为此，笔者在调查问卷中设计了三个开放式的问题："你认为影响高校教师教学的内在因素有哪些？你认为影响高校教师教学的外在因素有哪些？请按照影响的重要性依次排序填写。""总体

---

① 闫学军，王雷震，汪晋宽. 高校教师教学反思的阻碍及对策研究 [J]. 国家教育行政学院学报，2014，（2）：73 - 76.

② 刘振天. 高校教师教学投入的理论、现状及其策略 [J]. 中国高教研究，2013，（8）：14 - 19.

而言，你认为是内在因素还是外在因素更影响你的教学?"从受调查者回答问题的结果来看，影响高校教师教学的内在因素及其重要程度的统计结果见表4.2，影响高校教师教学的外在因素及其重要程度见表4.3，影响高校教师教学的内在因素与外在因素重要程度情况见表4.4。

表4.2　影响高校教师教学的内在因素及其重要程度

影响因素	出现频数	占总人数之比（%）
教学认识	365	69.39
教学理想追求	353	67.11
成长需求	339	64.45
教学价值取向	256	48.67
教学认同	248	47.15
教学能力	185	35.17
教学效能感	102	19.39
其他内在因素	89	16.92

表4.3　影响高校教师教学的外在因素及其重要程度

影响因素	出现频数	占总人数之比（%）
职称晋升	361	68.63
考核评价	336	63.88
薪酬待遇	288	54.75
科研任务	276	52.47
文化氛围	198	37.64
教学反馈	173	32.89
教育培训	124	23.57
其它外在因素	92	17.49

表 4.4　影响高校教师教学的内在因素与外在因素的重要程度情况

影响因素	出现频数	占总人数之比（%）
内在因素	326	61.98
外在因素	200	38.02

从以上调查统计数据可以看出，影响高校教师教学的因素是十分复杂多样的，是多种因素共同作用的结果。从表 4.2 可以看出影响高校教师教学的内在因素也是复杂多样的，主要包括教学认识、教学理想追求、成长需求、教学价值取向、教学认同、教学能力、教学效能感等，其中教学认识出现的频数为 365 人次、占总人数的 69.39%，教学理想追求出现的频数为 353 人次、占总人数的 67.11%，成长需求出现的频数为 339 人次、占总人数的 64.45%，这三者作为影响高校教师教学的内在影响、发挥着重要作用。从表 4.3 可以看出，影响高校教师教学的外在因素主要包括职称晋升、考核评价、薪酬待遇、科研任务、文化氛围、教学反馈、教育培训等，其中位居前三甲的分别是职称晋升、考核评价和薪酬待遇，其出现频数分别为 361 人次、336 人次、288 人次，分别占总人数的 68.63%、63.88%、54.75%。从表 4.4 可以看出，认为影响高校教师教学的内在因素比外在因素重要的教师为 326 人次、占总人数的 61.98%，认为影响高校教师教学的外在因素比内在因素重要的教师为 200 人、占总人数的 38.02%。由此可见，内在因素和外在因素对高校教师教学的影响都至关重要，但总体而言，内在因素比外在因素影响高校教师教学的作用更大、更根本。高校教师教学是受内在因素与外在因素交互作用的结果，它既遵循"内在的原则"，又要充分考虑和服从外在现实的需要。从根本与长远的角度上，内在因素起着决定性的作用。

4.1.3　调查结论

通过对调查数据的统计分析，我们发现当前高校教师教学现状不容乐观，教学作为高校的中心工作和高校教师的根本职责，在教学实践中并没有全面真正地落实落地。重视教学和提高教学质量仍然是当前高校面临的紧迫的现实问题。总体来说，高校教师教学主要存在以下几个方面的问题。

4.1.3.1　对教学的认识与理解有待进一步深化

从调查结果看，大多数高校教师认同教学是高校的中心工作，认同的教师为 521 人、占 99.05%，半数以上的高校教师认同教学是高校教师的根本职责，认同的教师为 315 人、占 59.89%。但高校教师并没有把教学同教师生命成长有机结合起来加以考察与理解。不认同教学是大学教师生命的重要组成部分的教师为 288 人、占 54.75%；不认同教学是大学教师生命成长与生命价值提升的主要途径的教师为 325 人、占 61.79；不认同教学是大学教师与学生生命交互作用的生命创生过程的教师为 319 人、占 60.65%。教学究竟是什么，自从有了教学人们就没有停止过对教学的探讨，并已经取得了丰硕的成果，但一直没有达成广泛的共识。"有的学者把教学过程本质观归纳为如下十种观点：特殊认识说、发展说、层次类型说、传递说、学习说、统一说、实践说、认识—实践说、交往说和价值增值说。"[1] 对教学的认识与理解的多元化导致教学实践的复杂多样性。高校教师教学有的注重知识的掌握、有的注重能力的培养、有的注重文化的传递、有的注重效益与价值的增值……不一而足。从根本上说，人是实践的生命存在，高校教师作为具体的、形象生动的人也是实践的生命存在，也只能在实践中才能不断发展生命和实现与提升生命价值。高校教师所进行的实践不是直接的物质生产实践，而是具有职业特点与要求的实践活动。教学、科研与社会服务作为高校的三大职能，是高校教师三种类型的实践活动。其中，教学作为高校的核心职能，也是高校教师的根本职责。因而，教学是高校教师主要的实践活动，是高校教师生命存在的根本方式，是实现与提升高校教师生命价值的主要途径。"教师生命价值主要是在教育教学活动中实现的。学校是教师生命成长的场所，教学是教师生命存在的形式，课堂教学构成教师生命重要组成部分。"[2] 教学的过程就是教师和学生在以教学内容为中介的交互作用中实现师生生命价值拓展、提升与丰富的过程。教师如何对待教学和怎样进行教学，就如何展现自己的生命世界。教学不仅培养学生，也造就教师。教师只有主动把教学作为自身生命化的活动与过程，在教学活动中首先实现生命自觉，才能在教学活动中去激发、唤醒和引领学生的生命价值自觉。"课堂教学应被看作是师生人生中一段生命历程，他们生命的、有意义的构成部分。对学生而言，课堂教学是其学

① 李定仁，徐继存. 教学论研究二十年 [M]. 北京：人民教育出版社. 2001：59-76.
② 李继秀. 教师生命价值及其实现 [J]. 教师教育研究，2006，(5)：40-43.

校生活的最基本构成，它的质量，直接影响学生当下以及以后多方面发展和成长；对于教师而言，课堂教学是其职业的感受、态度与专业水平的发展和生命价值的实现。总之，课堂教学对于参与者具有个体生命价值。"① 对教学的认识与理解关涉到高校教师教学实践与行为以及教学评价，教学不应被简单地理解为知识传播、能力训练、效益增值的途径，而应是一个生命成长与生命价值提升的交互生成的过程。唯有如此，教学才不是外在于高校教师的任务或负担，才能引导与促进高校教师把教学纳入到自身的生命世界之中，把教学内化为高校教师自身的生命成长与价值提升的内在需求。

4.1.3.2 教学动力不足、教学意愿不强

"教学动力是由教学内外部各种相关因素产生的，促使教学主体从事教学活动，推动教学过程周而复始地运行和发展，以实现教学目标的无数分力融汇而成的合力。"② 教学动力主要由教学内外因素共同作用导致，其内在因素主要包括教学认识、教学理想追求、成长需求、教学价值取向、教学认同、教学能力、教学效能感等，它们相互作用共同构成了教学的内在动力；其外在因素主要包括职称晋升、考核评价、薪酬待遇、科研任务、文化氛围、教学反馈、教育培训等，它们相互作用共同构成了教学的外在动力。内在动力与外在动力交互作用就形成了总的教学动力。教学意愿是教学动力的内核，是高校教师教学活动的内在驱动力、发动机与助推器。教学意愿强烈能激发高校教师教学的热情、激情、活力与教学机智，使高校教师以高标准严格要求自己，以坚强的意志克服教学中的困难，做到专注教学、主动探索教学、自觉反思教学与积极改善教学。从调查统计的数据看，不认同从事教学活动是一项充满乐趣的事情的高校教师为346人、占65.78%；对教学缺乏热情的高校教师为345人、占65.59%；不愿意从事教学活动的高校教师为293人、占55.70%。当前我国高校教师教学动力不足、教学意愿不强，高校教师教学活动没有表现出应有的热情、活力与积极性，较大程度上制约了高校教学质量的提高。"高校教师虽然学历学位普遍提高，并或多或少接受了教育教学法培训，但教学意愿性不强，缺乏教学驱动力，这已成为困扰提高教育质量的

---

① 叶澜. 让课堂焕发出生命活力 [J]. 教育研究, 1997, (9): 3-8.

② 李森. 教学动力的本质与特征 [J]. 四川师范大学学报 (社会科学版), 2000, (3): 8-13.

一大瓶颈。"① 教学本是高校教师的根本职责，是高校教师生命成长与生命价值提升的主要途径，也是高校的原初职能，但在现实中却不断被边缘化了。纽曼认为大学的根本目的是通过教学培养人才，"如果大学的目的是为了科学和哲学发现，我不明白为什么大学应该拥有学生"。② 人才培养是大学存在的根本依据、是大学功能的逻辑起点，而提高人才培养质量的基础与根本是做好教学工作与提高教学质量。然而，实际上高校教师的教学职责却被"悬置"了，高校教师对教学关注与重视不够、无心向"教"的高校教师越来越多、教学缺乏热情与活力，学生成为教学质量下滑的"牺牲品"。

4.1.3.3 高校教师教学投入有待进一步加强

高校教师教学投入情况是高校教师教学认识与意愿的体现与结果。当前，我国高校教师教学认识没有同教师的生命成长与生命价值提升有机结合起来，教学动力不足与教学意愿不强，其必将导致高校教师教学投入不足的现象出现。从调查统计的数据看，高校教师教学投入不足主要表现在两个方面：教学态度投入不足和教学时间投入不足。教学态度投入不足体现为高校教师缺乏热情、积极性、主动性和自觉性，本研究主要从教学设计、教学实施、教学成长三个方面的投入进行了考察。做好教学设计是高校教师上好一堂课的前提，是提高教学质量的基本保障。从调查的结果看，高校教师在教学设计方面投入还有相当程度的不足，比如受调查的高校教师认为不是每次课前都要认真进行教学设计的有211人、占总人数的40.11%，每次课前没有花大量的精力用于教学内容更新的教师有323人、占人数的61.41%。这说明有相当的高校教师由于各种原因没有认真对待教学设计，在实际中表现为教学内容陈旧、不能充分地考虑学生的发展需要、兴趣与理解水平，准备不充分的教学怎能取得好的教学效果与较高的教学质量呢？教学实施是把教学理念转化为实际的根本方式，是体现高校教师教学态度的根本途径，也是体现落实教学中心地位的根本维度。如何开展教学实践就如何展示高校教师的生命状态、

---

① 刘振天. 高校教师教学投入的理论、现况及其策略［J］. 中国高教研究，2013，（8）：14 - 19.

② ［英］约翰·亨利·纽曼. 大学的理想［M］. 徐辉等，译. 杭州：浙江教育出版社，2001：1.

就如何生成现实的高校教师生命世界。遗憾的是当前我国高校教师教学实施情况不尽如人意，如受调查的总人数中有48.10%的教师不能灵活地运用教学方法、有23.76%的教师不能自觉地遵循与利用教学规律、有43.35%的教师不能主动平等地同学生开展对话、有43.55%的教师不能自觉应用教育教学理论指导教学实践、有41.06%的教师不能主动将教学研究与反思成果应用于改善教学、有55.70%的教师不能用心指导学生。高校教师教学实施投入的不足不仅伤害了学生的利益，也损害了高校教师自身的成长。教学本是高校教师生命成长与价值提升的主要途径与方式，高校教师教学实施投入不足意味着高校教师生命未能获得充分自由地成长、生命价值未能实现全面地提升。教学成长投入是高校教师实现教学专业发展的基本条件，对实现高校教师个人全面成长具有重要意义。高校教师教学成长投入情况体现了高校教师教学专业发展的内在需求程度与期待水平。从调查结果看，高校教师教学成长投入严重不足，如受调查的总人数中有41.06%教师不能主动谦虚倾听学生的反馈意见、有64.45%的教师不能主动听课观摩学习等，这意味着教学成长并没有成为高校教师的核心使命和根本价值追求，也意味着高校教师的全面和谐发展任重而道远。

高校教师教学时间投入与教学态度投入相互映衬，它更能形象具体地反映高校教师的教学投入情况。衡量高校教师教学时间投入虽然没有一个公认的、权威性的标准，但我们凭借一定的教育经验仍然可以大概了解高校教师教学时间投入程度情况。从调查的结果看，平均每周用于备课、课外辅导答疑学生、用于教学反思、开展教学研究与改善教学的时间投入总体上偏少，高校教师教学时间投入偏少同教学态度投入不积极、不主动具有内在的一致性。通过对平均每周用于教学和科研的时间分配之比的情况调查，我们发现高校教师更愿意把时间投入到科研工作之中，占总人数61.03%的教师投入科研的时间要多于投入教学的时间。教学本是高校的原生职能与中心工作，高校教师却把主要的时间与精力投入到了科研工作上，导致教学与科研的全面失衡。

4.1.3.4 高校教师教学情况是多种因素交互作用的结果

事实上，高校教师教学情况比本研究调查所涉及的内容要复杂得多，是一个深层的、复杂的、动态多变的体系。从已获得的调查结果看，高校教师教学主要受制于内在因素和外在因素共同作用的影响，其中对高校教师教学影响较大的内在因素主要包括教学认识、教学理想追求、成长需求、教学价值取向、教学认同、教学能力、教学效能感等，对高校教师教学影响较大的外在因素主要包括职称晋升、考核评价、薪酬待遇、科研任务、文化氛围、教学反馈、教育培训等。内在因素与外在因素中的各种子因素对高校教师教学具有不同的影响与作用，虽然我们从调查的结果中获得了不同子因素对高校教师教学影响的统计数据，这种统计数据也只是基于某个时间截面调查的结果，这种影响与作用并不是恒定不变的、而是处在动态的变化过程之中。总体而言，内在因素比外在因素对高校教师教学的影响要大些，更具有整体性、长远性与根本性的影响。但是外在因素对高校教师教学的影响更具有直接性与现实性，因而外在因素的作用应同样受到重视。对高校教师教学影响因素的调查为我们进一步探究导致高校教师教学现状的问题及其如何解决问题提供了思路，本研究将在此基础上进一步深入探究。

教学本是高校的中心工作与原生职能，是高校教师的根本职责。但从调查的结果看，实际上教学的中心地位已经发生了"漂移"，逐渐被边缘化了，高校教师教学现状不容乐观、存在着较严重的问题。长期以来一直没有引起应有的重视和获得根本的改善，事实上已经成为制约高校教育教学质量提高与高校教师专业发展的瓶颈。"自洪堡以来形成的大学传统观念认为，追求高深学问是大学的灵魂，是大学教师的精神寄托。高深的思想和渊博的专业知识奠定大学学者的地位，支撑学者的身份认同。而在当今科学主义盛行的大环境下，许多教师认为学者必良师，教学非学术，这种窄化的学术观念严重制约了教师从事教学研究和实践的动力，阻遏了教师研究教学理论和进行教学实践的欲望。……大学教师往往会选择将大量的时间和精力花费在能够使自己获得地位和荣誉的专业研究领域，而非教学方面。无论是观念层面还是实践层面，教学已经被普遍的矮化和边缘化了。"① "重科研、轻教学的评价制度必然导引教师对科研工作趋之若鹜，急功近利地写论文、拿项目，教学

① 闫学军，王雷震，汪晋宽. 高校教师教学反思的阻碍及对策研究 [J]. 国家教育行政学院学报，2014，(2)：73-76.

就被忽视掉了，更别提进行持续、系统的教学反思了。"①由此可见，解决高校教师教学问题已经是迫在眉睫、势在必行，但又任重道远。

4.2　高校教师教学价值自发的内涵

4.2.1　价值自发

本研究中，价值自发是指价值主体未能正确认识与把握对象的本质、规律、价值和没有意识到自身的价值需求，导致在对待对象上表现出的一种盲目、被动、消极、短视、随意的价值行为状态。价值自发的内涵包含以下几层意思：一是价值主体对事物本质、规律、价值、特征等未能进行科学的认识，因而不能把握、遵循与利用事物发展的规律，价值主体的行为受制于事物规律的制约甚至被其所支配与驱使。二是价值主体未能认识到事物或价值对象对主体生命成长与生命价值提升的意义，不能理性认识与把握自身的生命价值需求，在价值追求中注重工具理性、忽视价值理性，注重功利价值、忽视人文价值。三是在价值活动中，其价值意识表现为无知不觉、价值行为表现为盲目、被动、消极等。四是在功能上，不利于价值主体生命的成长和生命价值的创生与超越。

价值自发对人类生活、生产与社会发展产生了深远的影响，它是人们在价值追求过程中开始必然产生的现象，是人们认识世界与改造世界的一种初始状态。但是价值自发不是一成不变的，而是随着价值主体认识水平、价值意识和价值实践能力等的提高而逐渐发展的。因而，科学认识和把握价值自发，对价值主体在价值实践中实现从价值自发到价值自觉的发展具有积极意义。"当然，自觉也有一个自身不断发展、不断提升的历程，从低层次自觉到中等层次自觉再到高层次或全面自觉，也是一个漫长而复杂的过程阶段。……自觉中蕴涵着自发，人们不可能穷尽对事物本质和规律的认识，因而，自发与自觉总是纠缠在一起，无法分割。人们经过努力所达到的结果，只是自觉范围大小、程度高低的问题，而非自发是否存在的问题，自发不可能完全被排

---

① 闫学军，王雷震，汪晋宽.高校教师教学反思的阻碍及对策研究［J］.国家教育行政学院学报，2014，（2）：73-76.

除。因此，在人类的实践活动中，始终存在着不断克服自发性，增强自觉性的任务，尤其要克服崇拜自发性的现象，因为崇拜自发性就是竭力亵渎、贬斥理性，就是拒绝执行正确的理性，悄悄偷运错误的理性，其危害无穷。"①

4.2.2　高校教师教学价值自发

高校教师教学价值自发作为价值自发的一种具体表现形式，它是指高校教师对教学的本质、规律、价值、特征等缺乏科学的认识与理解，未能意识到自身的教学价值需求，导致高校教师不愿投入教学而表现出的盲目、消极、被动、短视的状态。自高校产生起，教学就是高校的中心工作和核心职能，肇始于中世纪的现代大学，无论是学生主导的大学，还是教师主导的大学，甚至是行会大学，无不把教学作为高校的根本职能和中心工作，高校都是通过教学的方式传播知识和培养人才，高校教师把主要的时间、精力投入到教学中，教师以教学为业、以教学为乐，把教学作为一种生命存在、生命成长和生命价值提升的方式。在高等教育发展史上的相当长的历史时期内，关注教学、重视教学、研究教学与改善教学成为高校一种普遍的文化现象，高水平的教学质量使得高校赢得了广泛的社会声誉。自1810年后教学与科研作为高校职能的两翼，到20世纪20年代之前基本上保持了一种平衡关系，教学在高校中仍处于中心地位和根本职能，改善教学和提高教学质量仍被广大高校教师作为自己的根本职责和核心工作。但由于科研具有见效快、社会效益广、易于量化与评价等特点、而教学却具有效果周期长、难以量化与评价等特点，导致国家、社会、高校对科研职能的高度重视和加大了对科研的政策与资金的支持力度。尤其是"二战"又极大地彰显了科研的功能，使得科研以迅猛之势"侵蚀"教学的"领地"，逐渐形成了一种重科研、轻教学的高校文化，科研成为高校事实上的中心地位和核心职能、成为某些高校教师事实上的根本职责和使命。教学在官方文件或"正式宣传"中虽然名义上仍然是高校的中心工作和根本职能，但是实际上已沦落为"边缘化"的地位和高校教师"不想做又不得不做的负担性工作"。一些高校甚至出台和执行了"不出版就解聘""非升即走"的高校教师评价与晋升政策，极大地加大了教学与科研的矛盾与失衡。重科研、轻教学的高校教师评价与晋升机制与文化进一

---

① 熊晓红，王国银. 价值自觉与人的价值 [M]. 北京：人民教育出版社，2007：9.

步加剧了高校教师教学价值自发的现象，导致了教学质量的普遍下降，引起了社会的广泛关注。如何引导和促进高校教师教学由价值自发走向价值自觉，走内涵式发展道路和不断提高教学质量是广大高校面临的现实问题。为此，许多高校做出了不懈努力，如改善办学条件、提高高校教师的教学待遇、提高教学工作在高校教师职称晋升中的权重、重视教学成果与奖励等，虽然在一定程度上提高了教学质量，但并没有从根本上改变高校教师教学价值自发的现象，也没有从根本上解决如何提高教学质量的问题。在新的历史时期，高校教师教学价值自发引发了广泛而深刻的教学危机，理解和把握高校教师教学价值自发成为引导和促进高校教师教学从价值自发走向价值自觉的重要前提。

4.3 高校教师教学价值自发的特征与具体表征形式

4.3.1 高校教师教学价值自发的特征

高校教师教学价值自发使得高校教师教学行为处于一种盲目、消极、被动、随意的状态，引发了广泛的教学价值失范现象。高校教学的本然价值和意义未能获得充分释放与彰显，高校教师的生命价值未能在教学活动中实现充分发展与提升。认清高校教师教学价值自发的特征，对全面深刻理解高校教师教学价值自发和科学规避价值自发具有重要的现实意义。

4.3.1.1 对高校教学本质、规律缺乏科学认识与理解

对事物本质与规律的科学认识是人们认识世界和改造世界的基本前提与条件，也是人作为主体发挥主体性的重要体现。认识事物的本质与规律是一个由低级到高级、由局部到整体、由浅表到深入、由经验到科学的螺旋上升的过程。高校教学有着自身的本质与规律，认识其本质与规律不仅是提高教学质量的需要，也是每个高校教师应拥有的权利与职责。科学认识高校教学的本质与规律并充分遵循其规律是高校教师做好教学工作和提高教学质量的基本要求与前提，也是实现高校教师自身生命成长与生命价值提升的重要条件。高校教师教学价值自发体现了高校教师不能科学、客观、全面地认识与理解高校教学的本质和规律，其教学活动主要是一种经验性行为，往往受传

统教学价值观念、教学经验、教学习惯等的驱使，不能明确地预见自身教学活动的结果与前途。高校教师对教学活动的价值认识不清，盲目地追求某种外在教学价值。高校教学不仅是一个知识传递、能力培养的过程，更是一个主体之间生命交互生成与生命价值提升的生命过程。高校教师如果仅仅把教学视为一个简单的知识传递活动，就简化了高校教学的内在本质，就难以全面客观地遵循高校教学的内在规律，导致高校教师把高校教学视为一种实现其某种外在价值的手段。认识与理解高校教学的本质与规律不是一个自然而然的过程，而是一个需要在认真对待教学的实践中努力探索逐渐明朗的过程。高校教师教学价值自发实质上放弃了重视、关注和探究教学的本质与规律的权利与使命，使教学活动按照"想当然"的方式开展，人为地扩大了高校教师教学价值追求、教学行为同教学本质与规律之间的隔阂，导致高校教师教学活动成为一种低效甚至无效的行为。

4.3.1.2 生命价值意识淡漠

生命价值意识淡漠是高校教师教学价值自发的一个重要特征。价值意识是主体对价值实践活动中的价值内容的觉察、认识和价值事实的反映。按照对价值内容的觉察程度，价值意识可以分为淡漠的、不稳定的价值意识和强烈的、稳定的价值意识。高校教师教学价值意识是高校教师对教学活动中的价值内容的觉察、认识和价值事实的反映。对教学活动的价值内容觉察越清晰则认识越深刻，就越能真实客观全面地反映价值事实，往往就越具有强烈、稳定的价值意识；反之，高校教师教学价值意识就越淡漠、越不稳定。高校教师未能全面、科学、客观地认识教学的本质、规律，以及教学同高校教师生命发展与生命价值提升的内在关系，导致高校教师仅仅把教学视为一个传授知识、提高技能的过程，未能洞察到教学活动背后隐藏的生命价值意蕴。教学作为师生生命存在的方式和实现生命价值提升的主要途径，教学活动就是一个不同主体之间的生命对话、交流、碰撞与交互生成的过程。高校教师在引领和促进学生的生命成长的过程中实现自身生命的成长与生命价值提升。

高校教师生命价值意识淡漠在教学活动中主要表现为：一是把教学视为一个非生命化的过程。教师与学生是独特的生命个体，是教学活动的生命主体，教学活动是师生生命碰撞与交互生成的过程。高校教师生命价值意识淡漠表现为把高校教学仅仅视为或界定为一个"认识过程"或"特殊的认识过程"。这种认识是科学技术迅猛发展和工具理性占据主导地位的一个必然产物，这种教学价值观把主体间的生命对话降格为主客二元对立，过于注重对知识的学习与掌握，却忽视和弱化了教学活动对人生命成长与生命价值提升的深刻理解与价值追求，把高校教学活动所蕴含的丰富复杂的生命价值简化为无生命内涵的知识传递，漠视了教学的生命价值和知识的生命品性。这种对高校教学的认识使教师与学生处于一种主客二元对立的状态，学习与掌握知识成为教学的目的与追求，而师生的生命却成为追求与学习知识的手段，这种教学目的与手段本末倒置的情况不利于高校教师与学生开展平等、开放的生命对话与交流，不利于促进高校教学生命价值的生成，不利于实现教师与学生主体间性的生命价值的体验性、完整性、丰富性的生成与提升。二是非生命化的教学实践。由于把高校教学视为一个非生命化的教学过程，必然导致一种非生命化的教学实践。高校教学并不否认知识的学习和技能的培养，注重知识的学习和技能的培养本是高校教学的重要目标与任务。知识与技能是促进生命成长、提高生命智慧与价值的重要载体，是服务于人的生命成长与生命智慧的。但是忽视知识学习与技能培养背后的生命价值，把仅仅教学当作知识传授与技能培养的单一的活动，把丰富的教学活动异化为知识掌握与技能训练的途径。高校教学就失去了"人"的灵性和生命的灵动，因而高校教学也就漠视了对人生命潜能的开发和生命价值的创造与提升，高校教学就沦落为一种非生命化的实践活动。课堂成为一种知识单向传递的封闭场所，高校教学成为一种知识传递的单向活动。高校教师生命价值意识的淡漠，忽视和遮蔽了高校教学的生命价值，不仅损害了学生的生命成长，也危害了教师自身生命的完善和生命价值的创造与提升。

4.3.1.3 功利色彩浓厚

教学本是高校教师生命存在方式、生命发展与生命价值提升的重要途径，潜心教学与专注教学、自觉改善教学和努力提高教学质量是高校教师内在需求和应然的价值追求。但是高校教师却忽视了教学同高校教师生命发展与生命价值提升之间的内在关系，导致高校教师未把教学视为一种生命价值与意义交互生成的过程，没有激发高校教师生命深处的内在需求，导致教学仅是高校教师满足生存需求的手段或"不想做又不得不做的负担性工作"。高校教师在把教学当成实现自身某种利益或不得不完成的任务的过程中，放逐了教学的生命价值和意义的生成。高校教师教学价值自发使高校教师在教学实践中表现出浓厚的功利色彩。一是重物质利益轻精神追求。教学本身蕴含着丰富的生命价值，对教学主体的生命价值生成和意义世界的建构具有积极意义。但是由于未能认识与理解教学的本质和认同教学的核心价值，某些高校教师把教学仅仅当作一个谋生的手段，把丰富的、复杂的高校教学简化为实现自身物质需求的一种途径。导致高校教学过程见"物"不见"人"，遮蔽了教学对人生命成长与精神世界丰富的作用。驱动高校教师教学的动力不是来源于自身的生命成长与生命价值提升的需求，而是来源于外在物质利益的诱惑。从事教学活动和改善教学难以发自高校教师的内心，对高校教学的投入也难以真心实意。高校教师投入教学的情感、时间、精力与热情更多的是取决于获得物质利益的机会与多寡，导致高校教师对待教学的态度、情感与行为随着教学所能带给高校教师物质利益的变化而发生相应的变化，从而使高校教师对待教学的态度与投入变成一种不稳定、随意性的行为。二是追求个人眼前利益。教学就是教师在引导学生学习的过程中进行生命之间的对话与碰撞，在引领与促进学生掌握知识、形成技能和提升生命智慧与价值的过程中也促使教师自身生命成长与生命价值世界的丰盈。高校教师教学价值自发把教学视为一种实现自身目的的手段，高校教师在教学活动中谋求的是个人眼前的现实利益，导致高校教师在教学中"目中无人"，不能有效地遵循教学规律和学生成长的规律，教学活动成为某些高校教师"我行我素"的行为。事实上，高校教师追求个人眼前利益与价值，易使高校教师的教学活动违背教学的本质与规律和促使高校教师失去教学的责任感与使命感，最终也将损害教师个人生命发展与生命价值的持续健康生成。

4.3.1.4 教学意愿低下

意愿即意向、愿望，它是指人在从事某种活动时由价值追求所引起的意向与行为倾向，是人活动的内驱力。按照意愿的强弱程度，可以分为意愿强烈和意愿低下。意愿强烈表现为想追求事物或活动的价值而主动"发出"从事某种活动的意向与行为的倾向；意愿低下则表现为缺乏价值追求的激励而想避开某一活动或某一事物的意向与行为倾向。"意向乃是我们心灵所固有的能力,它能够自由地做出决断我们的行为,无论是为恶还是为善,并且为此承担应有的责任。"① 由此可见,意愿指向的对象有善恶之分,其行为是人内心自发的活动,人们从事任何活动无不受意愿的影响,意愿对人们参与某种活动具有激励与导向作用。意愿受多种因素的制约,可以分为内在因素和外在因素。人的需要、事业心、责任感等是引发意愿的内在因素,也是决定意愿的根本因素,外在因素主要有各种制度、政策、措施与环境等。教学意愿作为意愿的一种具体表现形式,它是指教师由于对教学工作的价值追求而引起的意向和行为倾向。教学意愿是教师教学活动的内驱力,对教师的教学态度、情感与行为具有决定、激励、导向与规范作用。它既可以引导与促使教师专注教学、潜心教学和全力改善教学,又可能使教师放任教学甚至是抵触教学。因而要积极培养教师的教学意愿,使广大教师具有强烈的教学意愿,引导与促进教师"好之教学""乐之教学"。

教学意愿贯穿于高校教师教学的整个过程,对高校教师的教学态度、情感投入、教学智慧、教学行为等具有重要的影响。"当前缺乏教学意愿的教师越来越少,教学热情越来越低,教学活力越来越小,专注于教学而心无旁骛的教师越来越少,在教学工作中获得快乐和满足越来越少。"② 教学意愿低下是当前教师存在的一个普遍问题,也是教学质量提高的重要制约因素,它是高校教师教学价值自发的一个重要特征。高校教师教学意愿低下主要表现为:一是高校教师对教学缺乏应有的事业心、责任感、工作热情与兴趣,高校教师难以做到全神贯注、心无旁骛地关注与研究教学和自由自觉地进行教学反思、教学改革与教学创造。高校教师对教学缺乏应有的生命需求,极大地抑制了高校教师教学意愿。高校教师教学意愿低下,导致高校教师从事教学活动的内驱动力不足,对为什么要进行教学、教学活动要达到的生命目的与标准、如何进行有效教学和改善教学等没有清晰明确的认识,对克服教学困难与挫折也没有坚强的意志支撑。教学成为高校教师生命成长与生命价值提升

---

① 吴天岳. 意愿与自由 [M]. 北京:北京大学出版社,2010:372.
② 叶逢福,赖勇强. 高校教师教学意愿影响因素及对策探析 [J]. 现代教育论丛,2014,(5):51-56.

之外的一种额外的任务，教学本是高校教师的根本职责，却被高校教师拒之自身的生命世界之外。"教书育人本来是高校最根本的任务，但慢慢被边缘化了。"① 二是投入教学的时间与精力有限。由于受到高校教师评价与考核制度、教师职称晋升机制等的影响，科研成果的数量与层次成为影响高校教师职业发展和待遇的主要因素，"研究工作成为教育行业地位的主要决定因素"②。利益的驱动与高校教师评价制度的导向，导致高校把主要时间与精力用在了科研工作方面，而对教学工作却缺乏热情、不愿意从事教学工作、对待教学工作应付了事。"高校教师无心向'教'的越来越多，专注教学的越来越少。……'讲师不讲，教授不教'将逐渐演变为一种普遍现象，教学质量滑坡的趋势将难以遏制，学生将成为'科研祭坛上的牺牲品'。"③

4.3.1.5 教学主观能动性不强

主观能动性亦称为自觉能动性或能动性，它是人在认识世界与改造世界中作为主体的人作用于对象所表现出来的品性，如计划性、目的性、主动性、积极性、自觉性和创造性等。主观能动性是人作为主体在认识世界与改造世界中主体性的体现与展示，是人生命本质地确证与彰显，是人之为人的本质内涵。"生命是一种能动的、对象性的存在……能动性无疑是人的主体性最重要的内涵和最鲜明的表现。人是既能思想又能行动的存在，思想和行动都体现着人作为主体的能动性。"④ 高校教师作为教学的主体，只有具备较强的主观能动性才能更好地履行教学职责、改善教学和全面彰显自身的教学主体地位。但是，在现实的教学实践中，部分高校教师放逐了自身的教学主体地位，在教学活动与教学改革中表现出消极、被动、盲目和无计划性。高校教师教学主观能动性与自身的教学意愿有着内在的关联，高校教师教学主观能动性不强是教学意愿低下的必然结果。高校教师教学在意愿上表现出"无心向教"，在实践上表现出教学的盲目性、非预见性、消极被动性，教学过程呈现出模板化、程式化，缺乏生命的灵动、鲜活感和创造性等。高校教师教学主

① 周光礼. 高校人才培养模式创新的深层次探索 [J]. 中国高等教育, 2012, (10): 23-25.
② [美] 德里克·博克. 美国高等教育 [M]. 北京: 北京师范大学出版社, 1991: 63.
③ [美] Clark Kerr. 大学的功用 [M]. 陈学飞等, 译. 南昌: 江西教育出版社, 1993: 27.
④ 郭湛. 主体性哲学——人的存在及其意义 [M]. 北京: 中国人民大学出版社, 2010: 29-47.

观能动性不强具体表现为：一是教学的盲目性。认识和科学把握教学的本质、规律、特点和准确把握自身的内在需求是克服教学盲目性的重要条件与前提。高校教师教学价值自发说明高校教师未能认识高校教学的本质、规律、特点和准确把握自身的内在需求，导致高校教师不知为何而教，在教学活动中表现出迷茫、困惑与不知所措。高校教学变成一种无目的性、无计划性、随机性的活动，缺乏应有的价值引领、生命活力与热情。二是非预见性。由于高校教师未能认识、遵循和利用教学规律，教学活动难以体现教学发展的内在逻辑，亦不能科学把握教学发展的必然趋势和对教师自身生命发展的重要价值，导致高校教师往往不能科学地预见教学活动的结果与前途。三是消极被动性。消极被动性是高校教师对待与从事教学表现出来的一种无为、不求进取、缺乏教学热情、消沉应付的一种教学状态与行为，是高校教师作为教学主体的一种消解、是教师教学主体性衰减的一种体现、是高校教师主观能动性不强的一种表现，极其不利于高校教学活动的有效开展和教学质量的提高。高校教学作为一种多元主体之间生命对话、交流与碰撞的生命实践活动，高校教师发挥着引领、唤醒、促进学生生命成长的作用。高校教师应积极主动地扮演好教学活动的引领者、帮助者、促进者的角色，主动作为、积极进取，在引领与促进学生生命成长的过程中主动谋求自身的生命世界的完善与提升。但是，"当代高等教育的一个显著特征就是被动性，强调狭义的工具主义，在大学内部，人们普遍感到士气的低落"①。高校教师把自己作为教学活动的旁观者、局外人，对教学工作缺乏主人翁的态度和热情，在教学活动中处于一种消极被动的状态，严重遏制了自身主观能动性的发挥。

4.3.2 高校教师教学价值自发的具体表现形式

高校教师教学价值自发作为高校教师教学的一种价值"沉睡"状态，它体现了高校教师的教学认识不深、教学意愿不强、教学投入不足与教学行为不积极。高校教师对教学本质的认识不深、教学的生命意识淡漠、教学意愿不强、教学的功利色彩浓厚、教学主体性不强等高校教师教学价值自发的特征必将通过具体的教学活动展现出来。认识高校教师教学价值自发的具体表

---

① ［英］史密斯，韦伯斯特. 后现代大学的来临？［M］. 侯定凯，译. 北京：北京大学出版社，2014：6.

现形式是进一步理解与把握高校教师价值自发的主要途径，也是为引导与促进高校教师减少或规避教学价值自发，不断提高教学价值自觉水平的重要条件。

4.3.2.1 教学目标的片面化

教学目标是教育目的的具体化，简单地说就是教学活动结束后预想达到的要求与结果，是教学活动的出发点和归宿，对教学活动具有导向、激励、评价和促进作用。高校教师对教学目标的认识与理解将影响具体的教学行为。而制定教学目标受制于对人的理解，高校教师如何理解人必将影响教学目标的设定。人是实践的生命存在，人在实践中不断展示与生成人之为人的特性。人的生命具有完整性、实践性、生成性、超越性等特征，教学作为一种教学主体的生命实践活动，是教学主体生命不断丰富与生命价值不断提升的过程，是教学主体构建与生成完整生命世界的主要途径。教学目标应立足于人的生命完整地、主动地成长，利于构建人的完整的、有价值的生命世界。在现实的教学实践中，高校教师的教学目标更多的是关注学科专业知识的传授与技能的提升，对学生的情感、价值观、意志、生命智慧等方面的关注没有引起足够的重视。"今天，我们却不问怎样使一个孩子成为一个完善的人，而是问我们应当教他什么技术，使他成为只关心生产物质财富的世界中的一颗光滑耐用的齿轮牙。"① "长期以来的教育实践显示，漠视生命存在、践踏生命尊严、贬低生命的价值甚至残酷的戕害生命之现象已成为一种普遍的客观存在，个体的生命价值在社会群体的生活背景下被忽视、遮蔽、遗忘甚至是主观意志的任意抹杀与整体否定是人类社会的悲哀，也是教育的悲哀。"② "在这种功利化取向下的教育教学，教师只关注于把学生培养掌握一定知识和技能的载体，而人的生命的成长、生命的激情、生命的创造性和生命的尊严在这种功利主义价值目标中荡然无存。"③ 片面的教学目标必将导致片面的教学活动

---

① ［英］伊丽莎白·劳伦斯. 现代教育的起源和发展［M］. 纪晓林，译. 北京：北京语言学院出版社，1992：90.

② 王健. 关怀生命：教育的本真追求［J］. 集美大学学报（教育科学版），2012，（1）：51-55.

③ 杨君，贾炜茵. 课堂教学生命价值缺失的表现及原因发现［J］. 内江师范学院学报，2014，（7）：105-108.

与教学行为培养的是片面的人。在教学实际中，教学目标偏重的是知识的掌握、技能的形成，有的甚至按照市场的实际需求确定教学目标。把掌握知识与培养技能作为教学目标本无可厚非，但是如果仅仅把教学目标局限在知识、能力目标的达成方面，学生就会沦为"知识的容器"或"掌握某种职业技能的机器"，忽视了学生获得自身生命存在的意义感、生命的感受与体验，难以满足与实现学生作为完整的人的发展。学生作为现实的人，追求与实现自身的全面发展是其内在的需要，片面的教学目标违背人之为人的本质。"人以一种全面的方式，也就是说，作为一个完整的人，占有自己的全面的本质。"[1]"所谓人的全面发展则是指人的成为全面关系的占有者，成为全面需要和全面创造力的主体。"[2] 片面的教学目标使高校教师难以为学生需要、能力、社会关系、人性自由的全面发展创造有利的条件，学生难以发展成为整体性的人、全面自由的人。当前，在教育实践中兴起并产生了广泛影响的生命教育理论与实践就是对教学目标片面化的一种纠正与超越。因此，高校教师必须树立全面的教学目标观，从单一的知识、能力目标发展到人的全面发展的目标，从学生发展的单一目标到师生共同成长的多维目标转变。唯有如此，高校教师才能把教学作为实现教学主体全面发展的载体与途径，也才能使自己全身心地投入教学工作，使自己感受到教学工作的意义、体验教学过程的乐趣、理解生命的价值。

4.3.2.2 教学主体性的弱化

教学内容是高校教师教学的重要载体，是人才培养的重要媒介，是连通教师与学生的媒体。选择什么样内容作为教学内容不仅影响教学效果与教学质量，也在一定程度上体现了高校教师内在的价值标准。在互联化、信息化和科学技术日新月异的新时代，知识呈"爆炸式"增长，单一依靠教材中的内容作为教学内容已经越来越难以满足学生对新知识的渴求。高校教师在教学中只有不断地把最新的研究成果与前沿的新知识吸收到教学内容中，才能不断满足社会发展对人才培养的需求。因而，高校教师教学内容不是一成不变的，而是需要随着学生、教学目标、社会发展需求等变化不断进行调整与

---

① 马克思.1844 年经济学哲学手稿 [M]. 北京：人民出版社，2000：85.
② 车玉玲. 总体性与人的存在 [M]. 哈尔滨：黑龙江人民出版社，2001：22.

及时更新。教学内容的及时更新要求高校教师不断了解学生的实际需要与学情、对前沿的学科专业知识动态适时掌握和开展科学研究以形成新的研究成果等，这就需要高校教师投入必要的时间、精力、主观能动性以及具备高度的教学责任感、使命感与奉献精神等。本研究的"高校教师教学现状"调查结果呈现：教学设计是否要充分考虑学生的发展需要与兴趣，符合的为383人、占72.81%，不确定的为29人、占5.51%，不符合的为114人、占21.67%；是否每次课前花大量的精力用于教学内容的更新，符合的为166人、占31.56%，不确定的为37人、占7.03%，不符合的为323人、占61.41%。由此可以看出，有不少的高校教师选择教学内容没有充分考虑学生的发展需要与兴趣，有相当数量的高校教师没有认真及时更新教学内容，在实际的教学中，甚至有的高校教师在相当长的时间里重复使用相同的教学内容。据笔者利用中期教学检查的工作机会多次查看多位高校教师教案与PPT，以及在日常生活中和多位高校教师开展关于"多久修改或补充教案或PPT"的对话中得到一个令人深思的结果：有的高校教师多年未修改、补充与更新教案和PPT，甚至某些高校教师工作十余年了还用着第一次上课时制作的教案和PPT。正如有的人调侃的那样："我大学毕业已经好些年了，再去听以前大学老师的课却发现教学内容、甚至教学案例与课堂中讲的笑话都是和以前一样的。"高校教师教学不是简单地重复，不是第一次教学内容在以后的职业生涯中的简单再现，而是一种具有创造性的、充满生命活动的过程与实践。教学内容是体现高校教学创造性的重要维度，应须不断地修改、补充、完善与更新。唯有如此，才能体现教学内容的创新性与适应性。学生发生变化了、时代对人才要求发生变化了、教学环境与条件发生变化了，教学内容也应要根据新的对象、要求与环境适时地进行调整、修改、补充与完善。"一次备课使用一生的教学"的时代已经一去不复还了，更何况高校作为知识与信息的聚集地和创新高地，作为培养创新型人才的重要场所，高校教师教学内容就更不能封闭自守、静态凝固。这就要求高校教师要自觉主动、积极作为地对待教学内容，应根据学生实际、时代发展、教学环境等因素对教学内容进行筛选、及时更新与完善，使教学内容体现最新研究成果、反映时代发展要求与满足学生发展的实际需要，使教学内容真正成为引导与促进学生生命全面发展的载体。

4.3.2.3 教学方法的独白化

教学方法是教学方法论的具体化，是教学主体为了达成教学目标与完成教学任务，在教学活动中使用的方式、手段、措施的总称。教学方法是为教学目标和人的发展需要服务的，因而利于教学目标的达成和教学主体的发展的教学方法都是好的方法。正所谓教无定法、贵在得法。选择与灵活运用恰当的教学方法对实现教学目标与促进教学主体的成长具有积极作用。选择与灵活运用合适的教学方法是有条件的：一是要充分考虑教学目标、教学任务；二是要充分考虑学生的生活经历、知识结构、兴趣、个性特征等；三是要充分考虑教学条件与教学环境；四是要充分考虑教师自身应用教学方法的素养与能力。因而，教学方法的选择与运用并不是一个孤立的因素，它涉及教学系统的方方面面。这就意味着高校教师选择与灵活运用合适的教学方法就需要积极主动地、认真系统地考虑与权衡教学目标、教学任务、学生、教学条件与自身素质等方面的要求与特征。这实际上是一个需要高校教师付出大量时间、精力投入的艰辛过程。这种艰辛的过程需要高校教师具有浓厚的生命情怀、高度的教学责任感、较高的教学意愿和主观能动性的支撑才能有效维系。这是高校教师教学价值自觉的结果与确证，是高校教师教学价值自觉的具体表征。然而，由受到各种内外因素的影响，高校教师在选择与运用教学方法时却表现出价值自发的特性，高校教师没有投入应有的时间与精力选择与运用教学方法。本研究的"高校教师教学现状"调查结果呈现：教学过程中注重教学方法的灵活运用与创新，符合的为 214 人、占 40.68%，不确定为 59 人、占 10.65%，不符合的为 253 人、占 48.10%。接近一半的高校教师没有投入应有的时间与精力认真选择和应用教学方法。丰富多彩的教学过程被高校教师机械单一的教学方法异化为高校教师独白的过程。高校教师教学的独白割裂了教师与学生的生命交流与对话，使教学过程失去了生命的活力与灵动，教学演变成教师单向传授、学生被动接受的"知识搬运"过程。教学方法的独白化使高校教师僵化地按照教学预设实施教学活动，将自己认为重要的知识灌输给学生，这必将无视学生的生活经验、学习兴趣、已有的知识结构、个性差异与发展需要等，也不会考虑学生的主动性、创造性。高校教师处于一种控制、高高在上的状态，而学生处于一种被动的、压迫的接受状态。教学方法的独白化使灵动的课堂教学失去了生命的活力，学生的生命成长与生命价值提升不再是教学首要考虑的问题，它忽视学生的需要与差异而强制性地把知识灌输给学生。独白化的教学方法最大的特点就是灌输，"灌输作为一种僵化的、奴化的教育手段，其核心是强制和服从而不是开放、创造和自主，因此它是一种无视学生主体、无视人的生命的教育手段"①。教学方法的独白化实际上不仅忽视了学生的生命成长，还放逐了教师自身的生命价值世界。教学活动不是一个生命引领生命、生命成全生命、生命润泽生命的过程，而是一个僵化的、单向的、封闭的"知识搬运"过程。在这种"知识搬运"的过程中无视教师与学生的生命成长与生命价值提升，生命的光辉被压制在高校教师单向传授知识的过程之中。

4.3.2.4　教学主体的主体化

人是教育的出发点、人的生命是教育的原点，教学作为教学主体生命存在的基本方式、作为教学主体生命成长与生命价值提升的主要途径。教学主体的生命是教学活动的逻辑起点，教学主体的生命成长与生命价值提升理应是教学的根本价值追求与最终归宿。高校教师与学生作为具体的教学主体，是人在教学活动中具体的生命存在。作为教学场域中具体的生命存在，教师与学生在生命本质上总是追求生命更有意义、更有尊严，更全面、更自由自主地和谐发展。作为教学主体存在的生命个体具有内在的生命成长需要、成长意志、反思意识、成长能力与积极向上进取的精神。教学不仅仅是教师与学生生命的存活，还要在教学活动中实现自身生命的超越，提升生命的质量与价值。长期以来，由于功利主义、技术理性、社会本位观念等因素的影响，高校教师对教学的理解存在着较大的误区，导致高校教师教学操作过程中存在较大的偏差与失误，给教师与学生主体的生命世界带来了较大的冲击与消极影响。具体表现为：一是忽视学生的生命世界。学生是具有鲜明个性特征、复杂生命需求与生命活力的教学主体，只有充分尊重学生生命和遵循学生生命发展规律与特征才能更好地引导与促进学生生命成长。但在教学实践中，学生的主体地位和生命特征与需求未能得到真正的尊重。由于传统教学本质

---

① 于蔚华. 富有生命活力的课堂教学样态探究 [D]. 吉林：东北师范大学，2009：5.

观和主客二元的思维方式等的影响，学生在教学过程中被视为一个缺乏生命元素的客体，在教学过程中学生被当作接受知识的"容器"。学生的主体性在高校教师的控制与支配下未能获得彰显与发展，学生参与教学活动显得被动、消极、盲目，学生的兴趣、需要、个性、主观能动性等受到极大的压制。

二是忽视高校教师生命价值的提升。高校教师在教学活动中忽视学生主体性与生命价值世界的同时，也放逐了自身的主体性和忽视了自身的生命价值世界。教学目标的片面化、教学内容的静态化、教学方法的独白化等致使高校教师与学生之间处于一种割裂的状态，教师与学生是一种不平等不民主的关系，不能实现生命与生命的碰撞、心灵与心灵的沟通，高校教师教学难以达到既"育人"又"育己"的功效。高校教师的教学活动如果仅仅是由于生存的需要或者高校教师角色外在要求才投入教学活动中，高校教师教学的积极性、主动性、创造性等是难以激发出来和获得充分发展的，更难以彰显与实现高校教师自身的生命价值。本研究的"高校教师教学现状"调查结果呈现：主动谦虚倾听学生的反馈意见，不符合的为216人、占41.06%；经常主动和同事讨论教学工作，不符合的为371人、占70.53%；积极进行教学研究，不符合的为186人、占35.36%；经常自觉进行教学反思，不符合的为290人、占55.13%；主动听课观摩学习，不符合的为339人、占64.45%；主动学习教育教学理论知识，不符合的为241人、占45.82%；遇到教学问题时主动寻求他人的帮助，不符合的为332人、占63.12%。调查的数据显示高校教师教学成长的积极性、主动性、自觉性不高，投入总体不足。一个高校教师如果对自身教学成长与生命价值都没有引起足够的关注、重视与投入，如何能引导与促进学生生命成长与生命价值提升呢？"19世纪的问题是上帝死了，20世纪的问题是人死了。"① 如果说"'上帝死了'是指人的精神信仰失落，而"人死了"是指人的生命精神失落。21世纪，人的生命精神并没有走出失落的阴影，反而，这种趋势愈演愈烈。这种状况引发人们深入思考教育的生命价值究竟在哪里，如何回归教育的生命价值。"② 应该说教师只有摆脱"工具"角色，摆脱急功近利的短期的教育行为，献身于"真正的教

---

① ［美］利希·弗洛姆.健全的社会［M］.欧阳谦，译.贵阳：贵州人民出版社，1994：291.
② 周家荣.论生存教育对生命价值的回归［J］.职业技术教育，2009，(19)：14-17.

育"——人的教育、教人，才是体现教育的本真，才能真正实现自己生命的内外价值。① 高校教学要回归生命价值与实现教学主体的生命价值，唯有尊重教学主体的主体地位和充分发挥教学主体的主体性才能在教学活动中取得实效。

4.3.2.5　教学地位的边缘化

高校在长期的发展过程中形成的人才培养、科学研究、社会服务三大功能，其中人才培养是高校的根基与原生功能，是高校区别于其他社会组织机构的根本依据。教学是实现人才培养的根本途径和核心所在，是高校的中心工作和高校教师的根本职责。关注教学、重视教学和积极主动改善教学与提高教学质量是高校教师的根本职责与使命。在相当长的时间里，教学一直是高校的中心工作和核心职能，高校教师最根本、最主要的任务就是做好教学工作，提高人才培养质量。1810 年，德国教育家威廉·洪堡将科学研究引进了大学，并迅速使科学研究成为大学又一重要职能。教学与科研的天平在长达 100 年的时间里基本上保持了一种相对平衡关系。这种平衡关系直到 20 世纪 20 年代后才被逐渐打破，科研以其见效快、社会影响大、回报直接迅速、易衡量与评价等特点快速取得了"显赫的身份与地位"。"二战"又证实和彰显了科研的社会作用，极大推动了科研对教学的"攻城略地"。"二战"后，欧美许多国家与高校在政策与资金上对科研给予了大力扶持，进一步加剧了科研与教学的失衡。高校教学地位的式微与边缘化不可避免地导致教学质量的下滑，人才培养质量越来越难以满足社会发展的需要。教学成为某些高校教师不想做但又不得不完成的任务或额外的负担。虽然我们仍能经常在高校办学的文件、政策与口号中见到或听到"教学是高校的中心工作"的表达，也有大多数的高校教师承认教学是高校的中心工作与高校教师的根本职责。从本研究的"高校教师教学现状"调查结果呈现：是否认同教学是大学的中心工作的教师，认同的为 521 人、占 99.05%，不确定的为 2 人、占 0.38%，不认同的为 3 人、占 0.57%；是否认同教学是大学教师的根本职责，认同的为 315 人、占 59.89%，不确定的为 35 人 6.65%，不认同的为 176 人、占

---

① 李继秀．教师生命价值及其实现［J］．教师教育研究，2006（5）：40-43．

33.46%。可以看出，在观念层面高校教师并不否认教学是高校的中心工作和教学是高校教师的根本职责。但遗憾的是不少高校教师并没有把教学内化为自身的生命世界之中，未能把教学作为自身生命成长与生命价值提升的根本途径。高校教师把主要的时间、精力用在科研上，重科研、轻教学成为一种普遍的现象。这意味着某些高校教师放逐了作为高校教师根本职责的教学，而屈从于外在现实利益的角逐。从前文的调查统计数据看，超过一半（61.03%）的高校教师把时间、精力主要用于科研工作，教学的中心地位越来越难以落实到高校教师的教学活动中，教学在实践中的边缘化逐渐成为一个"难以言说"的事实现象。

4.3.2.6 教学评价的形式化

教学评价是高校教学工作的重要一环，是反馈教学信息与改善教学的重要途径与方式。教学评价的目的是为了全面真实地反映教学问题、总结经验、反馈教学信息、引导与促进教师反思和改善教学，从而提高教师教学水平与能力、促进教师专业发展和提高教学质量。教学评价是手段而不是目的，教学评价是途径而不是结果。提高教学评价质量需要高校教师高度重视教学评价工作，认真谦虚地对待教学评价、积极主动地参与教学评价，自觉反思和推进教学改善，科学合理运用好教学评价努力提高高校教师自身的教学水平和提高教学质量。然而，当前高校教师教学评价并未能真正落实到位，教学评价的功能未能真正全面发挥出来，存在教学评价形式化的问题。主要表现为：一是教学评价态度不端正。教学评价是教学工作的重要组成部分，对提高教学质量与实现高校教师教学专业发展具有举足轻重的作用。高校教师对待教学评价的态度体现了高校教师对待教学工作的态度。某些高校教师未能全面地认识到教学评价对提高教学质量与实现高校教师自身专业发展的重要作用与意义，认为教学评价占用了教师的时间、精力，影响了正常的教学、把教学评价视为可有可无的教学环节。有的高校教师认为教学评价是教学管理人员或学生或专家的事情，和自己没有关系，对教学评价产生抵触情绪，在评价中不能主体谦虚倾听学生、教师的反馈意见，存在着教学评价的随意性、消极性、甚至弄虚作假的问题。教学评价成了为了评价而进行评价的"无奈环节"，殊不知教学评价的根本目的是为了改进教学、是为了改善教学服务。由此可见，消除高校教师对教学评价的误解和排斥情绪、端正教学评价的态度、激发教学评价的动力与增强教学评价的意愿与积极性，是提高高校教师教学评价质量的前提与基础。二是教学评价落实不到位、应用教学评价结果改善教学不力。教学评价同高校教师必须完成的教学工作量有着根本的区别，它更多是出于高校教师自愿自觉的一种行为。虽然高校逐渐推行网上评教活动，但是怎样对待教学评价主要还是取决于高校教师。由于高校教师对教学评价缺乏理性认识、正确的态度与内在的动力，不少高校教师并没有真正践行教学评价或者没有认真、自觉地对待教学评价，使教学评价流于一种形式。教学评价不是简单地对教学下"好或不好"的结论，而是对教学目标、过程、结果、影响因素等进行系统客观的科学分析，发现问题、分析与解决问题，总结经验，通过及时反馈与应用教学评价结果不断改善教学。教学评价不是"打打分""下下结论"等行为，这并不是真正意义上的教学评价，没有发挥教学评价的作用。教学评价不仅是理论的，更是实践的；它注重的不是结论本身，而是强调对评价结论的科学应用和教学的改善。如果教学评价只停留在评价结论阶段而没有应用教学评价结果主动自觉地改善教学，事实上这并不是一个完整意义上的评价。

⌐5 高校教师教学价值自觉缺失的审视

　　教学作为高校教师生命存在的方式和生命成长与生命价值提升的重要途径，高校教师在教学活动中的生命成长并不是一个自然而然的结果，而是作为生命意义主体的高校教师对主体生命价值的一种有意识的、自由自觉的行为或活动。"教师对主体意义的追寻才是一种有意识的自觉的行为。"① 高校教师教学价值自觉既是高校教师生命价值追求的一种境界，也是高校教师实现生命意义与提升生命价值品质的动态生成过程，是一种萨特所言的"自由选择"的内在发展。然而，在现实的教学活动中不少高校教师存在着积极性不强、主动性不高、生命意识淡漠、教学盲目性和随意性的现象，甚至有的高校教师把教学视为不得不完成的一种额外负担。高校教师教学价值自觉的缺失导致高校教师教学长期处于一种被动应付的状态，成为制约提高教学质量的关键瓶颈。高校教师教学价值自觉的程度是受多种因素共同作用的结果，我们在分析制约高校教师教学价值因素的时候应当秉持一种整体性的视野，而不是仅仅局限在某个方面。任何事物的存在与发展都是内外因交互作用的结果，其中内在因素在影响事物存在与发展方面更具有根本性、整体性、长远性、主导性的作用。高校教师教学价值自觉状况也是内外因素共同作用的结果，其中：内在因素主要包括教学认识、教学理想追求、成长需求、教学价值取向、教学认同、教学能力、教学效能感等因素；外在制约因素主要包括职称晋升机制、考核评价机制、薪酬待遇、科研任务、文化氛围等。其中内在因素对高校教师教学价值自觉的影响更具有根本性，但并不能否定外在因素对高校教师教学价值自觉影响的直接性、现实性、重要性等。基于研究

---

　　① 魏巍，陈旭远，高亚杰．论我国高校教师专业发展"自为"的缺失与建立［J］．国家教育行政学院学报，2011，（2）：17－20．

的需要，本研究着重分析影响高校教师教学价值自觉的内在因素。

5.1 认识上的偏颇

认识与实践具有相辅相成的作用，认识往往对人的实践具有范导与规约作用，而实践有利于深化与扩展人的认识。高校教师的教学实践无不受到高校教师认识的影响，因而，高校教师的有关教学认识、教师角色认识等无不对高校教师自身的教学实践产生重要的、直接的影响。探究高校教师对教学本质、教师角色等方面认识上偏颇是理解高校教师教学价值自觉缺失的重要维度。

5.1.1 教学本质及其价值认识有待进一步深化

雅斯贝尔斯指出："所谓教育，不过是人对人的主体间的灵肉交流活动，教育活动关注的是人的潜力如何最大限度地调动起来并加以实现，以及人的内部灵性与可能性如何充分生成，教育是人的灵魂的教育，而非理智知识和认知的堆积。"[①]教学作为教育活动的主渠道和实现教育目的的根本途径，高校教师如何理解教学活动，将直接影响高校教师的教学活动与教学行为。教学作为高校教师生命存在的方式、作为高校教师生命成长与价值提升的根本途径，教学本质上是高校教师与学生的一种对话、交流与碰撞的生命活动。高校教师与学生在教学活动过程中通过生命的交互作用实现生命成长与生命价值提升。教学不再仅仅是高校教师引导与促进学生单纯掌握知识、技能的过程，也是教学主体彰显、生成、提升生命世界的舞台。一个尊重、珍视教学生命价值的高校教师，是利于把教学作为一种生命境界加以追求，并在教学活动中自觉实现自身生命价值与意义。反之，一个未能科学准确理解教学的生命价值的深层内涵的高校教师，易于在教学活动中忽视甚至鄙弃教学对高校教师自身的生命意义，导致教学处于一种随意、盲目、自发的状态。

教学是什么？自从人类有了教育教学活动，人们就没有停止过对教学的探讨，到目前为止，有关对教学本质的认识与理解众说纷纭。对教学认识与

---

① ［德］雅斯贝尔斯. 什么是教育［M］. 邹进，译. 北京：生活·读书·新知三联书店，1991：75.

理解的多样性使教学活动呈现出复杂多样的面貌。长期以来，不少高校教师对教学的理解往往局限在认识论或知识论的范畴，把教学活动视为一种特殊的认识过程。它把丰富复杂、灵动活泼、变动不居的教学简化为学生掌握人类现有文化科学知识与基本技能的特殊认识过程。知识的掌握和技能的形成成为教学的根本目的与任务，知识的传授就成为高校教师的根本使命，必将导致高校教学是以知识为中心而不是以人为中心，活生生的、具体的人成为手段而知识却成为目的，人沦为知识的奴仆。"无人"的教学理解，把灵动多彩、复杂、具体的生命从教学中抽离出来，教师与学生的生命在教学活动中得不到碰撞、彰显和充分发挥与提升，将本来具有丰富生命意蕴的教学活动变成非人性化、程式化，使教学变得沉闷乏味、机械封闭，缺乏生机与乐趣。"教育的本质是直面人的生命、通过人的生命、为了人的生命质量的提高而进行的社会活动。"① 教学作为高校教师与学生具体的生命活动，高校教师与学生的生命成长与生命价值提升是教学的根本目的与灵魂，教学活动就是一个充满生命情怀的活动，它不仅需要高校教师引导与促进学生的生命成长，也需要高校教师关注与实现自身生命的存在、生命价值的生成与完善。事实上，教学并不否定知识的传授以及知识在人的生命成长中的重要作用，而是要赋予知识的生命意义和生命对知识的统领作用。"一所高校的理想与其说是知识不如说是力量……在古代的学园里，哲学家们渴望传授智慧，而在今天的高校里，我们卑微的目的却是传授各种科目。"② "教学活动作为一种人为的、为人的生命活动，对于不同主体有着不同的价值。然而，教学目的被窄化为实现有用或实用的教学。"③ 对教学认识与理解的局限性，使教学成为一个教师传授知识、学生接受知识的单向传递知识的过程，复杂的师生关系被窄化为知识的传播者与知识的存储者的关系，教学注重的是外在的价值、忽视的是内在的价值，注重的是浅层的价值、忽视的是深层的价值。教学认识的肤浅化导致高校教师教学活动的浅层性，高校教师难以在教学活动中体验到教

---

① 叶澜. 教育理论与学校实践 [M]. 北京：高等教育出版社，2000：136.

② [英] 怀特海. 教育的目的 [M]. 徐汝舟，译. 北京：生活·读书·新知三联书店，2002：67.

③ 宋洁绚. "自觉"与"自决"：原理性课程教学应有之义 [J] 教育研究与实验，2015（3）：54－57.

学的生命尊严与生命价值，以及难以享受到探索教学的乐趣、自信与成就感。教学成为外在于高校教师生命世界的一种知识传授活动，生命的灵性与创造性在机械、僵化地知识传递过程中被彻底地泯灭。高校教师失去了育人先育己、成人先成己的内在动力，在简单重复的知识传递过程中难以激发与培养高校教师生命的创造性、批判性与超越性特质。

对教学认识的浅层化，使具有生命意蕴的教学异变为一种纯粹知识化的非生命化活动，导致高校教师在完成知识任务的遮蔽下失去了自身生命成长的机会与丧失了生命成长的内在动机。把教学认识局限在知识、技能层面，一个显著的弊端是导致高校教师教学实践中知识与自身生命的剥离，给高校教师带来最直接、最现实的影响就是难以持续地调动高校教师教学的积极性、主动性和能动性，使高校教师在传播知识的过程中失去了追求自身生命成长的强烈意愿与内在生命动力，使教学成为高校教师生命成长之外的任务。

5.1.2 传统价值观的消极影响

所谓传统价值观是指人们在长期的生活过程中形成的并对现代生活产生重要影响的价值观念。受中国传统文化以及高校文化的影响，高校教师的教学活动在较大程度上受到传统价值观的制约，高校教师教学的态度、价值取向与行为等展示了传统价值观的深刻烙印。

5.1.2.1 传统教学价值观重"育人"轻"育己"

我国传统文化历来重视个人对社会的责任、义务与奉献，体现的是一种社会本位价值取向，它注重的是"大我"观念的培养，但对个体具体的"小我"却没有引起应有的重视。注重对"大我"意识的培养并没有错，它利于个体对社会承担责任与积极奉献。但是这种传统价值观念在实际的生活中往往容易被曲解而走向极端，即在"大我"的旗帜下极易掩盖"小我"的正常需求。这种传统价值观对高校教师教学产生了深远的影响，在我国教育史上十分注重培养"大写的教师"，把教师比喻成"蜡烛""春蚕""人梯"等，体现了教师职业的奉献精神。但是在"大写教师"旗帜下赋予教师"蜡烛""春蚕""人梯"等神圣的称号，过分注重教师的无私奉献、甘于牺牲、不求回报的精神，却对具体的、现实的、活生生的"小写的教师"的生存与发展关注不够。殊不知，教师首先是一个普通人，而不是什么"圣人"，有着正常人的七情六欲和自身复杂多样的需求。作为具体的、活生生的生命个体的教师，有着生命成长与生命价值提升的需要、有着不满足现状与超越现实的动力与价值追求。传统教学价值观倡导"大写的高校教师"，这种倡导高校教师默默奉献、甘于牺牲的价值观念本无可厚非，"蜡烛"与春蚕"照亮学生、燃烧自己，成全学生、牺牲自我的精神诚然可贵。这种建立在忽视高校教师自身生命价值基础上的传统教学价值观，掩盖着高校教师正常的生命体验、内在生命需求与自我生命价值的实现，忽视"小写的高校教师"隐含着人性的悲凉与高校教师教学的宿命。重"育人"、轻"育己"的传统教学价值观忽视高校教师作为教学主体在教学活动中的生命价值需求，遮蔽了教学对高校教师生命成长与生命价值提升的现实意义，扼杀了高校教师在教学活动中的生命创造性、阻遏了高校教师在教学活动中的生命超越性，从而不可避免地导致高校教师教学价值自觉的缺失。"假如把牺牲行为看成只是对别人有意义而对自己毫无意义的行为，这恰恰意味着自己只不过是一件工具而不是一个显示着人的价值的人，如果一个人自身是无价值的，那么他所做的牺牲也就成为无道德价值的贡献。"①

　　重"育人"、轻"育己"，重"大写的高校教师"、轻"小写的高校教师"，重高校教师"无私奉献"、轻高校教师"生命成长与生命价值实现"的传统教学价值观背后隐藏的是对教学与教师职业认识与理解的偏颇甚至是曲解，未能认识到"师生在共同的生活世界中教学相长，教师在帮助学生的成长中实现自身发展"②。事实上，教师成长与学生成长并不是一个相互对立的矛盾，而是一个相辅相成的互动依存关系。教学并不是一个高校教师牺牲自己成全学生的单向价值活动，而是高校教师与学生在交互生成中实现共同成长的过程。高校教师要想实现较好的"育人"效果，首先就应当主动积极地"育己"、实现自身的充分自由地成长。"没有教师生命质量的提升，就很难有高的教育质量；没有教师精神的解放，就很难有学生精神的解放；没有教师的主动发展，就很难有学生的主动发展……"③ 高校教师的发展首先要获得自身生命存在的价值感与意义感，才能从根本上激发高校教师教学的生命激

① 赵汀阳. 论可能生活［M］. 北京：生活·读书·新知三联书店，1994：97.
② 王长纯. 教师专业发展：对教师的重新发现［J］. 教育研究，2001，(1)：45－48.
③ 叶澜. 教师角色与教师发展新探［M］. 北京：教育科学出版社，2001：10.

情和培养高校教师的教学情感，为高校教师积极主动投入教学提供一种内发性动力。如果注重从社会本位价值的需求出发，仅仅强调高校教师教学的"育人"价值而忽视"育己"价值，高校教学工作就没有同教师自身的生命价值世界建立相互融通的内在联系，高校教师就难以发自内心、全身心、主动积极地投入教学与自觉改善教学，更难以实现同学生心灵的碰撞与交流，从而导致在教学现实中放逐了自身生命价值的生成与超越。

重"育人"、轻"育己"的传统教学价值观导致高校教师在关注、重视与培育学生生命价值的过程中却忽视和忘却了对自身生命价值世界的关照，高校教师在传授知识与实现学生生命成长的探寻途中却忘却了自身生命存在的价值与意义，更不懂得如何丰富与建构自身的生命价值世界。我们过于关注高校教师传授什么和怎样传授，前者注重的是高校教师学科专业知识、后者关注的是高校教师的教育教学理论以及教学技能技巧，事实上两者都忽视了高校教师自身生命存在与发展价值，是一种以牺牲高校教师生命价值为代价的教学价值观。这种教学价值观必将导致教学活动对高校教师人性光辉的泯没，我们又何谈对高校教师进行必要的生命关怀呢？一位缺乏生命存在感、生命价值感的高校教师又怎能去唤醒、引领、激发学生的生命世界呢？"课堂教学应被看作是师生人生中一段重要的生命历程，是他们生命的有意义的构成部分。……对于教师而言，课堂教学是其职业生活的最基本的构成部分，它直接影响教师对职业的感受、态度和专业水平的发展、生命质量的体现。"[①] 教学作为师生生命共同成长的舞台与途径，不能仅把视线仅仅局限在学生身上，只重视学生生命价值而忽视教师的生命价值，它应既有利于学生生命成长与生命价值提升，又利于实现高校教师自身生命价值世界的丰富与充实。高校教学作为一项引领生命成长与体现生命情怀的高尚事业，人的生命成长与生命价值提升理应成为高校教学的原点和根本价值追求，它既包括学生的生命成长与生命价值提升，又包括高校教师的生命成长与生命价值提升。需要明确的是高校教师生命成长与生命价值提升是学生生命成长与生命价值提升的前提与条件，没有教师的全面的、主动的生命成长就难以有学生

---

① 叶澜. 让课堂焕发出生命活力——论中小学教学改革的深化［J］. 教育研究，1997（9）：3 —8.

生命的全面、主动发展。因而，高校教师应学会关怀自身的生命，把教学纳入到自身的生命世界之中，自觉把不断改善教学活动作为提升自身生命价值的根本方式，在主动自觉的教学活动中实现生命成长与生命价值提升。

5.1.2.2 传统大学学术观的影响

教学本是大学的原初功能，是高校教师的根本职责和核心使命。积极主动做好教学工作和持续改善教学本是高校教师义不容辞的责任与义务。自大学产生起，教学就是大学的中心工作，在相当长的高等教育发展史上，教学甚至是大学的唯一职能。1810 年，德国教育家威廉·洪堡以"科研与教学并重的理念"创办柏林大学，科学研究被引进大学，逐渐成为继教学之后大学又一重要职能。第二次世界大战又极大强化与彰显了科学研究的作用，"二战"后欧美国家加大对科学研究的政策与资金支持力度，科学研究逐渐成为高校获得声誉和高校教师获得晋升的主要途径与依据。重视教学的大学传统价值观念在实践中逐渐被重视科学研究的价值观念所取代，重科研轻教学成为高校实际占主导地位的大学价值观，甚至在某些高校教师中形成一种刻板的价值观：科研搞得好，教学就能搞得好。"自洪堡以来形成的大学传统价值观认为，追求高深学问是大学的灵魂，是大学教师的精神寄托。高深的思想和渊博的专业知识奠定大学学者的地位，支撑学者的身份认同。而在当今科学主义盛行的大环境下，许多教师认为学者必良师，教学非学术，这种窄化的学术观念严重制约了教师从事教学研究和实践的动力，阻遏了教师研究教学理论和进行教学实践的欲望。"① 科研价值导向的大学传统价值观影响了高校与高校教师对待教学的实际态度与行为，导致高校把科研成果的数量与级别作为自身获得社会声誉与资源的重要途径，并出台了许多相配套的高校教师评价、晋升与奖励机制。传统大学学术观未把教学纳入学术的范畴，仅仅把学术局限于学科专业研究，窄化了学术的认识，遮蔽了高校教学的学术性特征。高校教师把探究高深学问作为自身的根本使命和安身立命之本，更是把大量时间和主要精力用在学科专业研究领域，而非教学研究和教学实践的改善方面。

---

① 闫学军，王雷震，汪晋宽．高校教师教学反思的阻碍及对策研究 ［J］．国家教育行政学院学报，2014，（2）：73-76.

5.1.3　对高校教师角色认识的迷失

高校教师角色认识是指高校教师对自身在教育教学系统与活动中应当具有的身份、地位和责任与权力等的理解、看法等。它对高校教师的教学活动与教学行为具有重要的影响，高校教师往往按照自身的角色认识行事。"角色本身对于教师个人生命发展的意义是重要因素，它直接影响着教师角色践行的水平、角色兴趣、角色动机以及角色创新。"① 我是谁？我应当做什么？是每位高校教师都应当首先回答的问题，对这些问题的探索伴随着每位高校教师教学活动过程之中，对自身的教学价值取向与教学行为或明或暗地产生作用。镌刻在古希腊德尔菲神庙石柱上警示箴言"认识你自己"在漫长的历史岁月中无不引领与激励人们积极探寻自我存在的价值和苦苦求索人之为人的安身立命之本。作为高级知识分子的高校教师更是在"吾将上下而求索"的人生追问与求索中付出了艰辛而不懈的努力，使自身的生命价值世界更加丰富与充盈。然而，由于社会本位价值取向、传统价值观、现实利益等因素的影响，高校教师在教育教学活动中更多地表现出一种社会规定性角色，在按照社会规范与期待来规约自身的教学价值取向与教学行为，却忽视了高校教师个人的生命价值提升，在按照某种外在的"要求"进行教学活动中放逐了自身的生命意义。"教师角色制度化、规划的结果是使教师渐渐丧失了控制环境的能力，出现心理上的无能与行为上的被动适应。如果教师角色不是一种自由的活动，而只是一种生存活动，那么教师就不会去关心学习与生活的内在价值，而只是关心它的工具价值。"② 高校教师角色认识的外在化倾向使高校教师教学价值取向及其行为倾向于满足外在需求和达成外在任务要求。高校教师角色认识的迷失不可避免地导致高校教师教学行为的失范，"人们对教师角色外延式的井喷式理解，似乎都潜滋暗长着某种缘木求鱼和焚琴煮鹤的危险，教师反而在'隆重'的审视与'浓酽'的包装中战战兢兢，如履薄冰"③。

---

① 张爱琴，谢利民. 教师角色定位的本质透视［J］. 教育评论，2002（5）：41－44.
② 耿国彦. 教师角色：从"规定"走向"赢得"［J］. 教育发展研究，2007（5）：23－26.
③ 张华. 教师角色的迷失与澄明［J］. 西南大学学报（社会科学版），2010（2）：129－134.

5.1.3.1　高校教师角色要求的理想化

在中国传统文化中有着"天地君亲师"一说，把教师置于相当高的地位。人们对教师过高的期待和过高的社会要求，使教师角色形象逐渐偏离了教师角色的本来面目，在人们的高期待和社会的高要求的推动下逐渐形成了理想化的教师角色形象。教师成为社会伦理的化身、渊博知识的拥有者和社会行为的典范，在传统的认识中有着把教师当成"完人""全人"看待，存在对教师认识"神化""圣化"的倾向。"当教师角色的实际表现离期望值越来越远时，就会产生消极无助，自尊心低落，自尊心下降的后果；之于教育，使教师角色从'人'的层面脱轨。角色的失位导致心理的失衡，心理的失衡导致行为的失范，长此以往，教育的低效，无效甚至反效可想而知。"① 教师作为现实生活中具体的、活生生的真实人的存在，有着自身复杂的、多元化的、具体的生命需求和丰富的情感世界，"神化"或"圣化"下教师"完人"或"全人"角色形象掩盖作为现实人的教师，抑制了教师的生命需求与生命主张。一些光彩夺目、看似荣耀无比的称谓赋予了教师，诸如园丁、阶梯、蜡烛、春蚕、人类灵魂的工程师等，这些称谓虽然在一定程度上体现了教师职业与角色的特殊性和教师应当积极奉献与担当责任的角色要求。这种倡导教师积极奉献的角色比喻本来无可厚非，但是这种教师角色认识一旦成为一种普适性的价值取向与要求，就不可避免地走向极端和带来无限的灾难。"这类比喻如果只是说说而已，不发生影响，那它就是废话。如果发生什么影响，那它既可能增加教师已经相当沉重的负担，有可能成为对教师的苛求。"②

作为高校教师更是被人们习惯性地"仰视"，赋予了更多崇高的期待和社会规范。高校教师除了一般教师"神化""圣化"角色形象外，还是具有高深学问和传播高深知识的传道、授业、解惑者以及学生生命的引路人。学高为师、身正为范几乎成为对高校教师的一种基本要求。这种要求控制在合理的程度，它利于引导和促进高校教师成长，一旦走向极端，高校教师就成了"无所不知、无所无能"的"神人"了。这种仰视的目光表面上赋予了高校教师无上的荣耀，但是实际上却忽视了高校教师有着和其他人一样的情感、

① 张华. 教师角色的迷失与澄明［J］. 西南大学学报（社会科学版），2010，（2）：129-134.
② 陈桂生. 也谈"教师角色"［J］. 江西教育科研，2005，（6）：63-63.

生命需求，有着人之常情的七情六欲，使高校教师角色要求超越了教师职业的内涵与本质要求，以理想化的角色方式赋予了高校教师更多的角色功能与社会责任，导致高校教师在职业生活中承受生命难以承受之重和背负着背离人性的"精神枷锁"。虽然高校教师总是尽力接纳与扮演好角色以符合社会对高校教师角色的要求，以实现自身内心精神家园的宁静、安宁、祥和与自由，但是高校教师角色扮演与角色要求之间总是存在着这样或那样的矛盾。这种矛盾与冲突展示与拓宽了高校教师教学生活现实与角色理想之间的一条难以逾越的鸿沟。面对这条鸿沟，"更多的教师就不得不选择'退而求其次'以规避这种矛盾重重的风险；或者自我封闭，降低对自己的期望值。工作、生活和学习缺乏信心、激情；或者随波逐流，容易受他人影响，自身缺乏明确的目标感和方向感；或者麻木不仁，固守既定的思想观念和工作方式，因循守旧，不敢越雷池半步"①。高校教师角色认识的理想化使高校教师教学行为脱离了自身的生命世界、加剧了"理想的我"与"现实的我"之间的矛盾，遮蔽了高校教师生命意识，阻遏了高校教师生命成长与生命价值提升需求，导致高校教师生命与情感的麻木，抑制了高校教师参与教学活动与改善教学的积极性、主动性，使高校教师失去了自我发展的内在动力。

5.1.3.2 高校教师角色价值的外在化

高校教师对自身角色认识的迷茫与困惑，导致高校教师在教学活动中追求外在"理想的我"与"现实的我"之间的割裂。当人的行为不是出自自身的内在需求时，往往容易导致内在世界与外在世界的分裂、内在生命需求与外在要求的分离，使人越来越不知道自己"为何人""为何而存在"，难以获得片刻内心的宁静与精神的寄托，人就会失去对活动与事物的内在兴趣与生命的激情以及判断力与创造力。在内在价值无法自主选择与追求时，人们不得不退而追求事物的外在价值。虽然"人的本质并不取决于外部环境，而取决于人赋予自身的价值。财富、地位、社会差异、甚至健康和聪明才智——所有这些都无关紧要。唯一重要的是灵魂的倾向和内在态度"②。但是作为具有创造性的高校教师在注重教学社会价值的现实面前，高校教师自身也成为

① 张华. 教师角色的迷失与澄明 [J]. 西南大学学报（社会科学版），2010，(2)：129-134.
② [德] 恩斯特·卡希尔. 人论 [M]. 李琛，译. 北京：光明日报出版社，2009：9.

教学社会价值的手段。高校教师角色价值具有浓厚的工具化、社会化取向的倾向，其教学活动与教学行为不再是为了丰富自身的生命价值世界，生命的价值与激情被排除在教学价值追求的世界之外，高校教师的生命被异化为教学外在价值追求的工具，从而导致高校教师教学失去了对自身生命价值的终极关怀与追求，这就从根本上制约了高校教师生命潜能的发挥和生命主体性的丧失。"能给人以尊严的只有这样的职业——在从事这种职业时，我们不是作为奴隶般的工具，而是在自己的领域内独立地进行创造。"① 教学本是高校教师生命存在的方式，是生命成长与生命价值提升的重要途径。高校教师的教学活动和生命成长本是融为一体的，高校教师通过教学活动实现育人与成己的有效统一是高校教学的本质要求和根本内涵。由于高校教师角色价值的外在化倾向，导致高校教师的教学活动与行为转向对外在价值世界的追求与满足，高校教学也逐渐转变为外在价值取向。高校教师生命所具有的批判性、创造性、超越性等品质被教学的外在价值取向所消解，高校教师的生命需求被消融到教学活动的外在价值世界之中，从而使高校教师成为失去批判、创新与超越维度的片面化的、工具化的"单向度的人"。"教育是一个教育者和受教育者都变得更完善的职业，只有当教育者自觉地完善自己时，才能更有利于学生的完善与发展。"② 但是，在高校教师角色价值外在化取向的影响下，高校教师在教学活动与过程中难以生成丰富的情感、难以体验生命的意义、难以释放生命的活力、难以开发生命的潜能、难以感悟生命的真谛、难以领悟生命的尊严与幸福，使高校教学失去了它应有的生命价值与精神深度，高校教师也就失去了教学积极性、主动性、自觉性的生命原动力。

5.2 高校教师教学理想信念的缺失

中共中央总书记习近平于第 30 个教师节前夕在北京师范大学考察时提出了好教师的四点要求，好教师的第一点就是要有理想信念。这说明理想信念既是新时代好教师的内在品质，也是对好教师的基本要求。它对我国广大教

① 马克思，恩格斯. 马克思恩格斯全集第 40 卷［M］. 北京：人民出版社，1982：6.
② 叶澜，等. 教师角色与教师发展新探［M］. 北京：教育科学出版社，2004：3.

师提出了殷切希望，也为广大教师的成长指明了方向。理想信念作为人的精神世界的核心因素，是由人的世界观、人生观与价值观所决定的，它又反映与体现了人的价值观、世界观与人生观。理想信念在人在成长中具有极其重要的作用，它为人的发展进步提供了目标指引，为人在前进中提供了动力源泉，为人的行动提供了精神支撑。"人如果失去了信仰与理想，就意味着失去了动力与目标，失去了精神世界，也就意味着失去了自身的统一性、整体性，其结果是人自身堕落到一个纯粹物化的存在层面，丧失了完整意义上的自我。"① 教育是一项基于理想信念作为基本支撑的伟大事业，教学是一种基于理想信念的自觉的、真诚的实践。教师必须要树立远大的理想和崇高的信念，才会主动自觉地把教育作为生命的事业，才会把教学作为生命存在的方式和生命成长的主要途径。具有理想信念的教师不会把教学活动仅仅视为一种操作性的、技术性的活动，不会把教学视作一种不想做而又不得不做的额外任务或负担，不会把教学仅仅停留在教师谋生手段的层面，而是把教学视为一个生命灵魂引领的事业、是一个精神丰富与完善的过程。在这样的过程中，教师的教学活动才是发自内心的、出于真诚的、源自自觉的，才能真正实现理想引领理想、信念催发信念、生命促进生命。教学是基于人、为了人、依靠人的生命活动，没有理想信念的教师就如同一座没有生命灵动与灵魂的机器，教学就极易演变成一辆机器独自行驶在没有生机与活力的孤寂荒野路上。教师在这样的教学过程中必然是盲目的、自发的、麻木的、机械的、冷漠的，教学将缺乏应有的生命向度和人文情怀。因而，好教师必须要具有教育教学的理想信念，才能使教学活动变成一种充满生命情怀与力量的教育活动，教学才能真正引导人、激发人、推动人的生命成长。

5.2.1 教学理想、 教学信念的内涵及其关系

"理想"一词，最初来源于古希腊语"ideal"，意思是指人生的奋斗与前进目标，同中国语境中"志向"有着相同的意思。《现代汉语词典》将"理想"解释为"对未来事物的想象或希望"；《新华辞典》将"理想"解释为"对美好未来的设想"理想是在实践中产生的指向未来可能实现的目标、向往与追求，具有未来指向性、实现的可能性、时代性、实践性、动力性等特点，

---

① 车玉玲. 总体性与人的存在 [M]. 哈尔滨：黑龙江人民出版社，2001：195.

同幻想、空想等有着根本区别。"信念是指人对某种现实或观念抱有深刻信任感的精神状态。信念是人们生活实践中实际体验了怎样想和做才有益、有效的基础上,所形成的一些思考和行动的模式。凡是信念,它所揭示的内容总是同人们应当持的态度和应当采取的行动有关,如'开卷有益'、'正义必胜'等。信念产生的结果并不是知识,而是选择性的价值判断和认定。"① 当信念发展成一种普遍的、终极的或最高级的价值追求时,信念就转化成信仰。"信仰是信念的一种特殊的、强化的、高级的形式。"②

理想与信念有着内在的关联性。理想为信念提供了奋斗方向、前进目标与动力源泉,是信念的根据和前提;信念为理想的实现提供情感、意志、信心支持,是实现理想的重要保障。在很多情况下,理想与信念相伴相生、如影相随、相互依存,难以严格区分理想与信念,甚至在某些情况下理想与信念相互通用。但理想作为信念使用时,它是指人们确信的一种价值观念、目标;当信念作为理想使用时,它是指人们的一种向往、价值追求等,如共产主义理想信念。理想与信念可以依据不同的标准,分为科学的理想信念和不科学的理想信念;远大崇高的理想信念与短视低俗的理想信念;社会的理想信念和个人的理想信念等。

教学理想、教学信念作为理想、信念的一种具体形式,它是理想、信念在教学中的具体表现。教学理想是教师在教学实践中产生的指向未来的具有可实现性的价值追求、目标、期望。教学理想来源于教师自身的教师实践,并在对教学深刻认识与理解的基础上产生,它高于现实的教学生活,并成为高校教师未来教学生活的根本奋斗目标和价值追求。教学信念是教师对自身教学理想的深刻又坚定的信任而表现出的精神状态,它是教学情感、教学责任、教学意志、教学执着等有机统一,体现了教师对待教学的态度和行为方式。教学理想与信念为教师的教学活动提供奋斗目标指引、提供了动力源泉和精神保障,对教学生活产生深远的影响。因而,高校教师应自觉树立远大的教学理想和崇高的教学信念,以指引和促进自身的教学活动。所谓远大的教学理想就是要求教师不能把教学仅仅局限在传播知识、培养技能和把教学

---

① 车玉玲. 总体性与人的存在 [M]. 哈尔滨:黑龙江人民出版社,2001:278.
② 车玉玲. 总体性与人的存在 [M]. 哈尔滨:黑龙江人民出版社,2001:278.

视为一种谋生的手段，而是要自觉把实现教学主体生命成长、生命价值提升和精神世界丰富等作为教学的根本价值追求和奋斗目标。所谓崇高的教学信念就是在对远大教学理想深刻信任的基础上，形成对教学浓厚的热爱、克服教学困难的坚定意志、主动承担教学的历史使命与责任担当、追求教学卓越的精神境界，是教师的一种极其重要而高贵的精神品质。然而，在现实的教学生活中，不少高校教师仅仅把教学作为一种职业甚至是谋生的饭碗，更有甚者把教学视为一种不想做但又不得不做的"额外负担或任务"①。这是高校教师缺乏远大教学理想、崇高教学信念的必然结果，在教学中难以体验到快乐、成就感和幸福感，而是产生无尽的烦恼、倦怠疲惫的心态和消极被动的行为。

5.2.2　高校教师远大教学理想的缺失

远大的教学理想对高校教师教学活动具有积极的引导、激励和促进作用，也为高校教师主动克服教学中的困难、自觉反思与改善教学提供强大的精神动力。它是高校教师在教学活动中实现生命自主成长、教师专业发展和提升教学质量的基本条件，体现了高校教师教学的自觉程度与水平。当前高校教师远大教学理想缺失主要表现为远大教学价值目标的虚无和教学理想的低俗化。

5.2.2.1　远大教学价值目标的虚无

教育作为一项引领与促进生命成长的精神事业，教学是实现教学主体生命成长的根本途径，高校教师教学活动需要远大的教学理想的指引才能规避在前行的道路上迷失方向，才能激发高校教师内在的潜能与意志去克服教学过程所遇到的困难与挫折。远大的教学理想就如高校教师带领学生成长中的指路明灯，不仅为高校教师继续活动指明正确的可实现的奋斗方向与目标，还利于高校教师把教学作为一种高贵的精神生活。远大的教学理想在教学生活中表现为具体的、明确的、远大的教学价值目标的追求，它为高校教师教学提供努力前进的方向和强大的动力源泉。笔者在一次教师培训会上向与会的 286 名高校教师所作的"老师，您是否有远大的教学价值目标追求？"的单

---

① ［美］厄内斯特·博耶. 关于美国教育改革的演讲［M］. 涂艳国，译. 北京：教育科学出版社，2002：56.

向问卷调查，所获得的调查结果显示有高达七成（202 人）的高校教师远大教学价值目标的缺失，还有近两成（57 人）的高校教师有远大的教学价值目标追求但是不是很清晰，只有不到一成（27 人）的高校教师有着清晰明确的远大教学价值目标追求。虽然笔者的这次调查存在局限性，但也能在一定程度上反映当前我国高校教师远大教学价值目标缺失的现状。任何教学活动都有着自身的价值目标，都负载着特定的价值追求和期待。远大的教学价值目标就是要求高校教师在教学活动中不能仅仅局限在教学浅层价值目标追求，而是要深入挖掘教学活动背后对人的精神世界、生命发展与生命价值提升具有积极意义的目标内容。有的高校教师把教学仅仅停留在简单重复的传播知识、培养技能的技术操作层面，认为三尺讲台难有什么作为和难以做出突出的贡献。殊不知，教学是不仅要传播知识与培养技能，还是生命引领生命、生命唤醒生命、生命提升生命的活动与事业，高校教师的教学活动不仅关乎知识技能，还关乎人的生命与人生理想，是一项最值得、也是最应该投入时间、精力与生命情怀的事业。高校教师只有拥有远大的教学价值目标，才能用自身的理想去唤起学生的理想、才能把远大的理想播撒在学生对未来生活充满希望的心田中。高校教师或因内在因素或因职称评审、教师考核评价等外在因素的影响而对教学缺乏应有的进取精神，把对教学的价值追求仅停留在职业层面，缺乏对教学生命价值目标的远大追求，有的高校教师对教学抱着"不求有功但求无过"的消极被动心态应付教学工作，何以谈得上对教学的进取心与责任感。高校教师远大教学价值目标的缺失，难以提升高校教师的教学境界和教学品格，也难以激发和调动高校教师的生命世界参与教学活动，使教学成为一种缺乏生活活力与激情的孤寂独白活动，无法在教学中实现生命成长和享受真正的教学幸福。

5.2.2.2 教学理想的短视化

"理想为人的价值追求提供着自觉的典范或'样板'。理想好比是人的生活形象的'底片'：对过去和现在，它是生活的'曝光'和'显彰'；对今后和将来，它是'底本''样板'和'蓝图'。"① 理想为人的价值追求和目标

---

① 车玉玲. 总体性与人的存在 [M]. 哈尔滨：黑龙江人民出版社，2001：280.

实现提供强大的精神力量，关键是树立怎样的理想。因为理想有远大的、崇高的理想和短视的、低俗的理想之分。远大的、崇高的理想引人上进、提升人的精神境界；短视的、低俗的理想引人向下、降低人的精神境界和品质。教学理想作为一个具体的理想形态，也存在远大的、崇高的教学理想和短视的、低俗的教学理想之分。有远大、崇高教学理想的高校教师，教学不再是一种单一的教育活动，而是同国家进步、社会发展和民族振兴的奋斗目标联系起来；教学不再是简单地传递知识和技能，而是同教师、学生生命成长、生命价值提升和精神世界丰富有机结合起来；教学不再仅仅是高校教师获得谋生的手段，而是高校教师丰富情感世界、体验生命真谛和获得成就感、幸福感的方式。如此，高校教学生活不再是单一的色彩，而是充满生机与活力的丰富多彩的世界。然而，我们反观现实的高校教学生活，我们无须费多大劲就能轻易地发现：教学生活中弥漫着物质主义、谋生主义、工具主义、拜金主义的气味。这实际上是高校教师教学理想短视化的外在体现与反映。高校教师教学理想的短视化使高校教师对教学的价值追求与目标实现局限在教学的外在价值和浅层价值层面，教学沦为高校教师满足个人外在物质与现实生活需求的工具，表现出鲜明的功利主义倾向。

高校教师教学理想的短视化主要表现为高校教师把个人的现实物质利益赋予教学生活之中，教学演变成高校教师实现个人现实的、眼前的物质利益的手段与工具。追求教学功利价值与目标成为高校教师教学的根本向往与期待，也是高校教师从事教学活动的主要动力来源。国家发展、社会进步、民族振兴、个人生命成长等价值追求被排除在高校教师教学的价值目标体系之外，教学主体的精神世界被排除在教学生活之外，教学成为高校教师角逐物质利益的途径而非生命成长与生命价值提升的根本方式。如果说理想是指路的明灯，那么教学理想的短视化则只能使高校教师看到昏暗的灯光，远方的路则是漆黑一片，极易使高校教师的教学行动误入歧途。教学与其说不能没有理想，还不如说教学不能没有远大的、崇高的理想。高校教师只有自觉树立远大的、崇高的教学理想，才能激发与调动自身教学的积极性、自觉性与创造性，赋予教学具有灵魂的生命意义。

5.2.3 高校教师崇高教学信念的缺失

教学作为一项需要崇高而坚定的教学信念作为支撑的生命事业，没有崇高而坚定的教学信念，高校教师将难以在教学活动中克服困难、战胜挫折，自觉抵御外在的各种诱惑和抵抗各种压力等，难以实现远大的教学理想，导致教学变得沉闷乏味、孤寂单调、缺乏生命活力与生机。教学信念与教学理想往往具有内在的一致性，高校教师远大教学理想的缺失，导致高校教师也难以形成崇高的教学信念。教学信念作为教学情感、教学责任、教学意志和教学行为等的统一体，它表现在教学的方方面面。

5.2.3.1 教学态度不端正

高校教师教学态度是影响教学质量的重要因素，也是体现高校教师教学自觉程度的维度。教学信念决定着高校教师的教学态度，教学态度是高校教师教学信念的重要体现。高校教师崇高教学信念缺失在教学态度方面的表现体现为：一是敬业精神的缺失。朱熹说："敬业何？不怠慢。不放荡之谓也。"因而，所谓的教学敬业精神，就是把教学工作放在十分重要的位置，认真主动对待教学，全心全意做好教学工作，不懈怠、不怠慢。高校教师教学敬业程度体现了高校教师的教学态度。一位高校教师对待教学工作究竟是全心全意还是三心二意，是认真负责还是敷衍了事等，这不仅体现了高校教师的教学敬业情况，也展示了高校教师的教学态度。当前，有的高校教师没有认真地对待教学设计，没有花应有的充足时间用于课前的"备学生""备教材""备教法"和认真撰写教案与制作PPT。没有对教学内容进行及时必要的更新与调整，导致教学内容陈旧落后，一个PPT长年反复地使用……有的高校教师把主要的时间与精神用于科研工作，对教学工作则是敷衍了事、被动的应付……有的教师上课照本宣科、课后不进行积极主动的教学反思……二是认真主动性缺乏。教育无小事，高校教师应认真主动对待教学工作，把教学作为自身的首要和核心工作给予对待。然而，在现实的教学生活中，高校教师放任教学的现象时有发生。有的高校教师只是按照学校的有关规定完成规定的教学工作量，达到规定的教学工作量就万事大吉，而对教学质量却不闻不问，也很少主动思考和谋划提高教学质量的问题。三是沟通交流不够，关心师生生命成长不够。教学本是一个充满灵性的活动，教学活动就是师生生命生成与彰显的过程。然而，有的高校教师以权威者、控制者、支配者自居，把教学活动沦为一个控制的单向的独白过程。他们关注的是知识的单向传播、技能的机械强化训练，师生之间缺乏应有的沟通交流，没有关注和重视师生的生命成长与精神世界的丰富。四是缺乏积极进取的学习态度。高校教学作为一种以探究与传播高深知识为载体的实践活动，高校教师已有的知识储备、强烈的学习意愿和较强的学习能力是做好教学工作的基本条件。在当今日新月异的信息时代，高校教师只有不断主动积极学习才能满足高校教学的需要。正所谓"学然后知不足，教然后知困。知不足，然后能自反也；知困，然后能自强也。故曰：教学相长也"（《礼记·学记》）。然而，有的高校教师却用相同的教学内容数年如一日地进行重复性教学活动，教学内容数年没有更新过。更有甚者，一个"教学案例"或"教学故事"被反复地使用，殊不知，随着时代的变迁有的"教学案例"或"教学故事"已失去了教学的意义。缺乏积极进取的学习态度必然导致高校教师知识结构的封闭和僵化，使知识难以获得及时有效的补充与更新，最终导致高校教师越来越难以适应与满足教学的需求和失去主动改善教学的意愿与能力。

5.2.3.2 教学情感的冷漠

《心理学大辞典》中认为："情感是人对客观事物是否满足自己的需要而产生的态度体验。"情感是主体在现实生活中的具体体验与感受，和态度具有内在的一致性。情感的具体内容十分丰富，如爱憎、忠诚、厌恶等。教学情感是教学主体对教学价值目标与教学活动的一种总体体验与感受。高校教师的教学情感反映和体现了高校教师的教学信念情况，展示了高校教师所持有的教学价值目标追求和教学活动体验的整体情况。教学情感作为教学信念的体现，一种教学信念必将表现出相应的教学情感。教学情感是高校教师在长期的教学实践中逐渐形成的，较之教学情绪具有较大的倾向性、深刻性、稳定性和效果性。因而，教学情感对高校教师教学行动具有较大的影响。高校教师缺乏崇高的教学信念，在现实的高校教学生活中体现为情感上的冷漠。表现为：一是高校教师教学热情不高。高校教师的教学热情是激发教学活力与生机的重要因素，也是唤醒学生学习热情的重要条件。"大学教师对教学的热情不高……仅仅满足于教学不出事故状态。"[1] 教学是一项充满生命温度的

---

[1] 王洪才. 论大学教学文化的缘起、难题与出路 [J]. 四川师范大学学报（社会科学版），2015，(3)：73-80.

事业，高校教师缺乏应有的教学热情，必将导致教学活动与过程的沉闷乏味、师生之间难以有效进行民主的、开放的沟通与交流。缺乏教学热情的高校教师在教学活动中积极性不高、主动性不强，教学的精神状态不饱满，以一种被动应付的心态对待教学工作，对教学工作提不起兴趣和激情。教学过程演变成高校教师按部就班的程序展示，缺乏情感的深度投入，高校教师不会积极主动发现问题、思考问题与解决问题，理应充满生命活力的高校教学沦落为冰冷的、单向的、物化的活动。二是高校教师专注教学程度不高。具有崇高教学信念的高校教学才更具有凝聚力、号召力，才能获得高校教师深刻信任和实现高校教师对教学高度忠诚与持续的专注。在充满物质利益诱惑和科研压力的现实教学工作中，没有对教学的坚定信念，就难以对教学产生深刻而持久的感情，更难以吸引高校教师对教学真诚地、深入地、持续地关注、重视与探究。教学作为高校的中心工作和高校教师的首要职责，高校教师理应花更多的时间、精力在教学工作上。但是，现实的情况却是不少高校教师把教学作为一种额外的任务或负担，导致高校教学地位的边缘化，没有受到应有的重视和获得高校教师相应的时间、精力投入。三是高校教师教学的愉悦度不强。教学情感可以分为积极的教学情感和消极的教学情感，积极的教学情感有利于提高高校教师的教学认可、改善教学情感体验，调动高校教师教学的积极性与主动性；相反，消极的教学情感则减低高校教师的教学情感体验，减低或消解高校教师的教学积极性与主动性。缺乏崇高教学信念的高校教师没有主动把教学活动纳入到个人生命成长的历程之中，导致教学活动没有真正成为高校教师生命成长与生命价值提升的内在需要，难以激发高校教师的热情、兴趣，导致高校教师无法在教学活动中体验到教学的乐趣、生命意义、成就感与幸福感。

5.2.3.3 教学责任淡薄

所谓责任就是指个体扮演每个角色而应当承担与履行的角色所要求的分内应做的事或义务。教学责任就是教师作为教学者所应当承担或履行的分内的工作与义务。教学作为高校的中心工作与原初职能，也是高校教师的首要和主要职责。潜心教学和做好教学工作理应是教学本身赋予高校教师的基本要求，也是高校教师教学信念的重要表现形式。著名教育家马卡连柯说过：

"教师的威信首先建立在责任心上。""目前的大学教师履行教学责任的状况很难令人满意,教学尽管是我们的职业,却似乎鬼使神差般地从我们的职业话题中消失了。"① "在科研的侵占下,传统的教师角色开始出现分化与冲突,一些教师由于忙于科学研究而无暇顾及本科教学,一些教师甚至把本科教学当作科研工作的负担,本科教学作为教师基本使命的责任意识开始淡化。"② 高校教师在重科研、轻教学的晋升与评价机制影响下,一旦失去崇高而坚定的教学信念的精神支撑,那么高校教师教学就很容易被无情边缘化,教学的现实利益必将得以膨胀和肆掠。因而,在现实的高校教学生活中,不少教师存在把主要时间与精力用在科研上、缺乏主动关心和解决学生的问题、课前准备不充分、上课照本宣科、课后几乎没有主动进行教学反思等现象。"如果一位教师仅仅照本宣科,而对书本上的知识不做进一步的分析或应用,那么他就被排除在知识分子之外。这样的教师并不比只读现成稿件的播音员更像知识分子,他只不过是传达给他人观点的传送带上的一个轮齿而已。"③ 缺乏教学信念的高校教师,在对待教学问题面前更易抛弃自身的教学责任,更易主动选择满足现实利益需求的事情,从而导致高校教师教学失责、教学自发以及教学质量下降。

从教学作用的主体而言,高校教师教学责任淡薄可以分为对学生责任的淡薄和对教师自身责任的淡薄两个方面。一是对学生责任的淡薄。培养人才作为高校的首要职能,对学生负责不仅是高校的主要职责,也是高校教师主要的教学责任。引导和促进学生成长是高校教师最直接、最主要、最根本的使命与责任。"然而,随着大学功能的扩张,科研在大学组织活动中占据了显要位置,与此同时,大学教师作为研究者的意义与价值日渐突出,而作为教学者的角色日渐被边缘化,表现为大学教师对自身作为教学者的责任意识的淡化。"④ 学生的自由和谐全面发展应是高校教师的根本目的与最终归宿。作为教育者的高校教师所从事的教学活动理应是为促进和实现学生成长服务的。

---

① [美]唐纳德·肯尼迪. 学术责任 [M]. 阎凤桥等,译. 北京:新华出版社,2002:36.
② 马廷奇. 论大学教师的教学责任 [J]. 高等教育研究,2008,(5):20-25.
③ [美]罗伯特·默顿. 社会理论和社会结构 [M]. 唐少杰,译. 南京:译林出版社,2006:364.
④ 马廷奇. 论大学教师的教学责任 [J]. 高等教育研究,2008,(5):20-25.

然而，在没有教学信念作为坚定精神支撑下的高校教师极易在现实功利主义和外在压力的驱使下淡化教学对学生所承担的责任。高校教师教学对学生责任淡薄的直接后果是将教学的目的异化为实现外在现实利益的手段。学生的成长对高校教师教学而言不再是首要考虑的问题，更不是根本的价值追求，"目中无人"的教学现象已不是个案。二是对教师自身责任的淡薄。"教学是教师与学生的双边活动，是教师与学生双边生命价值与意义共同生成的活动。在这样的语境下，教学的本质并不以理论知识传授量的多少为目标，而是关注是否在传递理论知识的基础上实现对教师与学生个体的生存、生成意义的追寻。认真地关注自己与学生是一名教师的生存之道。每个称职的教师都会经常反思自己究竟做得是否正确。"① 在教学中发挥主导作用的高校教师不仅是教学活动的发出者，同时也是教学活动的承接者。教学不仅培养学生，也成全教师。教师的成长对高校教学具有积极的作用。因为教师的成长是学生成长的基础与前提。没有教师生命的唤醒，就没有学生的唤醒；没有教师的教学自觉，就难有学生的学习自觉。"没有教师生命质量的提升，就很难有高的教育质量；没有教师精神的解放，就很难有学生精神的解放；没有教师的主动发展，就很难有学生的主动发展……"② 作为教学主体的高校教师的成长也是高校教学的重要价值目标，实现自身生命的成长也是高校教师教学的重要责任。高校教师自身的生命成长是最易成为教学信念的核心内容，但是它却最容易被高校教师所忽视与放逐。高校教师自身的成长没有成为高校教师教学本身的价值目标和关注的对象，反而在高校教师追逐外在利益目标的教学过程中被抛弃在孤寂的荒野。高校教师对自身成长责任的淡薄，难以激发自身教学的潜能和激情，也难以调动积极主动参与教学的内在动力，导致教学成为外在于高校教师自身生命世界之外的一种任务而已。

5.2.3.4 教学意志薄弱

教学意志是指为达到与实现教学目的和价值目标而进行自我调节与支配的心理状态，它是教学信念的核心内容。教学意志有坚定的教学意志和薄弱

---

① 宋洁绚.“自觉”与“自决”：原理性课程教学应有之义 [J] 教育研究与实验，2015，（3）：54-57.

② 叶澜. 教师角色与教师发展新探 [M]. 北京：教育科学出版社，2001：10.

的教学意志之别，坚定的教学意志是教学信念的重要品质，也是实现教学理想的重要保障。高校教学作为一种以探究高深知识和传播高深知识为载体的生命活动，它不是一个简单的重复过程，而是一个需要高校教师付出艰辛努力才能实现持续提升的专业实践。没有坚定教学意志支撑的高校教学活动必将难以为继，其教学活动将难以实现有效的更新与质量提升。因而，高校教学的有效开展需要高校教师坚强的教学意志作支撑。而坚定的教学意志背后必然有着远大的教学理想和崇高的教学信念作为指引和保障。然而，现实的教学生活中，高校教师教学意志表现得并非那么坚定有力。今天，许多高校教师不是缺少解决教学问题与困难的能力，而是缺乏解决教学问题和战胜教学困难的勇气与意志。在教学困难与挫折面前，是砥砺前行还是退缩不前，不少高校教师选择了后者，体现了高校教师在面对教学问题、困难与挫折中所表现出的教学意志薄弱的现象。没有坚定教学意志的高校教师不可能成为一名好教师，更不可能成为一名的卓越教师。

5.3 高校教师教学生命立场的缺位

"教育始终是人的教育，是直面人的生命的，通过人的生命、为了人的生命质量提升而进行的社会活动。对于幸福教育的教师而言，教育不是牺牲、而是享受，不是重复、而是创造，不是谋生的手段、而是生活本身。"[1] 教学作为实现教育目的的主要方式与途径，它是教学主体生命存在与生命成长的主要方式。"教学是教师与学生的双边活动，是教师与学生双边生命价值与意义共同生成的活动。在这样的语境下，教学的本质并不以理论知识传授量的多少为目标，而是关注是否在传递理论知识的基础上实现对教师与学生个体的生存、生成意义的追寻。认真地关注自己与学生是一名教师的生存之道。每个称职的教师都会经常反思自己究竟做得是否正确。"[2] "于教师而言，课堂教学除了是一份责任、一份坚守，更是一种乐趣、一种提升、一种恒久的

---

① 刘次林.教师的幸福 [J].教育研究，2000，(5)：22－26.
② 宋洁绚."自觉"与"自决"：原理性课程教学应有之义 [J]教育研究与实验，2015，(3)：54－57.

生命动力。"① "教育源于生命发展的需要，但长期以来教育却遮蔽了这种本原型的需求，把教育的目的异化为知识、技能的掌握。教育固然要传授知识，但知识不仅仅具有工具价值，教育的目的还在于用知识启迪智慧，将智慧融入生命，最终提升生命的意义。我们应当将教育活动视为人的生命展示与发展的过程，我们有必要对教育活动中生命的缺失做深层的反思。"② 在现实的高等教育实践中，广泛存在着非生命化价值取向的教学行为，片面化、工具化的教学现象并不少见，导致高校教师与学生生命价值感不强甚至是生命价值感的完全丧失。"对不少教师而言，教师仅仅只是一份谋生的职业，教学就是一份如同工厂工人按既定程序施工的工作，没有去体会或者难以体会到教学应有的生命意义与创造的快乐。"③ 高校教师没有树立强烈的教学生命价值意识，对教学活动对生命成长与生命价值提升的认识不够全面与深刻，对教学活动与过程的生命价值关注不够，使教学活动缺乏应有的生命意愿与动力。因而，在现实教学实践中高校教师教学的盲目性、消极性、被动性等现象就不足为奇了。事实上，教学不仅是一个引导与促进学生生命成长的过程，也是一个高校教师不断完善自己、实现自身生命成长的过程，是一个"育人"与"成己"相辅相成的统一过程。教学理应是高校教师的一种生命价值自觉活动，但是事实上，由于高校教师生命立场的缺位，使得高校教学成为高校教师消融自己、背离生命本源需求的价值自发活动。

5.3.1 高校教师生命意识淡薄

意识是主体对对象的觉知与反映，它不仅是实践过程中主客体交互作用的结果，还是主体进一步进行实践活动的基础与前提。"人的意识不仅反映客观世界，并且创造客观世界。"④ 生命意识作为价值的一种具体形式，它不仅反映了人的生命实践活动，并对人的生命世界的建构具有极其重要的影响。清晰稳定的、强烈的生命意识有利于促进人自觉地参与和改造客观世界；反

---

① 宋洁绚."自觉"与"自决"：原理性课程教学应有之义 [J] 教育研究与实验，2015，(3)：54-57.

② 王小英.教育原点的偏离与回归：点化与润泽生命 [J]. 学前教育研究，2008，(4)：34-37.

③ 何云峰，丁三青.大学教学的品性、发展困惑及改革路径选择 [J].中国高教研究，2010，(4)：104-107.

④ 列宁.列宁选集第55卷 [M].中央编译局，译.北京：人民出版社，1995：182.

之，则不利于人主动自觉地认识、参与和改造客观世界。生命意识同人对客观世界的认识、主体实践的程度及其社会的发展程度有着密切的关系。随着社会的发展和人类的进步，极大促进了物质财富的丰富和人本质力量的解放。一方面，激发了人生命意识的觉醒和个体主体性的彰显，人越来越关注自身的合理需要和实现人作为人的价值、以及获得人的权利，人越来越关注自身如何更好地存在和发展，有关人的话语和问题越来越成为人们关心的日常话语。另一方面，由于科学技术理性在人类社会发展中表现出来的"超越的征服力"，使人在过分欣赏和享受人自身创造的成果的过程中迷失了自我，陷入物质主义、及时享乐主义、消费主义、攀比主义、个人主义等泥塘中而不能自拔。人不知不觉被自己抛进了自我设置的二律背反的发展怪圈：人越是在认识和改造世界中发挥主体性创造成果，其主体性就越是被自己所创造的成果所消解；人越是占有和享用创造成果，就越被它所控制和支配；人企图通过科学技术进步和社会发展实现自身的全面自由发展，却被越来越细的社会分工造就成了"单向度的人"；世界的联系越来越紧密，人与人之间却越来越隔离与冷漠。人的问题成为当代时代最根本、最核心，也是最需要关注和回应的理论问题和现实问题。环境问题、生态问题、资源问题、民族冲突问题、创新创业就业问题、世界和平和发展问题等，无不是人的问题在现实社会中的映射和表现。人们的思想、观点和行为等无不或明或暗地隐藏着人们对"人是什么"的理解和认识。因而，科学和正确理解"人是什么"、积极树立合理的生命意识，成为指导人们思想和行为的前提和逻辑起点。教学活动作为高校教师的一种生命实践活动，高校教师具有何种生命意识将对高校教师的教学活动产生深远的影响。受传统价值观念和教学本质观的影响，高校教师在教学活动中被要求奉献自我与牺牲自我，"春蚕到死丝方尽、蜡炬成灰泪始干"成为高校教师崇高形象的反映，教学被异化为高校教师献身自我成全学生的单向过程。过于注重高校教师教学的外在价值追求，却忽视了作为教学主体的高校教师的内在价值需求。导致高校教师未能把平凡的教学工作同自身生命成长与生命价值提升有机联系起来、未能把教学活动的意义同高校教师生命的意义有机联系起来。课堂本是教师与学生生命成长的场所，教学是高校教师与学生生命存在的形式与生命价值提升的主要途径，教学的过程就是一个高校教师与学生生命相长相承的过程。高校教师在教学活动中应当具有清晰强烈的生命意识，积极探索作为教学主体的生命存在价值，自觉改善自身的生命存在价值状态，不断充盈与丰富自身的生命价值世界。"教育本身就意味着一棵树摇动另一棵树，一朵云推动另一朵云，一个灵魂唤醒另一个灵魂，未能引起人的灵魂深处的变革，那么，它就不能成为其教育。"① 高校教师只有不断地丰富与完善自己的灵魂与生命，才能以自身的生命世界去更好地唤醒与引领学生的灵魂与生命世界。强烈的生命意识是高校教师主动自觉丰富与完善自身灵魂与生命世界的前提，也是唤醒学生灵魂与生命的基础。缺乏生命意识的高校教师的教学活动必将丰富复杂、灵动创造性的生命活动降格为简单的、游离教学主体生命世界之外的知识传授与技能训练的过程。高校教师教学的生命意识淡薄主要表现在以下几个方面。

5.3.1.1 教学的生命主体缺位

教学作为高校教师与学生生命存在的方式，是师生生命历程的重要组成部分，是师生生命成长与生命价值提升的重要途径，其具有丰富多彩、灵动活泼、个性创造的生命意蕴。高校教师与学生作为教学活动的生命主体，参与教学活动本应是一个生命价值彰显与提升的过程。但由于高校教师生命意识的淡薄，高校教师在教学活动中放逐了自身作为教学生命主体的地位，导致教学活动的非生命化价值取向，具有生命意蕴的教学活动被剥离成简单的知识传递活动、交互生成的生命过程被简化成特殊的认识活动，师生的生命世界同教学生活世界相剥离。使教学生命主体在教学活动中失去了生命价值感，难以体会到教学应有的生命意义、生命情怀与生命幸福感。从教学目标上看，教学的主要目标是传授知识、完成规定的任务，眼前的、局部的教学知识价值追求掩盖了终极的、整体的生命价值追求；从教学组织方式上看，教学更加侧重控制、支配与权威，民主、平等、宽容、相互尊重的生命对话方式逐渐成为一种奢望；从教学主体上看，高校教师的角色主要是传播知识、学生的角色主要是接受知识，师生在教学活动中的生命主体地位没有引起足够的重视、生命的主体作用没有得到应有的发挥；从教学评价上看，关于注重学生对知识、技能等掌握情况的评价，此种评价具有显性的、外在的特点，

---

① ［德］雅斯贝尔斯. 什么是教育［M］. 邹进，译. 北京：生活·读书·新知三联书店，1991：24.

而忽视了师生生命智慧、生命体验、生命价值提升等方面的评价。对不少高校教师而言,教学仅是一份谋生的职业、而非同高校教师生命成长紧紧相连的事业。教学成为程式化的工作,只要按照程式完成规定的"既定动作"就行了,无须付出长期的艰辛努力,更无须投入生命情感。高校教师的教学活动缺乏应有的生命视界,教学主体的生命力在教学活动中得不到应有的发挥,高校教师教学失去了应有的生命色彩与生命活力……同师生生命世界相关的情感、热情、兴趣、尊重、包容、价值等在无生命意识的教学活动中丢失了。

5.3.1.2 忽视高校教师自身的生命需求

"随着人们教育观转向对'人'的关注,对人的生命的尊重,越来越多的人认识到学生作为生命体的存在,以及学生的生命价值。当今的教育在促进学生生命发展的同时,忽视了教师作为'人'的存在,忽视了对教师生命成长和生命意义的关注。"① 高校教师作为活生生的、具体的生命个体,在现实的教学生活中也同样有着自身的生命需求,也渴望得到真切的生命关怀和获得生命成长与生命价值提升。作为教学主体的高校教师相对于学生生命而言,其生命的内在需求被不同程度地忽视、生命成长受到不同程度的遏制。高校教师作为教育教学活动的实施主体,在教学活动中发挥着主导作用,对高等教育事业有着至关重要的影响。但由于受传统教师观的影响,社会赋予了高校教师过高的期望与要求,夸大了高校教师的社会作用,过于强调高校教师的奉献与牺牲自我的精神,却对高校教师作为人之为人的正常的生命需求没有给予应有的足够肯定与重视。在强大的社会文化、评价机制和学校教师管理制度的影响下,高校教师在教学中往往难以真实地代表自己和自主行事,而是作为社会在高校的利益代表,其教学活动必然体现与彰显的是社会价值取向,难以反映与倾听高校教师真实的内在声音。高校教师教学行为越是符合外部价值要求,就越容易被社会认可为所谓的"优秀教师",导致高校教师在追寻"外在价值要求与期待"过程中渐渐丧失个人独立思考与自主选择,忽视内在的生命体验与内心的感受。这就意味着高校教师在从事教学活动中难以真正代表自己,难以表达与追寻自身的生命需求,在教学活动中就难有

---

① 周鹏. 论对教师的生命关怀[J]. 教育评论,2012,(5):30-32.

生命的激情和教学活动带来的生命尊严与生命需求的满足。事实上，在现实中，不仅社会对高校教师的生命需求关注不够，高校教师对自身的生命需求也没有引起足够的重视。一些高校教师把教学活动视为简单重复的工作，在整个职业生涯中日复一日、年复一年地重复着相同的教学内容、教学方法和教学行为，对教学活动没有形成应有的生命情感和生命需求，导致高校教师对教学缺乏应有的生命激情和活力。事实上，高校教学不仅是引领与丰富学生生命世界的过程，也是高校教师提升自我生命价值的过程。高校教学的生命意义并不是建立在牺牲高校教师自身生命成长基础上一个单向活动，而是师生生命交互作用、多向生成的共赢过程。高校教师只有把教学视为一个自身生命成长的过程，激发自身的生命需求，才能建立教学活动与自身生命的内在联系，激活自身的生命潜能和发挥教学的生命活力，在实现学生生命成长的过程中实现自我生命需求的满足。

5.3.2　高校教师生命价值的缺失

教育本应该是丰富生命与提升生命价值的一项事业，是最具有人文情怀和生命向度的社会实践活动。人是教育的起点、人的生命是教育的原点、人的生命价值提升是教育的根本归宿。人的生命因教育而更加丰富多彩，教育因人的生命而富有生机、绚丽多彩、诗意浪漫和变得崇高。教育与人的生命本是相辅相成、相得益彰的有机统一体。然而，现实中的教育并没有对人的生命给予应有的关注、没有对人的生命价值实现有效地促进与提升，并没有真正担负起丰富生命、润泽生命、提升生命价值的神圣而光荣的历史使命。相反，教育在按照外在社会价值要求培养人的过程中，却"存在着使人工具化、奴隶化的陷阱与危险"①。高等教育作为基础教育之后的教育，其工具性与实用性体现的比基础教育更加明显与突出。因而，高校教学往往表现出对实际生活与职业所必需的知识与技能所独有的兴趣与热忱，有的地方应用型高校提出了以市场需求为导向的应用型人才培养目标的办学思路。在市场经济、经济全球化和社会竞争日益加剧的大背景下，高校教学注重培养学生对知识、能力的掌握本身并没有错，培养学生掌握一定的知识和具备社会生存

---

① 于伟．终极关怀教育与现代人"单向度"性精神危机的拯救［J］．东北师范大学学报（哲学社会科学版），2001，（1）：92－97.

所必需的一技之长既符合社会发展需要，也符合学生的实际利益。但是，如果忽视对教学主体生命价值世界的关怀，却仅仅把高校教师教学限制在知识传授、技能训练等狭小的范围之内，这无疑是一种重"术"轻"道"、重"眼前利益"轻"长远利益"、重"浅层利益"轻"根本利益"的本末倒置的现象。没有"道"的正确指引，哪有"术"的正确前行；没有"长远利益"的着眼，哪有"眼前利益"的长期获有；没有"根本利益"的追求，哪有"浅层利益"的根本保障。教学主体的生命价值尤其是高校教师的生命价值被教学活动所追求的知识、技能等外在教育目的所遮蔽，使高校教师教学缺乏应有的生命情怀和失去了生命价值提升的意义。高校教师教学活动"仅仅是那种'你'对我的活动，而不是我对我自己的精神活动；这样的教育不再是主体自我发动、自我实践的激励性活动，而成为一种外在于主体的负担"①。

5.3.2.1 生命体验的丢失

生命体验源自生命主体的实践活动，实践是生命体验的现实土壤与根基。生命体验同生活体验相比，它更具深刻性、内在性和终极性。人生的过程不仅仅是自然年龄增长的过程，更是人之为人的生命体验不断深化与升华的过程。正如孔子在《论语·为政》所言的那样："吾十有五，而志于学。三十而立。四十而不惑。五十而知天命。六十而耳顺。七十而从心所欲，不逾矩。"没有生命的真切体验，就没有生命的成长。高校教师作为教学活动的生命主体，参与教学活动的过程本应是生命全面投入其中的历程，在这样的教学活动中高校教师真切的体验生命、感悟生命、理解生命，并实现自身生命成长与生命价值提升。在现实的教学实践中，由于对知识、能力的过分偏重与学生生命发展的重视而对高校教师自身生命价值关怀得不够，致使高校教师生命同教学活动本身的隔离，使高校教师的生命体验同教学实践相分离。高校教师在教学活动中难以倾听生命的呼唤、难以全过程地体验生命的本真、难以准确理解生命的真谛，感受的是教学对高校教师的控制、支配、束缚与压制而不是生命的意义与自由。生命体验有利于高校教师深化对生命的认知与理解，是实现生命价值的心理基础。全面而深刻的生命体验需要高校教师生

---

① 王定功. 生命价值论［M］. 北京：教育科学出版社，2013：120.

命全面而真切地投入教学之中，自觉把教学活动作为自身的生命实践过程而不是仅仅把教学视为传播知识与训练技能的任务。

高校教师的生命体验包括生命内在的心理体验、生命情感体验与生命价值的体验等多方面的内容，每种生命体验对丰富与完善高校教师的生命世界都具有独特的意义。高校教师教学职业生涯发展离不开丰富多样的生命体验，并随着生命体验的丰富与深化而逐渐加深对教学的理解与认识，利于培养自身对教学的情感，领悟教学对高校教师自身生命所具有的积极意义。高校教师教学活动中的生命体验是一个逐渐深化、不断丰富、不断提升的过程，但并不是一个自然而然的结果。它需要高校教师全过程的生命参与、全方位的生命情感的投入、自觉能动的生命觉知与感悟，尤其是宽松自由的心灵、思想与生命环境。教学作为师生生命对话与交互生成的活动，要想实现生命引领生命、生命润泽生命、生命碰撞生命，教学不仅要关注学生的生命成长，也要关注高校教师的生命成长。因为，只有首先实现高校教师生命的健康、自觉成长，才能更好地发挥高校教师教学活动中的生命作用，实现引领与促进学生生命成长。高校教师的生命体验是实现生命成长的重要条件，关怀高校教师的生命价值世界理应关注高校教师的生命体验，使生命体验同教学活动过程相生相伴、相辅相成。创造条件引导与激励高校教师主动自觉参与教学、感知教学、体验教学、感悟教学，在教学过程中理解生命的意义、培养自己对教学的生命情感，养成对待教学的健康积极的生命心态。

5.3.2.2 生命智慧的丢失

教学作为高校教师与学生生命存在的方式与生命成长的过程，其面对的对象是活生生的、具体的、独立自由的生命个体。教学的根本任务不仅仅使学生掌握人类所创造的间接知识与经验，而是通过师生对话在掌握知识的基础上实现生命成长。"教育的主要目的不是使人简单、机械地接受现成的知识，而是增长人发现知识、获取知识、选择知识、处理知识和运用知识的智慧，进而提升人的生命质量。"[①] 从中我们可以看出，知识与智慧作为教育教学领域的一对基本范畴的内在关联。知识作为教学活动的主要教学内容，掌

---

① 巴登尼玛，李松林，刘冲. 人类生命智慧提升过程是教育学学科发展的原点 [J]. 教育研究，2004，(6)：20 - 24.

握知识仅仅是方式、手段，而不是教育教学活动的目的；把所掌握的知识转化成生命智慧、实现生命成长与提升生命价值与质量才是教育教学的根本目的。知识与智慧实际上构成了教学活动的手段与目的的关系。然而，在现实的教学中知识与智慧本末倒置的现象并不少见。掌握知识成为高校教师教学的主要目的，高校教师传授知识、学生接受知识就成为一种普遍的、司空见惯的教学方式。知识与智慧是相辅相成的有机统一体，知识本是人类智慧的结晶，知识是形成智慧的基础，智慧的提升又利于知识的掌握、理解与运用。为了知识而忽视了知识所承载的生命意义和处理知识所蕴藏的智慧尤其是生命智慧，知识就失去了生命力而变得毫无价值、高校教学就会变得毫无生命活力、高校教师就会变得毫无生命激情与热情。知识应是为人的生命智慧、生命价值与生命质量服务的，而不是相反。否则，教学不仅不能使知识提升学生的生命智慧与生命价值，还不利于实现高校教师的生命智慧与生命价值的提升。高校教学没有生命智慧的参与和提升，学生就沦为接受知识的容器，高校教师就成为知识的"搬运工"而难以获得生命价值与质量的提升。高校教学不应是高校教师简单地、机械地、程式化地传播知识与学生机械地接受知识的过程，而应是师生以知识为载体实现"转识成慧"的过程。

5.3.2.3　生命幸福感的丢失

"幸福感（Subjective Well－being）是人类个人认识到自己需要得到满足、理想得以实现时产生的一种情绪状态，是由需要（包括动机、欲望、兴趣）、认知、情感等心理因素与外部诱因的交互作用形成的一种复杂的、多层次的心理状态。它实质上是外在的良性刺激所诱发的一种具有动力性和依赖性的积极情绪体验。"[1] 生命幸福感作为人的最重要的一种幸福感，它是指生命主体对生命成长需求获得满足而产生的一种积极的、稳定的、持久的生命体验与生命状态，它对人的整个生命的存在与发展有着至关重要的影响。追求与提升生命幸福感是每个人所渴望的，也是每个人所具有的权利。教学作为高校师生生命存在的重要方式和生命成长的重要途径，追求生命幸福感是高校教学的重要价值追求、提升生命幸福感是高校教学的重要历史使命。高校教

① 李焰，赵君. 幸福感研究概述［J］. 沈阳师范大学学报（社会科学版），2004（2）：22－26.

师不仅要帮助学生掌握知识与形成能力，还要引导与促进学生追求与提升生命幸福感，也应在教学活动中主动积极追求与提升自身的生命幸福感。然而，高校教师在现实的教学生活中似乎忘却了自身的历史使命与权利，生命幸福感的价值目标被外在的物质利益目标所遮蔽，追求名利上的成功逐渐成为高校教师教学的主要目标和动力。高校教学一旦难以或不能满足高校教师追求名利的需要，高校教师必将主要时间与精神转到能满足自身需求的事情上去，诸如科学研究等。高校教师在追求外在价值目标过程中，忘却了教学的真正使命和根本目的，丢掉了对教学的生命价值体验和生命幸福的享受与分享，在追逐现实利益面前放逐了生命幸福价值的追求，从而难以获得、体验与提升自身的生命幸福感。

生命幸福感作为高校教学重要的价值目标与历史使命，它不是高校教师轻而易举就能获得与实现的。它隐藏在生动活泼的教学实践中，需要高校教师通过艰辛的努力、敏锐的感知、丰富的情感才能感悟与把握教学生活中所负载的生命价值与生命幸福感。高校教师只要全面充分地认识与理解教学对高校教师自身生命成长与生命价值提升的深远意义，自觉把教学活动作为有生命意义的事业。在教学的服务中、在教学的创造中、在教学的对话中、在教学的研究中、在教学的改善中、在教学的分享中等积极感受教学的生命意义、培养自身丰富的生命情感、撒播生命幸福的种子、享受崇尚教学所带来的生命快乐，实现、维持与提升高校教师教学生活中的生命幸福感。在教学职业生涯中，有着教学生命幸福感的高校教师在教学中往往表现得积极、主动、自觉与富有创造性，而缺乏教学生命幸福感的高校教师则更多表现出对教学的冷漠与无所谓。对待教学冷漠的高校教师实质上在某种程度上体现了对生命的冷漠，对生命价值、生命尊严、生命质量的主动摒弃与不负责任。这样的高校教师不仅对学生的生命冷漠，还对自身的生命冷漠。在教学生活中表现出对教学活动缺乏应有的兴趣、热情与主动，表现出的具体教学行为往往是盲目的、懒散的、随意的。教学生活中冷漠的高校教师生命世界必定是缺乏生命情怀的，他们的人生被"一元化的成功标准与可量化的外在利益"所"绑架"、所"奴化"、所"驱动"，难以或无法领略到教学给他们自身所带来的生命意义与生命智慧，享受不到全身心投入教学与主动自觉改善教学所带来的生命快乐与生命幸福感。

5.3.3 高校教师生命主体性的缺失

人的生命主体性是作为生命主体的人在实践活动中所表现出来的生命特性，是人之为人的根本特征，也是衡量人的生命发展水平与能力的主要尺度之一。人的生命主体性主要包括了生命自主性、生命自立性、生命独特性、生命自觉性、生命自由性、生命创造性等品质，其中生命自主性、生命自觉性、生命创造性是生命主体性的核心品质，是考察生命主体性的三个重要维度。任何时代的实践活动无不涉及人的生命主体性，人的生命主体性是关涉人的根本问题和社会发展的重要主题。培养与提升人的生命主体性是实现社会发展、民族进步和人自身的全面自由充分发展的根本保证。人的生命主体性发展既是社会发展的前提条件，又是社会发展的结果。高校教师作为教学活动的主体，如何对待与开展教学活动，就如何展示与建构自身的生命主体性；高校教师如何展示与建构自身的生命主体性，就如何影响教学结果。长期以来，由于受传统文化的影响，相对于学生而言，高校教师作为教学活动的主体，对整个教学活动发挥着主导作用，在教学活动中扮演者控制、支配和权威的角色。在这种教学活动中重视教师的教、忽视学生的学，重视教师的生命主体性、忽视学生的生命主体性。导致学生主体性问题在 20 世纪 80 年代逐渐成为教育理论界和教育实践中的重要焦点问题，引发了广泛的讨论与实践探索。高校教师的生命主体性问题并没有突显出来，也没有引起人们的关注与探究。但是，近些年来，教育越来越迎合社会发展的需要、高校教学的工具性特征日益凸显，高校教学的边缘化地位日趋加重和教学质量下滑的趋势日趋明显，高校教师在迎合外在需要与要求中日趋丧失自身在教学活动中的生命主体性，并随着教学价值自发现象的日益普遍与加剧而显得越加凸显。

5.3.3.1 高校教师生命自主性的缺失

生命自主性是生命主体性的核心特征之一，它是指主体在实践活动中按照自身生命意愿行事所表现出来的特性。高校教师作为高校教学活动的主体，在教学活动中按照自身生命意愿行事的程度体现了高校教师生命自主性发展水平。高校教学本是高校教师生命成长的方式和主要途径，积极主动参与教学和自觉改善教学理应是高校教师生命价值追求与生命成长的内在需求。部分高校教师由于受物质主义、功利主义等影响，过于注重与追求眼前利益、物质利益，消解了自己对教学本然的、内在的、精神的需求与价值追求，消解了自身的生命自主性。高校教师教学生命自主性缺失主要表现为：一是自由意愿的放逐。实现人自身的全面、自由、充分、和谐发展是每个人内心的渴望和本能的意愿，也是人之为人的根本价值追求和生命使命。然而，人在现实的社会生活中，常常由于外在的干扰，诸如利益诱导、压力驱使等，导致有的人放逐了自身的自由意愿而去迎合外在的要求与期待，使得人未能完全按照自由意愿行事。高校教师作为教学主体，不少高校教师存在着迎合外在价值要求与期待的现象，过于关注教学的功利性、实用性和眼前物质利益使自身的自由意愿没有得到实现与彰显。教学成为高校教师主动迎合或满足社会要求和自身眼前物质利益的工具，而不是自身生命成长与生命价值提升的内在自由意愿的向往。二是独立决断与选择的丧失。生命自主性的一个重要维度就是作为主体的人在实践活动中独立判断、自主选择和独立承担相应的责任。高校教师作为教学主体，在教学活动中发挥着主导作用。选择什么样教学内容、采用什么样教学组织形式和使用什么样的教学方法等，这样都能体现高校教师教学的自主性水平。高校教师与学生作为独立的、具体的生命主体，教学活动是满足师生生命成长需求的方式，高校教师应按照生命发展的内在需求独立自主地选择适合生命成长需求的教学内容、教学方法、教学评价等。但受传统文化价值、教师管理与评价机制的影响，高校教师的教学决定与选择并没有遵循与体现作为教学生命主体的独立判断与选择的特点与要求，而是更多地表现为外在价值与利益的代表与执行者，缺乏应有的独立批判的精神与能力，反映了高校教师教学生命自主性的缺失。

5.3.3.2 高校教师生命自觉性的缺失

生命自觉性是主体对实践活动所具有的生命意义觉知的基础上在实践活动中产生的生命特性，主要表现为实践活动的目的性、计划性、积极性，它体现了人之为人的基本特征，强调人生命发展主要是依靠内部力量和自主发展。生命自觉性是生命自觉之人的根本特征，也是实现人的生命全面自由持续发展的根本动力。主体对实践活动或对象的生命意义的觉知或觉悟是生命自觉性的前提，只有当主体认识与理解了实践活动或对象对主体生命成长的积极意义时，才能从根本上激发主体的生命潜能与生命活力。高校教学是师生生命交互生成的生命活动，是最具生命特性的事业。高校教师作为成熟的生命主体，应是具有生命自觉性之人。他理解教学对自身生命成长的意义、能够自觉确立高校教学的生命价值信念，懂得在教学活动中追求什么和放弃什么，有意愿有能力做自己生命的主人。高校教师教学活动越是有目的、有计划，越是积极主动和充满热情与生命活力，就越是体现了高校教师的生命自觉性。然而，现实的教学生活中，不少高校教师并没有表现出应有的生命自觉性，使教学呈现出一种失范的状态。一是教学的无目的性、无计划性。高校教师存在着不知为何教学的问题，未能明确教学的意义与目的，使教学成为一种盲目性、无计划性的活动，导致教学成为高校教师简单传播知识、学生接受知识的机械化、程式化的工作。高校教师没有思考教学所蕴含的极其丰富的生命意义，也未能对教学活动进行充分的教学设计，使得高校教师教学成为按照个人经验、习惯而进行的技艺性操作活动。二是教学缺乏积极性和生命活力。高校教学本应是一个充满生命活力与激情的活动，师生尽情在教学过程中展现自己、积极开展多元的生命对话与交流、不断发掘生命的潜能和努力实现自己的生命价值。但是，部分高校教师并没有把自己的主要精神与时间投入到教学活动中，也没有积极主动地发现教学问题、研究教学问题和解决教学问题，更有甚者把教学作为一种额外的任务或负担。教学成为高校教师不得不完成的一种按部就班的程序，缺乏应有的生命情怀与兴趣。高校教师对待教学的态度表现为兴趣不高、热情不浓、主动性不强、活力不足等，使得教学活动呈现乏味、生硬、沉闷、封闭的特点。高校教师教学的不积极、不主动，就难以调动学生学习的积极性、主动性，师生之间难有平等、民主、多维的生命交流与碰撞，高校教学缺乏充满活力的生命向度与温度而变成一个冷冰冰的单向度的"知识搬运"过程。

5.3.3.3 高校教师生命创造性的缺失

生命因创造而绚丽多彩、因创造而充满生机活力、因创造而富有希望、因创造而不断超越自我。生命创造性是生命运动的根本特征，是生命主体性的最具活力的因素，是实现生命成长与生命价值提升的源泉活水。高校教师一般都具有硕士、博士学位，大都经过系统的、长期的、专门的良好教育，具有较好的知识储备与结构、较好的思维品质与专业能力、较高的创造精神与能力，他们是充满生命活力与生命创造力的主体。高校教师只有主动自觉地、充分地发挥自身的生命创造精神与创造力才能更好地引领与激发学生的创造潜能和培育学生的创造精神与能力，使高校教学成为一个具有创造活力与创新精神的过程。一位自身缺乏生命创造性的高校教师是难以激发学生的生命成长活力，也难以使教学活动变成一个充满创造情怀的过程。当前，不少高校教师的教学活动因自身生命创造性的丢失而使教学活动异化成技术化的、程式化的流程。高校教师的教学活动与行为未能激发、调动与发挥自身的生命创造性，未能充分把握教学情境的不确定与生成性，使得教学成为预设的演绎、经验的简单重复的程式化、机械化过程。主要表现为：一是教学内容的复杂性被简化为"知识搬运"。教学内容是连接高校教师与学生的载体，是教学活动的重要媒介，是实现教学目标的重要依托。选择、整理与转化教学内容是一件极其复杂的事情，它需要考虑教学目标、学生实际、教学条件、教师自身的素质等因素。因而，选择恰当的教学内容需要高校教师投入大量的时间与精力，需要高校教师发挥自身的生命创造性才能做好。在现实的教学活动中，还存在不少简单套用教材内容作为教学内容的现象，未能使教材内容转化为适合学生学习实际需要的教学内容。教学内容缺乏高校教师对其进行创造性的改造、整合与转化，教学被异化为一个简单地把教材知识"搬运"进课堂的机械动作，导致教学内容缺乏同师生生命世界的内在联系而成为缺乏生命元素的"死知识"。二是具有生命灵性的教学过程被简化为"单向传递"的控制。教学过程具有不确定性和复杂性，是师生平等对话、交互作用的生命生成过程，是教学预设与动态生成的有机统一。高校教师应根据学生的个体差异与实际、教学环境、教学目标等因素创造合适的教学环节与情境，不断激发学生的思维和生命潜能，以自身的生命创造活力与激情去激发学生的生命创造活力与激情、以自身的创造精神去引领学生的创造精神、以自身的创造能力去培育学生的创造能力，使教学活动变成一个师生生命创造的过程。"追求、创造本身就包含着幸福的手段，而且追求、创造的行为本身就包含着幸福，即对幸福的追求、创造过程本身对于人的幸福来说，就具有终极价值。"① "但对不少教师而言，教学就是一份如同工厂工人按既定程序施工的工作，没有体会或者难以体会到教学应有的生命意义与创造的快乐……师生的互动仅限于课堂讲授时单向灌输性交往，教师的角色就是传授知识，学生的任务就是接受灌输。"② 高校教师放弃与丢失了自身生命创造性使高校教学失去了应有的生命活力与灵性，教学仅仅变成高校教师传授知识、学生接受知识的"单向"灌输与控制的过程。

5.4 工具理性的横行

理性是人类文明与社会进步的重要动力和标志，是人脱离于动物而又高于动物的重要依托，是现代社会最重要、最根本的内容。可以说，人类社会的进步与发展过程就是一个人类理性化的过程，就是一个高扬和发挥理性的过程。所谓理性"是指能够识别、判断、评估实际理由以及使人的行为符合特定目的等方面的职能，也即人类理智对待秩序、法则、公理、规范的品性"③。理性是人类认识世界与改造世界特有的精神属性和智慧的结晶，是人之为人的一种基本属性与基本能力。马克斯·韦伯把人的理性划分为不可分割的两个方面，即工具理性与价值理性，两种理性共同构成了人类的主体性理性。韦伯认为，"工具理性（工具合乎理性）即通过对外界事物的情况和他人的举止的期待，并利用这种期待作为'条件'或者作为'手段'，以期实现自己合乎理性所争取和考虑的作为成果的目的"④。工具理性是和行为主体的利益紧密相连，这种利益更多的是侧重眼前利益、现实利益和个人利益，行为主体在实践活动中往往把可以精确计算和事先预见的名利作为自身的目的，这种目的体现了行为主体的本能、意志和意愿。在现实的、眼前的利益驱动下，行为主体选择有效的手段去实现预定的目的，甚至为了达到目的而

---

① 高恒天. 道德与人的幸福 [M]. 北京: 中国社会科学出版社, 2004: 58.

② 何云峰, 丁三青. 大学教学的品性、发展困惑及改革路径选择 [J]. 中国高教研究, 2012 (4): 104 – 107.

③ 杨建华. 理性的困境与理性精神的重塑 [J]. 浙江社会科学, 2014, (1) 104 – 111.

④ 马克斯·韦伯. 经济与社会（上卷）[M]. 北京: 商务印书馆, 1997: 56.

不择手段。"工具理性的内核是功利主义：每行一事都要去计算效益、衡量功用。"① 在现实生活中，工具理性具体体现为实用主义、经验主义、功利主义、个体主义等形式。价值理性是和工具理性相对应的一种理性形式，它是指行为主体的选择或行动是基于事物或行为本身的内在价值或固有价值，而不计手段、后果、不计现实利益与个人得失。韦伯认为"价值理性（价值合乎理性）是指通过有意识地对一个特定的举止的——伦理的、美学的、宗教的或作任何其他阐释的——无条件的固有价值的纯粹信仰，不管是否取得成就"②。价值理性不以个人的、现实的、眼前的利益为根本目的，而是以人的全面、自由、充分发展与人自身的完善为终极目的，它追求的是一个充满人文情怀和生命意义的世界，它强调与注重对人的终极关怀和价值的追问与实现，关怀与执着于人生命成长、生命价值的完善、人生命体验以及人的幸福。在价值理性世界中世界是人的世界、人的世界是人的价值世界、人的价值世界是人的生命价值世界。价值理性并不忌讳与回避功利目的，它把人的整体利益、长远利益、终极利益作为自身的最高目的，侧重的是人的尊严的获得与维护，追求的是人的生命成长与生命价值的提升，谋求的是人的自由、全面、充分的发展。

工具理性与价值理性保持合理的内在张力是实现社会发展与人类进步的内在机制，是社会持续健康发展的重要条件与保证。然而，在社会发展过程中由于科学技术所带来的辉煌成就和满足人们的现实物质需求，使得工具理性与价值理性的天平失去了平衡，工具理性以其巨大的威力不断侵占、吞噬、摒弃了价值理性。工具理性把人从贫困、愚昧无知、迷信、灾难的深渊中解救出来的同时，又由于自身的横行霸道和一意孤行把人重新"摔进"了难以自拔的万丈深渊之中，人忘却了人是人的目的，人承受着难以承受之重。工具理性的横行，价值理性的迷失导致人们更容易、更多地"从实用主义、经验主义、功利主义的层面去思考问题，而不去寻求超越现实利益的生活意义、理想价值、信仰与终极关怀，使人的生活表层化、实利化、短暂化，使人对

---

① 武黎嵩. 别让工具理性毁掉文学之美［N］. 光明日报，2014－05－23.
② ［德］马克斯·韦伯. 经济与社会（上卷）［M］. 林荣远，译. 北京：商务印书馆，1997：56.

自我的认识与关怀只服从他逐物的需要，不再去思考哪些具有永远意义的价值"①。"工具理性使人类走出了愚昧、盲从却又陷入了简单化、片面化，陷入了意义危机和精神上无家可归的境地。用工具理性来思考问题与指导行动，形成片面化的、畸形化的后果。当代社会各种异化现象的出现，确实与理性的这种片面发展密切相关。"② 高校教师教学作为一种社会实践活动无不受到工具理性的深刻而现实的影响，教学难以成为高校教师生命的存在方式和生命成长的重要历程，而是沦落为高校教师追逐个人功利的手段。在工具理性视域下，教学成为一种可以精确计算和预先算计的能满足个人利益与名誉的手段或工具，某些高校教师纠缠的是个人现实利益的得失和外在需求的满足，把实现教学利益的最大化与物质化作为自身教学的根本价值追求与目标。教学虽然具有满足人现实需求和利益的功能，但不少高校教师似乎忘却了"人是教学的根本目的，人生命成长与生命价值提升是教学的根本价值追求与归宿"。"在"知识就是力量"叫得山响的时候，工具理性变成社会的唯一组织原则，这一原则渗透了社会的总体结构和社会的某一个方面，异化、沙化、物化、单向度的思维和文化成了社会全面统治、控制和操纵个人的深层基础与工具，人处于被边缘化的状态"③。"此时，人的目的、生命的意义、人文的精神和终极的价值一概被弃之一旁。"④ 在工具理性的横行下，势必导致高校教师教学的价值自发和全面的教学危机。

5.4.1 高校教师教学的功利主义

教学作为教学主体的生命实践活动，教学的过程就是成全人、完善人、丰富人的创造性生命过程，它是属人的事业。但是，并没有排除和否定高校教学所具有的功利性属性，教师通过教学获得生命所需的物质条件。然而，高等教育在工具理性的长期侵蚀下，高校教学的功利性获得了极大的膨胀并逐渐侵入到高校教学系统的中心，动摇甚至在相当程度上改变了高校教学的原本状态，使高校教学的属性发生了改变。高校教学所具有的功利性被以追

① 鲁洁．教育的返璞归真——德育之根基所在 [J]．华东师范大学学报（教育科学版），2001，(4)：1-6.
② 杨建华．理性的困境与理性精神的重塑 [J]．浙江社会科学，2014，(1)：104-111.
③ 王定功．生命价值论 [M]．北京：教育科学出版社，2013：118.
④ 刘济良．青少年价值观教育研究 [M]．广州：广东教育出版社，2003：127.

逐短期的、现实的、外在的"利益"为核心与目标的功利主义所掩盖和取代，教学的"育人"与"成己"价值被赤裸裸的"名利"价值所支配。人们企图获取的是高校教学可预期的、现实的利益，把它作为从事教学活动的目标追求。工具主义强调以精确计算与预先算计的利益作为行动的目标，主张选择有利于实现目标或获得利益的手段和工具去达到既定的利益目标。工具主义对现实的高等教师教学产生了深远的影响，它强调高校教师教学是实现高校教师和国家利益与需要的手段和工具，培养人才本身也是为了实现高校教师自身的利益与需求。因而，培养人才并不是高校教师教学的首要目标与责任。"从外围开始，金钱，正不断移向核心。从某种角度说，圈钱已经变成一个目标。"① 人本来是高校教学的对象，却变成了人是高校教学的"奴隶"。高校教师本是高校教学的主体，却渐渐变成了高校教学的客体。教师与学生的尺度在现实的、眼前的利益诱惑下被无情冷漠地抛弃在荒芜的原野，名利成为高校教师从事教学活动的主要欲求，功利主义主宰着高校教师的教学思想、教学态度与教学行为。现实的物质利益与名誉主宰和操纵着高校教师的教学生活，高校教师的生命世界与精神生活被物质利益所俘虏。教学的功利价值本应是服务于高校教师的，但在功利主义支配下高校教师却成为一种为教学的物质利益而存在。"此时，人的目的、生命的意义、人文的精神和终极的价值一概被弃之一旁。"②

功利主义是工具理性的内核，它的重要特征是以可计算与可预测的功利价值作为思考问题和采取行动的根本指南和根本依据，并主动把事物或行动的功利价值作为自身追求的目标。在科学技术日益盛行和物质主义泛滥的当今社会，功利主义的影响表现得更加明显与突出。功利主义的思维模式导致高校教学"人的发展"的目的被现实功利价值所淹没、高校教学的深层价值被浅层价值所取代、高校教学的本源价值被外在价值所遮蔽。高校教学本是致力于解决人的为何而生、生有何意、如何实现人生更有价值和更幸福的有关人的重大问题，但由于功利主义思维与价值立场的全面介入，致使高校教

① [美] 弗兰克·纽曼，莱拉·科特瑞米，杰米·斯葛瑞. 高等教育的未来：浮言、现实与市场风险 [M]. 李沁，译. 北京：北京大学出版社，2012：37.
② 刘济良. 青少年价值观教育研究 [M]. 广州：广东教育出版社，2003：127.

师把教学的本源目的当作实现自身现实利益的手段与工具。高校教学由引导人、发展人、成全人的属人活动异化为物化人、束缚人、贬低人的工具，人由目的异化为手段，这就从根本上颠覆了高校教学的目的与手段的关系。在现实的高校教学生活中，不少高校教师的教学价值观念与教学行为受功利主义的支配，把视线与目光更多地集中在教学的功利价值实现层面，过分注重教学活动对自我现实利益需求的满足和功利目标的实现，高校教学的生命意义被现实的利益追求所粉碎与消解，高校教师难以主动自觉地去探寻现实教学生活的生命意义、教学的理想信念和对人的生命的终极关怀，导致现实的教学生活同高校教师的生命世界割裂开来，高校教师沉迷于对教学现实利益的追求和纠缠于个人现实名利的得失，却忘却了作为高校教师的根本使命和责任，忽视了教学对教师与学生的内在价值和本源意义，逐渐迷失了自我生命成长的方向和丧失了主动自觉生命成长的内源性动力。"人的物化以及人生命目的的物化，导致了人的物欲对人的精神存在的僭越，导致了人与自然的疏离，以及人与自身的疏离。一方面，人陷入了竞争的生存压力以及沉浸在世俗生活享受之中，'甘愿'将自己变成赚钱与花钱的机器；另一方面，人的心灵世界变得苍白荒芜，杂草丛生，人们感受不到生命的动力，找不到精神的依托。"① 活生生的、具体的、有血有肉的人被功利主义肢解得支离破碎，丰富多彩的生命世界被冰冷无情的知识传授所包裹。当教学主体的生命意义成为碎片，高校教师所关注的不是学生的生命存在与发展，也不是教师个人的生命价值提升；而是教学对高校教师个人物质资料与名利的满足程度。教学能否给他们带来预期的物质回报成为高校教师所关注和所关心的根本教学问题，也是影响高校教师教学态度、教学行为的首要依据。在功利主义的驱使下，人由教学中心走向了教学的边缘，人由教学目的异化为谋求利益的机器。高校教师和教学的内在生命关系演变成一种抽离生命灵魂与终极价值关怀的功利化的外在关系，高校教师再也难以在教学生活中为自己和学生的生命价值寻求到终极的依据和现实的实现路径。

工具理性的横行、价值理性的迷失导致人们更容易更多地"从实用主义、经验主义、功利主义的层面去思考问题，而不去寻求超越现实利益的生活意

---

① 王定功. 生命价值论 [M]. 北京：教育科学出版社，2013：119.

义、理想价值、信仰与终极关怀，使人的生活表层化、实利化、短暂化，使人对自我的认识与关怀只服从他逐物的需要，不再去思考哪些具有永远意义的价值"①。高校教师将教学视为谋取物质利益和实现自身功利性目标的手段、工具与载体，而非教师生命存在的方式和生命价值提升的主要途径。高校教师教学受功利主义支配越深，其教学的功利性色彩就越明显，教学就离人的生命价值世界越远。功利主义在高校教学上的影响主要表现为：一是高校教学以实现高校教师的现实物质利益为直接目标。教师被社会赋予神圣而光辉的角色形象，诸如人类灵魂的工程师、园丁、蜡烛和梯子等，从事着最接近和最能触动人的灵魂的伟大事业，承担着"传道、授业、解惑"的职责。"不为半斗米折腰""两袖清风""无私奉献""淡泊名利"等传统形象，在功利主义的侵蚀下越来越受到挑战与冲击。功利主义的横行，虽然在一定程度上利于教师回归正常的角色期待和现实的世俗生活世界，为实现教师人之为人的正常需求创造了条件。但是教师在外在物质利益的诱惑和现实生活的压力下，传统社会所注重教师的高尚道德形象与精神期待在功利主义的影响下日渐式微，教师或主动、或被动地投入到追求现实利益和满足物欲的洪流之中。在功利主义大肆横行的大环境下，高校教师也难以独善其身，在教学活动中他们或主动投入、或被动卷入到物质利益的追逐之中。拥有高深的学科专业知识和广博的科学文化知识本是高校教师从事教学活动的基本条件，也是教师和学生进行生命对话与交流的重要载体。但是为了实现自身的物质利益，某些高校教师却把实现有效教学的载体即知识作为自身追逐名利的"资本"。"资本"作为实现与创造利益的重要条件，其中一个重要特征就是实现保值与增值。知识作为高校教师获取名利的"资本"已经改变了知识的本来意义，教学成为高校教师实现"资本"扩张的手段与工具。正如马克思在《资本论》中所写到的那样："如果资本的利润有百分之五十，它就会甘冒风险；如果利润有百分之百，它就敢无视乃至践踏人世间所有法律；如果利润达到百分之三百，它就敢冒着被绞死的危险而去犯下任何罪行。"② 足见功利

---

① 鲁洁. 教育的返璞归真——德育之根基所在 [J]. 华东师范大学学报（教育科学版），2001，（4）：1-6.

② 马克思，恩格斯. 马克思恩格斯全集第23卷 [M]. 中央编译局，译. 北京：人民出版社，1972：829.

主义对人的行为的影响之深，也足见现实的利益对人的行为的影响之深。功利主义无不挑动着高校教师教学的"神经"，决定着高校教师的教学行为。在功利主义的驱使下高校教师由"知识的传播者"沦落为"知识的贩卖者"，导致高校教师教学活动出现种种教学失范现象和"反教学"现象就不足为怪了。

二是教学服务于社会利益目标的实现。功利主义在高校教学中的价值主张与社会的利益诉求就转化为教学的价值追求、社会的需要就转化为教学的需要、社会的意志就转化为教学的期待。在功利主义视域下，高校教学应为社会发展培养所需的人才，社会发展与政治、经济建设要求是教学的根本指南和人才培养的根本标准。在高等教育同经济社会发展联系与相互作用日益紧密的今天，高校教学的外在社会功能、政治功能、经济功能等表现得更加显著。高校教学的外在功能逐渐遮蔽其内在价值，教学的本源意义逐渐丧失，学生乃至高校教师的生命意义都被在追逐教学的外在功能中遗忘掉了。高等教育为经济社会发展服务日益成为响当当的口号和不容置疑的指导思想，高校教学日益沦陷为实现经济社会发展目标的工具与手段，高校教学同师生的生命价值世界的内在关系在功利主义的侵蚀下，其鸿沟变得越来越宽广了。

5.4.2 高校教师教学的技术主义

技术主义是工具理性的又一表现形式，是近代以来科学技术和理性在认识世界与改造世界中发展的结果。它在人类征服自然的过程中彰显了极大的威力，也为人类创造了丰富的物质财富。也正是由于技术主义的极大膨胀，使人类在追求效率和实现技术创造财富与满足需求中，工具理性由解放人的工具退化为统治自然和人的工具。人们在享受、欣赏与崇拜技术主义"魅力"的过程中极大高扬了技术主义，使得技术主义以强势的霸权形式渗透到人们的日常生活与工作中，以至于出现了技术主义霸权，从而使得技术主义由解放人的力量异化为支配、控制人的力量。也就是说，被人类所推崇的技术主义蜕变成了一种统治奴役人的工具。技术主义从西方启蒙运动开始发展至今，极大加快了人类社会前进的步伐，提高了人们认识世界与改造世界的能力，拓宽了人类思考问题与解决问题的视野，极大丰富了人们的物质财富，提高了人们的物质生活水平，使人类从愚蒙、无知、迷信的黑暗世界中解放出来，引导与促使人不断走向自主与自由。技术主义作为近代以来社会进步、经济发展、科学技术创新等方面的主导力量之一，它在推动社会进步、创造物质财富、促进人的解放等方面具有的巨大作用与贡献应给予客观的、充分的肯定。然而，事物尤其是走向极端的事物往往具有两面性，技术主义的两面性表现得极其明显。技术主义在促使人类不断走向解放的过程中提高了掌控自己命运的意愿与能力，却又被技术与物质所支配与控制；技术主义企图通过理性来规划和安排人们的社会生活，却使社会生活遭到技术主义的强烈破坏而走向非理性与杂论无序；技术主义给人类带来物质财富的同时，却又造成了难以估量的人文精神的破坏。技术主义使具体的、活生生的、现实的人在对物质的无止境的追求中陷入了技术与物质的异化的生存枷锁之中。技术主义以技术标准作为衡量与评价一切事物的绝对标准与终极标准，而这种绝对标准背后隐藏着对效用的追求与崇拜。技术主义所勾勒与支配下的世界是一种"见物不见人""重技术轻人文""重手段轻目的"的图景。"人作为一种自由的创造性的实践存在所应具有的否定性、超越性和批判性被技术所肢解，不再是社会的反抗力量，而是被'整合'或'一体化'到现存的社会体制中，成为失去超越维度和批判维度的'单向度的人'。"① 在技术标准泛滥的技术主义时代，人们从事实践活动首先考虑的是事物或活动的效用，而忽视了事物或活动本身所具有的内在价值。而实现事物或活动效用的最大化就需要不断追求与实现技术与工具的更新与完美性，以对技术和工具的追求代替事物或活动本源的、内在的价值追求，无疑必将导致钳制与压抑人的精神生活空间和忽视的人的生命世界，甚至导致人性的扭曲，导致人之为人的生命价值世界的失落、遗忘和迷失。

技术主义对精神生活空间和生命世界的挤兑涉及人类生活的方方面面，高校教师的教学行为及其价值追求也深受技术主义的影响。技术主义主导下的高校教学模式，教学越来越偏离了自身的本源价值，过分强调教学的效用价值，导致教学缺乏对教学主体生命情感的关怀和生命价值的终极追求，教师与学生的生命被视为实现教学效用的载体或工具来对待，人的生命世界被技术主义排斥在教学的生活世界之外，导致高校教学失去了应有的生命价值目标的指引而沦落为一种肤浅的、技术化的缺乏精神深度的技术行为。在技

---

① 周立光. 技术理性及其现代命运［D］. 黑龙江：黑龙江大学，2007：11.

术主义支配下的高校教学，"整个进程就如一座得到重锤作动力的钟的运行一样，不会发生摩擦"。① 丰富多彩的、完整的、动态多变的高校教学演变成一种简单的技术演绎，因缺乏情感色彩、生命碰撞和价值引领而变得冰冷和机械。技术主义对高校教师教学的影响表现在多个方面，具体如下。

5.4.2.1 教学目标的精确化

技术主义强调追求事物或活动的确定性，主张按照事物的既定目标开展行动，以确保预定目标的完全实现。教学目标对教学活动具有指导、激励与评价的作用，制定科学合理的教学目标对促进与改善高校教师教学行为具有积极的作用。技术主义教学目标观认为，教学目标精确性越高就越有利于指导教学活动的开展和教学目标的实现。技术主义注重教学目标的精确化实质上是强调了知识传授与掌握的可控制性、可预期性，而忽视了"人是不确定性的，是可能性的存在"②。教学目标的精确性只看到了教学确定性的一面，却忽视了教学实践过程中动态生成性的一面。实际上，教学结果或教学目标的追求过程是教学预设与教学生成交互作用的结果。技术主义主导下教学目标过于注重精确性是"只见知识未见其人"的结果，实质上是把知识的精确掌握作为价值目标，而忽视了教学主体自身的生命成长与生命价值提升，是教学目标的本末倒置的一种具体体现。教学作为为人与人为的活动，人才是教学活动最根本、最核心的因素，人的生命成长与生命价值提升才是教学的根本价值目标。人的生命成长有着自身的内在规律，人具有不确定和动态生成性，人的发展不可能完全按照预设的精确目标行进。因而，教学目标的精确化缺乏了鲜明的人学立场，忽视了人的生命价值存在及其特性，违背了人的生命成长规律。知识本来是为人服务的，却变成了人为知识服务，导致"知识失去了原本理应被受教育者改造和理解的功用，转而变为了控制、压抑主体个性化生命参与的障碍"。③ 人的生命成长被排除在教学目标之外，教学主体的积极性与创造性难以被激发和调动起来，师生的生命活力难以获得释

① ［捷克］夸美纽斯. 大教学论［M］. 傅任敢，译. 北京：人民出版社，1984：78.
② 杜海平，石学斌. 论生命哲学视野下教师教育价值取向［J］. 教育研究与实验，2011，(4)：60－63.
③ 冯建军. 生命化教育［M］. 北京：教育科学出版社，2001：155.

放，使高校教学失去了应有的生命向度。

5.4.2.2 教学过程的程式化

"一个只把别人当作利用对象和手段的人，不可能与别人在灵魂深处直接见面。"① 技术主义主导下的高校教学过程演变成既定的教学模式，教学过程变成教学预设的演绎，高校教师掌控着整个教学过程的进程、速度、内容等，缺乏与无视不同教学主体之间的生命碰撞、对话与交流。高校教师本是高深知识的探究者、传播者，本是学生生命成长的引领者。"教学是教师与学生的双边活动，是教师与学生双边生命价值与意义共同生成的活动。在这样的语境下，教学的本质并不以理论知识传授量的多少位目标，而是关注是否在传递理论知识的基础上实现对教师与学生个体的生存、生成意义的追寻。"② 但在技术主义主导下的教学活动，高校教师在教学活动中只需要按照既定的程序进行相应的操作就能完成相应的教学任务，导致高校教师由"人师"贬低为"技师"甚至是"操作工"。高校教师作为教学活动主体的主动性、创造性等丧失殆尽，作为个体生命主体的生命价值世界和精神家园无处安身。高校教学过程变成一种同高校教师生命价值无关的纯技术性的程式化操作活动，教学生活演变成缺乏生命情怀与价值关涉的科学世界，导致教学过程因缺乏基本的生命价值属性而失去了应有的生命活力和生命意义。

5.4.2.3 教学手段的技术化

科学技术的迅猛发展给人类生活带来了翻天覆地的变化，也使高校教学手段发生了深刻变革，使现代高校教学手段体现了明显的技术主义的痕迹与特点，教学手段的信息化、技术化成为技术主义在教学活动中的显著标志。计算机、幻灯片、多媒体、无线网、各种应用软件（诸如 QQ、微信等）等被广泛应用到教学领域，现代教育技术在高校教学中的普及，改变了教学组织方式和极大提高了教学效率。但同时也在不同程度上导致高校教师的教学活动过于关注与依赖教学技术手段，完整的具有生命情怀的高校教学逐渐演变成对技术的膜拜与依赖。有的高校教师把丰富的教学内容简化成 PPT，把富

---

① 张世英. 哲学导论 [M]. 北京：北京大学出版社，2007：255.
② 宋洁绚. "自觉"与"自决"：原理性课程教学应有之义 [J] 教育研究与实验，2015（3）：54－57.

有生命灵动的教学过程简化成高校教师单向宣读 PPT 的技术操作程序。据笔者所了解的并值得深刻反思的教学现象：某些高校教师没有 PPT 不会上课，学校停电了教学就没法进行，多媒体或计算机出故障了教学也没法进行……这无不是高校教师在教学中过分依赖教学技术的结果。因而，教学手段的技术化不仅使高校教师的教学行为受制于技术本身，还忽视了教学主体的生命价值世界与精神家园。高校教师倾注教学技术手段，忽视师生人文素养的培育；注重教学技术的有效运用，缺失师生之间的情感交流与生命碰撞；努力追求教学形式的有效性，忽略关注与重视师生的情感体验、过程参与和生命价值的生成。教学手段的技术化实质上就是教学主体的工具化、教学本身工具化的具体表现。这种高校教师过于重视教学技术手段的做法又必将导致高校教师被技术本身所钳制，其结果导致高校教师自身主体性与生命价值等的丧失。高校教师主体性与生命价值世界的丧失是教学同高校教师生命世界割裂与疏远的必然结果，也会进一步导致高校教师无心向教、无意向教、无力向教的现象。

5.4.2.4 教学评价的数量化

高校教学是基于生命、为了生命、依靠生命与成全生命的事业，教学主体生命成长与生命价值提升是教学的根本价值追求。人的生命成长包含着十分丰富的内容，其内容具有潜隐性、难以计算性和不可确定性等特点。教学评价应充分考虑与注重人生命成长的特点与规律，并利于引导与促进教学目标的实现。教学评价是一种对教学过程、教学结果等认识基础上的一种价值判断活动。因受到技术主义的影响，教学评价十分注重评价的科学性、实证性，导致量化评价大行其道，教学评价呈现出数量化的特点与趋势。教学评价的数量化所蕴藏的技术主义思维模式。技术主义思维模式认为，只有客观的、数量化的评价才是科学的、可靠的、有效的。量化评价必须依靠真实精准的数据和科学的技术统计工具与手段才能行之有效，它具有较好的甄别与鉴定功能，它应用在某些领域（诸如生产计件数量、体育项目竞赛评价等）确实科学高效。但是，如果把量化评价简单地套用到教学领域并使之成为一种主导型评价方式，未必能很好地发挥其自身的优势。事实上，量化评价应用到教学的认知领域确实不失为一种有效的评价方法。但是在教学的其他方面普遍使用量化评价，使教学评价过分注重量化与数据，将会导致教学评价的数量化不仅不能发挥量化评价的优势，反而还较大程度上违背了教学自身的内在规律，把教学的意义与成果异化为客观的、冰冷的数据，忽视了人的情感世界、生命体验和价值。因为教学活动的人文价值，教学主体的生命情感、生命智慧、生命价值等岂能被转化为简单的数量而进行精准的教学评价？教学评价的数量化不仅难以反映教学的本来面貌，反而易于导致教学主体情感的冷漠、心态的扭曲、价值观的迷失、生命意义的旁落等，引导与促使高校教师的教学活动走向歧途与误区。

5.4.3 高校教师教学的经验主义

高校教学本是一种有计划、有目的、有组织的师生之间生命对话与交流的专业实践活动，它具有极强的计划性、目的性、实践性、专业性、反思性、批判性与超越性等特点。高校教学作为一种专业性极强的生命实践活动同日常生活有着根本的区别。日常生活主要依赖传统、经验、习惯、风俗等因素加以维持，在经验性思维与重复性思维的支配下以一种自在自发的方式存在着和运行着。因而，日常生活往往具有经验性、重复性、无意识性、无批判性、非自觉性等特点，它往往通过惯常化的形式出现而使人习以为常。在现实的高校教学生活中，高校教师由于深受工具理性的影响而导致人们更容易、更多地"从实用主义、经验主义、功利主义的层面去思考问题，而不去寻求超越现实利益的生活意义、理想价值、信仰与终极关怀，使人的生活表层化、实利化、短暂化，使人对自我的认识与关怀只服从他逐物的需要，不再去思考哪些具有永远意义的价值"①。经验主义作为工具理性的一种具体表现形式，由于工具理性的横行已深深地影响到高校教学生活，导致高校教师教学表现出经验主义的浓厚色彩，使高校教学生活表现出日常生活的景象。

经验主义习惯于熟知的现实生活，对生活本身所具有的深层意义往往缺乏探究意识和批判超越精神，凭借已有的经验、习惯、传统等因素分析和解决面临的现实问题。它因缺乏创新与超越品性而表现出经验化、惯常化、封闭化、常识化等。它既对自身缺乏批判的勇气、又对新新事物缺乏应有的兴

---

① 鲁洁. 教育的返璞归真——德育的根本所在 [J]. 华东师范大学学报（教育科学版），2001 (4)：1-6.

趣与热情。高校教师教学的经验主义是工具理性在教学生活中的具体体现，是一种具体的经验主义。高校教师的教学行动更多是依赖已有的教学经验、教学习惯、教学常识，科学的教育教学理论往往被抛弃在教学生活之外。随着高校教师对教学内容熟悉程度的提高，教学活动更是变成高校教师习以为常的、想当然的生活方式，使教学行为与过程表现出简单化、重复化、惯常化的特点。高校教师没有把"自我"投入到教学活动中去，难以产生积极的自我意识，更难以调动高校教师教学的积极性、主动性与自觉性。高校教师栖息在教学生活之中，却把自己的生命世界搁置在教学生活之外。在这样的教学生活中，高校教师难以体验到教学生活赋予的生命尊严与价值，也难以感受到教学生活所带来的乐趣与幸福感。高校教师知道教什么，却不清楚教学背后的真正目的与价值；高校教师能进行教学活动，却不屑于思考如何改善教学；高校教师熟知教学，却被自身的教学经验所束缚。高校教师教学的经验主义缺乏应有的反思、批判与创造而使充满生命灵动与活力的教学生活沦落为一种经验主义的日常生活。在这种日常教学生活中，高校教师的自主性、反思性、主动性、批判性与超越性丧失殆尽，成为一种抽象的、失去生命价值世界的人。高校教师存在于教学生活中，却失去了探究教学生活价值的兴趣、热情与动力，教学成为高校教师的一种自在自发的、惯常化的活动。对高校教师而言，教学生活失去了应有的生命意义。"教师作为意义主体的'人'的活动本身即是一种具有能动性和自觉性的活动，是一种萨特所言的'自由选择'的内在发展。何况作为承担传承人类知识和文明，教化高等人才职责的高校教师更不应该满足于现状，不应受'自在'的规约和束缚，而是顺应时代的发展而不断实现着自身的发展。"① 高校教师在教学活动中应多一份反思，少一份惰性；多一份主动，少一份被动；多一份批判，少一份守旧；多一份开放，少一份封闭；多一份自为，少一份自在。

5.4.4 高校教师教学的虚无主义

教学自大学产生起就是其中心工作和根本职能，也是高校教师的根本职责与核心使命，也是大学区别于其他组织机构的根本依据和标志。在相当长

---

① 高亚杰. 论我国高校教师专业发展"自为"的缺失与建立 [J]. 国家教育行政学院学报，2011 (2)：17-20.

的高等教育发展史上，教学一直是大学的唯一职能，积极从事教学活动和不断自觉改善教学是高校教师本然的根本职责，使得教学的中心地位、功能与内在价值被广泛认可与尊重。然而，到了1810年，德国教育家威廉·洪堡以"科研与教学相结合与并重的理念"创办了柏林大学，科学研究成为高校的又一重要职能。20世纪初，美国威斯康星大学校长范·海斯基将社会服务引进大学，使大学的职能在教学、科研的基础上增加了社会服务一项，他将教学、科研和服务三者都作为大学的主要职能。在此，社会服务也逐渐成为大学的又一重要职能，极大地推动了大学与社会经济发展之间的联系。教学（人才培养）、科学研究、社会服务成为社会公认的大学的三大传统职能，三者都具有自身独特的适用范围与价值，其中教学作为大学的中心工作与根本职能虽然受到挑战但并未从根本上改变其地位与作用，基本上保持了教学与科研之间的平衡。然而，近代以来随着工具理性的泛滥与横行，教学不断受到科研的强力挑战与冲击，导致教学的中心地位在事实上"被边缘化"。高校教学虽然在国家、学校的政策文本、办学思想与理念中或公开的言说中名义上仍是高校的中心工作和根本职责，但是在高校教师的实际工作与生活中已被切切实实地边缘化、虚无化。高校教师教学的虚无主义弥漫着当今的高等教育，高校教学的中心地位没有得到真正的落实、高校教学的价值没有得到得真正的彰显，导致高校教学质量的下滑就是一个不争的事实与佐证。高校教师教学的虚无主义是工具理性在高校教学中的又一表现形式，它是指高校教学的地位、内在价值没有获得应有的认可与落实，使高校教学背离了自身的本来面目的一种表现形态。在现实的高校教学实践中，其主要体现为高校教学地位的失落和高校教师价值的迷失等具体形态。

5.4.4.1 高校教学地位的失落

教学作为大学原初职能，在伴随科研职能日益强盛的过程中而日渐式微，被排挤到高等教育的边缘化位置，沦为大学教师不想做但又不得不做的一项"负担性工作"。① 科研成就逐渐成为高校教师职称晋升的主要凭借，也成为高校获得社会声誉和资源的重要手段。科研成就与贡献成为高校排名的主要

---

① ［美］厄内斯特·博耶. 关于美国教育改革的演讲［M］. 涂艳国，译. 北京：教育科学出版社，2002：56.

依据，国家和科研基金也加大了对科研的政策与资金支持力度，甚至有的高校出台了"不出版就解聘"的教师管理政策，在高校逐渐形成了一种重科研、轻教学的高校教师评价机制和文化。更有甚者，在某些高校教师头脑中形成了这样一种刻板思维模式即科研好、教学就好，科研能力强、教学能力就强和教学水平就高。科研逐渐走向高校的中心、逐渐成为高校教师实际工作中首要的、核心的职责，教学却逐渐沦落为高校工作的边缘位置、逐渐成为高校教师不得不完成的任务。在美国要获取终身教职就必须在科研上取得突出的成就，"终身教授的资格在多数情况下授予研究成果突出的教师，很少授予教学贡献突出者"。① 在我国某些高校虽然规定了高校教师必须完成一定的教学工作量，在职称评审中也对高校教师的教学工作做了相应的要求与规定，但是这些要求往往过于形式化而难以对高校教师重视教学和提高教学质量有切实的促进作用。高校教师把主要时间与精神用于科学研究、忙于项目申报和积极从事具有高回报的社会服务项目，他们无心向教、无法安心于课堂与实验室，对教学缺乏应有的热情和自觉性，以冷漠的、应付了事的态度对待教学工作。高校教学的虚无主义带来一个二律背反的教学现象：教学的中心地位口号喊得越来越响、越来越频繁，但是在教学实际中却越来越被边缘化。高校教师投入教学的时间与精神越来越少、态度越来越冷漠，学生学到的东西越来越少。"学校的无情变革，已经破坏了学生享受真正的教育机会。"②

5.4.4.2 高校教学价值的迷失

教学作为高校的中心工作和高校教师的根本职责，如何对待教学事关教学质量、事关人的生命成长、事关高等教育事业发展、事关民族素质的提高。提高教学质量的过程就是一个教学价值生成与实现的过程。关注教学、研究教学、重视教学和保障教学是提高高校教学质量的前提条件，如何引导高校教师重视教学成为提高教学质量的一个重要条件。在工具理性影响下，高校教师有意或无意地放逐了自身的根本职责，他们无心教学、对教学缺乏应有

---

① ［美］哈瑞·刘易斯. 失去灵魂的卓越［M］. 侯定凯，译，上海：华东师范大学出版社，2007：7.

② David F. Labaree. How To Succeed in School in School without Really Learning：The Gredentials Race in American Education［M］. New Haven & London：Yale University Press，1977：250.

的热情与兴趣，对提高教学质量缺乏内在动力，导致高校教学价值迷失。高校教学价值的迷失实质上是高校教师对教学价值认识的缺位，是高校教师教学虚无主义的一种具体表现形式。"现实生活中，人们过分强调自我、小我，关注自我奋斗、自我实现，更多地将自我多元利益需求得到满足以及实现满足程度最大化作为人生追求的主要目标，纠缠于自我的得失与悲欢，丢掉了对他人与社会应承担的责任，淡化了对他人应做的贡献，渐渐迷失了自我的方向。"[1] 教学不应仅仅是高校教师获取利益的手段，更不应为了获取更多更现实的利益而放弃应有的教学责任与担当。它作为高校教师生命存在的一种方式是高校教师生命成长与生命价值提升的根本途径。"于教师而言，课堂教学除了是一份责任、一份坚守，更是一种乐趣、一种提升、一种恒久的生命动力。"[2] 高校教师积极从事教学和主动自觉改善教学不仅利于提高人才培养质量，还利于提升高校教师自身的生命质量与价值。高校教师如何在教学生活中栖居，就如何安放自身的生命；高校教师如何过教学生活，就如何建构与展现自身的生命世界。"教师对主体意义的追寻才是一种有意识的自觉的行为。"[3] 因而，高校教学同高校教师的生命价值具有内在的关联性，高校教师应充分、全面、科学地认识、理解与把握高校教学的本然价值，主动自觉地走出教学的虚无主义泥潭。

---

① 王定功. 生命价值论 [M]. 北京：教育科学出版社，2013：116-117.

② 宋洁绚. "自觉"与"自决"：原理性课程教学应有之义 [J] 教育研究与实验，2015（3）：54-57.

③ 魏薇，陈旭远，高亚杰. 论我国高校教师专业发展"自为"的缺失与建立 [J]. 国家教育行政学院学报，2011（2）：17-20.

6　实现高校教师教学价值自发走向教学价值自觉的理路

高校教师教学的价值自发引起了广泛的教学价值失范和深刻的教学危机，导致了高校教育教学质量的下降和人才培养质量的下滑。如何提高高校教育教学质量和人才培养质量是高校重获社会声誉和实现自我超越的不得不回答的现实问题。提高高校教学质量与人才培养质量主要受制于内外因的共同作用，外在因素包括教学设施设备、教学待遇、教学评价机制、教学奖励等，内在因素包括教师教学理想、信念、态度、精神等。外在因素虽然对高校教师教学具有极其重要的影响，但从根本上说高校教师教学质量的提高更取决于内在因素，取决于高校教师对教学的认识、态度以及所持有的教学价值取向、理想、信念等。因而，只有把教学转化为高校教师生命的内在需求、实现高校教师教学的价值自觉，才是提高高校教学质量与人才培养质量的根本之道。高校教师只有不再把教学视为一种外在的额外的任务或负担，也不再视为一种简单的谋生的方式与途径，而是把教学同高校教师的生命成长与生命价值提升有机结合起来，使教学成为高校教师重要的生命存在方式，才能实现高校教师"要我教学"到"我要教学"的跨越，才能使高校教学焕发出生命活力。从高校教学质量提高和高校教师专业发展的角度看，如何实现高校教师教学价值自觉不仅是一个亟待解决的理论问题，也是一个具有重大意义的现实问题。

6.1　深化对高校教学的认识

思想观念往往是行动的先导，对人的行为具有导向作用。深化对高校教学的科学认识是引导高校教师有效进行教学活动的重要前提，是高校教师主动持续改善教学、提高教学质量的重要基础与保障，也是高校教师教学价值自觉的重要条件。因而，深化对高校教学本质、特性、地位、功能等的科学认识，积极树立科学的教学价值观，是引导与促进高校教师教学价值自觉的内在需求。事实上，自从有了教育，人们就没有停止过对教学的探究，逐渐形成了丰富的、多元的、复杂的教学认识、教学思想、教学价值观，从而引发了复杂多元的教学实践活动。高校教学作为一种具体的教学实践活动，在多元的教学认识指导下也呈现出勃勃生机，但是在这种生机盎然的背后也隐藏着教学价值失范现象甚至是教学危机。因而，重新审视教学，深化对教学的认识，科学理解与把握教学，树立正确的教学价值观，是规避高校教学价值失范或克服教学危机的重要前提，也是实现高校教师教学价值自觉的重要条件。

高校教师作为教学主体，是独特存在的生命体，具有独特的生命需求、生命价值主张与价值追求。关注高校教师生命价值，不仅有利于引导和促进高校教师完善与提升生命价值、造福高校教师自身，还对学生、社会等的生存与发展具有深远的积极意义。只有当高校教师具有强烈生命意识、高超的生命能力与智慧、良好的生命品质等时，才能更好地进行生命教育，实现生命润泽生命、生命提升生命的价值目的。教学作为教育的根本内容，也是高等教育的根本职能和中心工作，教学就是高校教师生命发展和生命价值实现与提升的过程。教学就成为高校教师生命存在与发展的方式与途径。"任何事物，当外推力有余、内驱力不足时，其发展的空间总是有限的。"① 因而，从生命价值思考高校教师教学价值自觉就成为引导和促进高校教师改善教学、提高教学生命价值的重要维度与途径。激发高校教师自主改善教学、追求教学卓越、自觉提升教学生命价值的内驱力，将高校教师教学和教师生命价值的提升有机结合起来，使高校教师教学活动与过程成为生命价值实现、完善、彰显与超越的过程。

高校教师作为一种具有特定角色要求、期待与职责的职业，决定了其不会是抽象的一类人，而是具体的、形象的、开放的人的一种存在形态。他不仅在日常生活中形成和生成作为人所具有的属人的一般特性，还在特定的职

① 李颖. 从生命价值看教师专业发展 [J]. 现代中小学教育，2007，(9)：57-59.

业生活中形成和展示自身特殊的生命特征。教学作为高校教师主要的职业生活方式，它不仅是高校教师生命存在的方式，也是高校教师生命价值形成、实现、创生与彰显的主要途径。高校教师过一种怎样的教学生活，就如何展示自己的生命存在，就形成怎样的生命价值。因而，如何理解教学和如何对待教学关乎高校教师生命存在和生命价值。教学不应是外在于高校教师的活动，而应是内化于高校教师生命发展与生命价值提升的过程。教学是人生命发展的活动，而非知识的灌输与堆积；教学是生命火花的碰撞，而非思想的钳制；教学是生命发展和生命价值创生的"诗意栖居"，而非达成预定认知目标的"技术筑居"的演绎。高校教师应在教学过程中不断否定自我、反思与批判自我、扬弃自我，不断走向教学价值自觉，实现生命的完善和生命价值的超越。因为"教育的目的就是要帮助每个人开阔视野，从而看到独特的自己，不断地自我否定，形成自己活跃的智慧，师生的发展也因此由'外在型塑'转向'内在生成'过程，进而过上幸福生活"①。

6.1.1　深入认识教学本质及其价值

人是实践的生命存在，实践是人之为人的根基。人只有在实践中才能不断确证、创生、提升与彰显人的本质，才能不断完善生命和提升生命价值。高校教师作为具体的、形象生动的人也是实践的生命存在，也只能在实践中才能不断发展生命和实现与提升生命价值。高校教师所进行的实践不是直接的物质生产实践，而是具有职业特点与要求的实践活动。教学、科研与社会服务作为高校的三大职能，是高校教师三种类型的实践活动。其中，教学作为高校的核心职能，也是高校教师的根本职责。因而，教学是高校教师主要的实践活动，是高校教师生命存在的根本方式，是实现与提升高校教师生命价值的主要途径。"教师生命价值主要是在教育教学活动中实现的。学校是教师生命成长的场所，教学是教师生命存在的形式，课堂教学构成教师生命重要组成部分。"② 教学作为高校教师生命的重要组成部分和生命历程，高校教师如何进行教学活动，就如何生成与展示自己的生命存在和生命价值，高校

---

① 李学书. 从认识论到生存论：中小学作业改革的新取向［J］. 课程·教材·教法，2013，(7)：31-36.

② 李继秀. 教师生命价值及其实现［J］. 教师教育研究，2006，(5)：40-43.

教师就成为怎样的人。教学作为生命唤醒生命、生命润泽生命、生命提升生命的活动。教师生命作为学生生命成长的基石，教师的生命质量与价值必将对学生产生深远的影响。因而，高校教师在教学活动中实现生命发展和提升自身生命价值就显得格外重要。"课堂教学应被看作是师生人生中一段生命历程，他们生命的、有意义的构成部分。对学生而言，课堂教学是其学校生活的最基本构成，它的质量，直接影响学生当下以及以后多方面发展和成长；对于教师而言，课堂教学是其职业的感受、态度、专业水平的发展和生命价值的实现。总之，课堂教学对于参与者具有个体生命价值。"①

人的生命本质上是实践的，人作为一种生命存在不会无所作为，不会仅仅停留于动物的生命层面，人具有生命发展和追求生命价值的需要，总是企图在实践活动中发展生命和提升自己的生命价值。高校教师作为一种具有强烈生命意识和较高生命素养的主体，更是不会限制于自然生命而毫无作为，而是欲求自己生命存在更有价值和意义。高校教师只有不断参与教学实践，才能更加全面和深刻地体悟生命，在不断改善教学实践中实现与提升价值。"实践是整个人类世界的根本基础。……只有在实践活动中，人才能获得他所需要和可能需要的一切。"② 教学实践是复杂的、具体的、生动的、开放的、生成的，高校教师只有在这样的教学实践中才能确证和实现自己生命的具体生动的、开放生成的、全面和谐的、创造超越的、自由自觉的存在。"他们是什么样的，这同他们的生产是一致的——既和他们生产什么一致，又和他们怎样生产一致。"③

6.1.1.1 教学是高校教师有目的、有意识的生命活动

人类的实践活动作为一种有目的的对象化活动，实践活动是受人的需要、目的和意识所支配的；而不是一种消极地、无目的地、无意识地适应外部世界的过程。人在实践活动中不仅要遵循外在世界的客观规律，还要满足自身的需要与目的。"人的实践活动是在一定目的性的指导下，去创造自然界中并

---

① 叶澜 . 让课堂焕发出生命活力 [J] . 教育研究，1997，(9)：3 - 8.
② 车玉玲 . 总体性与人的存在 [M] . 哈尔滨：黑龙江人民出版社，2001：18.
③ 马克思，恩格斯 . 马克思恩格斯全集第 1 卷 [M] . 中央编译局，译 . 北京：人民出版社，1995：67 - 68.

不存在的东西。这也就是说，在实践活动中，要使客观世界按照人的目的和意志得到改造，从而让其满足人的生存和发展的需要。"① 教学作为一种有目的、有计划的生命对话的实践活动。高校教师作为教学活动的主体和"首席"，在教学中发挥着主导作用，不是无目的、无意识的，不是受自然生命的支配参与教学活动；而是积极地引导和促进学生生命的"觉醒"与发展。这就需要高校教师既要充分地认识、把握和遵循教育教学规律和学生成长的规律，使教学活动符合外在的客观尺度，又要全面客观地明确自身的需要与目的，使教学活动符合内在尺度。高校教师有目的、有意识地参与教学实践活动，使教学活动克服了自然生命的局限，在有限的自然生命历程中实现教学活动无限的生命价值。高校教师在教学中把客观的教学实践变成自己的生命意识和生命活动对象，使之成为一种属人的、成全人和发展人的生命活动。教学实践作为一种有目的、有意识的生命活动，利于克服教师生命存在与发展的随意性和盲目性，使高校教师的生命存在与生命价值追求处于一种觉醒的状态。高校教师不仅了解社会需要怎样的人才，还明白自身的生命发展需要和生命价值追求。在教学实践中，在充分遵循教学与学生发展规律的基础上，积极培养社会所需要的人才，促进学生的生命发展和生命价值提升；还要积极主动地满足自身生命存在与发展的需要，实现自身生命的发展和生命价值的超越。高校教师意识、参与并支配着教学实践，使教学实践活动充满着浓郁的自我意识、生命意识，教学成为高校教师积极主动参与的生命活动。它不再仅仅是简单地传递知识、培养技能的方式，而是生命唤醒生命、生命润泽生命、生命感化生命、生命成全生命的生命价值实现与超越的历程。高校教师在教学实践中，目的越明确、意识越强烈，使自身生命处于一种觉醒的状态，就越利于把自身的生命投入到教学实践中去，把教学实践变成一种生命存在和生命价值提升的方式与过程，使得教学实践同自身的生命发展与生命价值提升紧紧地连接起来，就越有利于激发和促进高校教师积极参与教学实践。

6.1.1.2 教学是高校教师自由自觉的生命活动

人的生命具有自觉性，在生命实践中总是企图全面地占有和彰显自己的

---

① 兰明. 人与人的存在 [M]. 哈尔滨：黑龙江大学出版社，2013：60.

本质和生命价值，总是努力地通过发挥自己的主体性去克服人的自发自在的自然生命存在状态，按照自己的需要、目的、意识、能力等去认识世界与改造世界，把对象世界变成属人的意识存在和人的生命意义存在。人的自由自觉的特性不仅是人生命发展的价值追求，也是人不断超越自我的条件。人在实践活动中体现着人的自由自觉的特性，也在不断追求与实现着人的自由自觉的境界。高校教师作为教学活动的主体，在教学活动中不仅体现着自身的自由自觉的特性，还不断追求和实现着高校教师作为主体的自由自觉的生命境界。教学作为一种有目的、有意识的生命活动，高校教师在教学过程中不可能无所作为，更不可能容许教学处于一种盲目自发的自然状态。高校教师总是按照自己的需要、目的、能力去认识教学和改善教学，使教学更加符合自身和学生生命发展与生命价值实现的需要。按照教学过程的不同阶段，高校教师在教学实践中自由自觉的生命活动主要表现为以下几个方面：一是教学设计的自由自觉。教学设计是教学实践的重要环节，因而也是高校教师生命历程的重要组成部分。高校教师在教学设计环节中，应按照社会、学生、教师发展需求及其自身教学的条件与能力等，自由自主地选择教育教学目标、教育教学内容、教学方法和时间安排。教学设计不仅是客观要求的体现，还是高校教师生命意识自由自觉参与和生命力量的体现。二是教学实施的自由自觉。教学实施是教学实践的核心环节，也是体现和实现高校教师生命价值的核心环节。教学实施是一个开放的、动态生成的、多元主体互动的生命对话的过程，所包含的内容最广、情况最复杂、影响也最深远。因而，高校教师如何进行教学实施，是最能体现自身的自由自觉的特性，也为追求、实现与提升自身生命的自由自觉的境界提供了现实的平台。教学实施不是简单的知识传递、技能培训的过程，而是一个需要教师与学生主体的生命意识全面、全方位参与其中的生命历程。高校教师应创造一种宽松、自由、民主、和谐的教学环境，积极自主地把自己的生命融入到教学实施的全过程中，并不断激发和引导学生的生命参与其中，以教师的生命激发学生的生命、以教师的生命润泽学生的生命，实现教师与学生生命的自由自觉地发展。三是教学反思与教学改进的自由自觉。教学反思是指高校教师对自身的教学设计、教学实施过程与结果等进行全面、客观的审视，以达到改进不足和发挥优势的目的，它是教师改善教学、提高教学质量和促进自身专业发展的重要手段。教学改进是指高校教师在教学反思的基础上自主改善教学的行动，它是教学反思的延续和教学质量提升的条件。无论是教学反思还是教学改进，都是高校教师自由自觉的生命活动，实际上都体现了高校教师的自由自觉的生命特性。

高校教师自由自觉地进行教学活动，克服了教学活动的自发性、盲目性、被动性等，使自身的生命彰显出自由自觉的特性和生命价值。但是，高校教师的自由自觉的教学活动并不是随心所欲，而是需要一定条件和具有一定限度的。一是需要高校教师全面客观地认识与理解教学的本质、规律、特征等，使自身的教学活动建立在"客观的尺度"之上，为自由自觉的教学活动创造条件和提供基础。二是激发和挖掘自身的生命需要，使教学活动成为高校教师实现生命发展和提升生命价值的内在需要，激活自由自觉的教学活动的内在动力。正是因为高校教师具有了自由自觉的需求，驱动着自身积极自主参与教学活动，积极开发自身的生命潜能，在追求与提升自身生命价值的过程中又极大促进了自由自觉境界的提升。因而，高校教师自由自觉的教学活动不是一个一蹴而就的结果，而是一个需要在不断从事和改善教学的过程中由低水平向高水平逐渐实现与超越的过程。

6.1.1.3 教学是高校教师生命价值彰显的生命活动

人不仅是事实性生命存在，从根本上讲，更是价值性生命存在。人的生命具有价值性、创生性、超越性等特点。人不止于纯粹的自然生命，通过认识世界和改造世界以确证、实现与创造属人的价值世界。人总是不满足现实的生命存在而对未来的"理想世界"充满了憧憬，力图对"今日"生命存在给予否定、批判与扬弃，使生命存在走向一个更加辉煌的"明天"，使生命焕发出更加绚丽夺目的价值之光。高校教师作为一个开放性的、未完成性的生命存在，其生命的内涵和生命价值就是一个逐渐形成、实现、创生与提升的过程，它伴随着高校教师的整个职业生涯。但是，高校教师的生命发展和生命价值提升并不是一个伴随其职业生涯而自然成长的一个过程，它需要高校教师对开放的、复杂多变的教学实践进行不断的否定、批判与扬弃，并在教学实践中不断改进教学和超越教学，自觉把改善教学同提升自身生命价值有机结合起来，才能使自己的生命世界处于一种开放的、批判的、创生的状态。追求、提升与彰显人的生命价值是人生命的本质特征与内在需求，人之为人不是毫无尊严地苟活于世，而是积极主动地通过实践活动创造出属己的价值世界，过一种有价值的生活，以获得人之为人的生命尊严。教学实践作为一种价值参涉其中的生命活动，是在生命内在需求驱动下积极主动地探索教学规律、改善教学，在提升自身的同时，也引导和促进着学生生命的全面和谐发展。教学不是一个简单重复的程序，而是一个开放的、复杂的、动态多变的过程。高校教师的职业生涯不是对教学实践的简单重复，而是基于对教学实践中新问题、新情况创造性处理基础上的螺旋式上升的过程。高校教师职业生命是否能焕发出璀璨的生命之光，不在于职业生涯时间上的长度，而取决于职业生命价值的厚度与宽度。高校教师应自觉把职业生涯的过程同生命发展与生命价值提升有机结合起来，把教学作为自身生命价值确证、实现、提升与彰显的生命历程。

作为一种价值性生命存在的高校教师，不应把教学作为一种外在的任务或是简单谋生的手段，而应自觉把教学视为自身生命发展和生命价值实现、提升与彰显的重要方式与途径。教学作为高校教师生命存在的主要方式，是高校教师创造生命、发展生命、享受生命和提升生命价值的过程。高校教师应自觉树立科学的生命价值观念，把教学活动视为生命成长和生命价值实现的生命需求，勇于正视、反思和批判"当下的我"，促使"当下的我"不断向未来"理想的我"趋近与超越。高校教师应认真对待教学、积极改善教学、努力提高教学质量，不仅使自身生命的潜能在教学实践中转化为一种现实的生命能量与品性，创造和提升自身的生命价值；还要创造条件激发与促使学生焕发出生命的激情与活力，使教学实践也成为学生生命发展、生命完善、生命价值提升的过程。教学实践成为教师与学生主体生命发展与生命价值提升的共同历程，不仅成全学生的生命，也造就教师自身。"真正的教育是'教师与学生心灵的约会'。教师要用自己高尚的人格去叩响学生纯洁的心灵之门，从而碰撞出灿烂的生命火花！这就是教育的生命意义。"①

6.1.2 理解与扮演好教学者角色

人才培养是高校的核心使命，教学作为人才培养的主渠道、是高校教师的首要职责。因而，高校教师的多重身份如学者等中，排在首位的应该当是

---

① 黄解放. 探求教育的生命意义［J］. 中国教育学刊，2009，（5）：86-87.

教学者。理解和扮演好教学者角色不仅是高校教师的本分与职责所在，更是高校教师生命价值实现与提升的内在要求。生命价值是人之为人的根本价值追求，一部人类史从根本上说就是一部人类生命价值的创造史、实现史和超越史。自世界有了人的存在，人一刻也没有脱离对生命价值的追求，人的发展和社会的进步就是人不断实现与提升生命价值的过程。人在认识世界与改造世界的过程中既提高自己的认识水平、实践能力、生命智慧、生命质量等，也推动了社会的改进与发展。高校教师作为具体的人，亦是把生命价值的实现与提升作为人生的根本价值追求，职业生命的过程就是其追求、实现、提升生命价值的过程。高校教师作为教学实践的主体，教学成为高校教师生命存在的主要方式与途径，教学活动就成为高校教师生命价值确证、实现、创生、提升与彰显的方式与过程。在教育教学的职业生命历程中，高校教师须臾也不能脱离对生命价值的追求，一旦脱离生命价值的追求与实现，高校教师就丧失了"作为高校教学者角色"的特性，这不仅意味着高校教师职业生命的停滞，还宣告了教学作为高校教师生命存在的终结。正所谓高校教师如何认识自己的教学者角色，就如何对待教学，就如何展现自己的存在，就如何建构和彰显自己的生命价值世界。

高校教师教学者角色的内在价值追求同人一般的生命价值追求在方向上具有一致性，但在实际内容上有着自身的内涵。一是生命的全面和谐发展。人有多元、复杂的需要，人只有实现生命全面和谐发展才能全面地占有自己的本质。高校教师教学的生命价值追求不是为了生命某一方面的发展，也不是为了某一单一主体的生命发展，而是着眼于教师与学生生命的整体协调发展。一方面是通过教学实践使自身的生命得以完善、丰富和提升，同时也促进学生生命的发展与完善。另一方面教师与学生的生命发展不仅仅是获得知识、提高技能，更为重要的是在获得知识、形成技能的基础上启迪生命智慧、增强生命意识、形成生命品质和提高生命质量与价值。二是生命的自由自觉发展。高校教师在教学实践中要更加全面客观地认识与把握教学本质、规律、特性与要求，及其自身的需要与目的，使教学实践不断超越高校教师自身与教学本身的限制，使教学实践变成一种更加自主、更加主动、更加富有生命激情与理性的生命发展过程。三是生命的开放创生发展。教学实践本身就是一个开放的、复杂的、动态多变的过程，高校教师教学实践使自身的生命处于一种开放、动态生成与创造的过程之中。高校教师要勇于反思当下教学的不足，对其进行积极批判和扬弃，使生命在教学实践发展的过程中实现创生与超越。四是生命的持续终身发展。高校教师的生命发展与生命价值实现不是一次性完成的，它是伴随着高校教师的整个职业生涯甚至整个自然生命过程。高校作为一个思想、知识、文化、科学技术等不断创新与变革的前沿阵地，教学作为一个知识、智力、思维、智慧、生命等相互碰撞与交流的途径，高校教师只有不断实现自己的持续发展才能更好地扮演教学者角色。因而，高校教师要自觉树立终身学习、终身发展的理念，做活到老、学到老生命发展到老的践行者与榜样。

科学理解和扮演好教学者角色，在教学实践中追求生命的全面和谐发展、自由自觉发展、开放创生发展和持续终身发展。高校教师教学在追求生命发展与生命价值提升的过程中应处理好"现实的生命价值世界"与"可能的生命价值世界"的有机统一、"高校教师自我生命价值与社会生命价值"的有机统一。

6.1.2.1 "现实的生命价值世界"和"可能的生命价值世界"的有机统一

教学作为一种具体的、生动的现实世界，是满足高校教师现实生命需要的重要载体与主要方式。高校教师生命存在于现实的、活生生的生活之中，是一种现实的生命存在，满足当前需要和追求现实的生命价值是高校教师生命存在的基础。面对现实的教学生活，高校教师不可能无所作为，而是根据现实的教学条件和自身现实的需要积极作用于教学实践，使教学成为高校教师追求与实现现实生命价值世界的途径与方式。因为"人不能忍受无意义的生活，假使生活没有意义，人也要制造出某种意义赋予生活，否则，人就不能按人的存在方式而生活"①。教学作为高校教师生命的现实存在，高校教师的生命价值追求首先要立足于当下与现实状况，在教学实践中首先要满足当下和现实的需求，使生命在现实的条件下得以发展，不断构建和提升高校教师现实的生命价值世界。高校教师作为人现实的生命存在，栖居于现实的教

---

① 孙利天. 死亡意识［M］. 长春：吉林教育出版社，2001：49.

学生活之中，其生命活动受制于生命与教学的现实条件的制约。脱离现实生命与教学条件的教学活动，将使高校教师的生命价值追求失去现实的土壤和根基。因而，高校教师应立足当下的教学实际，在教学实践过程中发现问题、解决问题与改善教学，把教学实际同生命价值追求有机结合起来，把现实生命价值追求和现实生命价值世界的构建融入到活生生的教学活动过程之中。教学的过程就成为高校教师现实生命存在的方式和现实生命价值实现与提升的历程与途径。高校教师在教学活动中所追求的现实的生命发展和生命价值提升，不仅实现、确证教学主体生命的现实存在的意义，也为教学主体可能性的生命发展和价值提升奠定了基础和提供了可能。

　　高校教师的自然生命是有限的，教学职业生命也是有限的，但如何在有限的自然生命与职业生命中实现无限的、超越性的生命价值，是每个高校教师理应求索的价值追求。人的生命具有超越性的特性，人的生命不仅存在于当下，还对现实存在着不满和否定，企图在扬弃当下的基础上创造一种更加令人向往、令人期待的"未来生命世界"。因而，人的生命具有无限的可能性，也生活在未来。高校教师作为教学者是具有高度自由自觉和超越性的生命主体，在教学生活中不仅立足现实努力地创造着现实的生命价值，实现生命发展，同时还不断批判现实的教学，对现实的生命存在状态不满和自我否定，使教学实践和自身的生命都处在一种开放的、未完成的、动态生成的状态之中，引领和促进着高校教师自我更新、自我否定、主动批判、自觉扬弃，自由自觉地去追求一种更高更好的生命存在和生命价值境界。高校教师不仅生活在当下的教学生活中，也生活在未来可能的教学生活中；不仅追求和实现着教学的现实生命价值，也追求和超越教学的可能的生命价值。生命发展和生命价值追求是人生命的内在需求，人发展的过程就是一个不断追求生命完善和生命价值实现与提升的过程，也就是一个人本质力量不断确证、实现与超越的过程。高校教师无论是追求现实的生命价值还是追求未来可能的生命价值，都是作为教学者角色的内在需求和本质要求。因而，高校教师全面地占有了教学，也就全面地占有了自身的生命存在和全面地实现与创生着自身的生命价值世界。高校教师教学的生命价值追求就是处在一个"现实的生命价值世界"和"可能的生命价值世界"的一个矛盾交错过程之中。高校教师不仅存在于"今日"的教学实践生活中，在现实的教学生活中追求和实现现实的生命价值，使生命过上一种现实的美好生活；同时还对"明日"的教学实践生活充满了期待与憧憬，在对现实教学生活进行否定、批判基础上实现对其创生与超越，追求和创生着未来可能的生命价值，使之过上一种可能的更好的美好生命。这体现了高校教师在教学生活中生命发展的完整性、过程性、开放性、超越性、自觉性，也彰显了高校教师教学的生命价值追求的本源之意。

6.1.2.2 "高校教师自我生命价值"与"高校教师社会生命价值"的有机统一

"如果一个人，或一个人群共同体，他所提供的价值是满足他自己的需要，那么这种价值就是他的'为我'价值，'为我'是指自己既是价值客体，又是价值主体的情况。这种类型的价值，叫做'人的自我价值'。如果一个或一个人群共同体，他所提供的价值是满足自己以外的他人和社会的需要，那么这种价值就是他的'为他'价值。'为他'价值是指自己是价值客体，自己以外的人是价值主体。这种满足人需要的价值，可以统称为'人的社会价值'。"① "人的社会价值和自我价值，是衡量标志人的存在、活动的意义的两把尺子。它们像是人生存的'理由'。这个理由要从两个方面来'说明'：一方面，一个人、一个人群共同体，他对他人、社会、人类历史来说有什么价值。如果没有价值，那么他就没有立足于世的资格，迟早要被淘汰；另一方面是，一个人、一个人群共同体，他对自己来说有什么价值，他是否能够使自己存在和发展下去。如果没有这方面的实际价值，那么就连自己也没有理由继续存在下去了。这两大'理由'谁也不能回避。不管人们知道不知道，愿意不愿意，都得接受这两把尺子的衡量，从而受到历史的选择。在决定人命运方面，它们是既有情又无情的。"② 人具有为我性和为他性的特性，人的生命价值追求具有双向度即"成我"与"成他"的相互协调统一。高校教师教学作为具体的实践活动，其生命价值追求也充分体现了"成我"与"成他"的双向度，即高校教师在教学实践中既通过自身的教学活动激发和促进

① 李德顺. 新价值论 [M]. 昆明：云南人民出版社，2004：137－138.
② 李德顺. 新价值论 [M]. 昆明：云南人民出版社，2004：140..

了自身生命的完善、丰富、拓展、提升等，实现和提升了自身的生命价值；高校教师教学实践又引导和促进了学生生命的完善、丰富、拓展与超越，实现和提升了学生的生命价值。我们把高校教师教学"成我"的生命价值称为高校教师自我生命价值，把高校教师教学的"成他"的生命价值称为高校教师社会生命价值。高校教师自我生命价值和社会生命价值是高校教师教学追求和实现的生命价值的一体两面，是融合在高校教师教学生命价值追求的整个过程之中的。

高校教师作为教学实践的主体，其自身生命的发展与完善应是教学实践的目的。高校教师自身的发展才能充分地激发和促进高校教师自由自觉地进行教学活动，才能为教学的持续改善提供内在的动力，才能把教学的生命价值追求内化为高校教师的内在需求与动力。人是人的目的，人的实践首先要满足自身的生命需求。"就目的而言，人的一切活动最终都是指向自我的，即都是为我的。"① 高校教师教学的"成我"符合人的为我性特征，驱动着人自我生命的完善和生命价值的追求，也为更好地"成他"提供了基础和前提。俗话说得好，教师要给学生一滴水，自己要有一桶水。更何况在这个知识信息爆炸和科技日新月异的时代，高校教师如何引导和促进学生的发展，其前提条件就是高校教师要具备相当的能力、水平、素养和生命情怀等。"教育是一个使教育者和受教育者都变得完善的职业，只有当教育者自觉地完善自己时，才能更有利于学生的完善与发展。"② 因而，高校教师扮演好教学者角色就应使教学活动利于实现教师自身的生命发展和生命价值提升，这不仅是高校教师自身生命成长的内在需要，也是学生生命发展的客观要求。这既体现了高校教师对自身生命发展的负责，也彰显了对学生生命发展的道义与责任。一个对自身生命发展漠不关心的高校教师，一个对自我生命价值追求毫无动力的高校教师，谁还会相信他对学生的生命发展和生命价值追求有着极大的热情和高超的指导能力？

纯粹的、单向度的"成我"，将生命价值的实现引向一种"自私自利的泥塘"，其"成我"也将失去外在条件与基础。因而，"成我"既是目的又是手

---

① 郭湛. 主体性哲学——人的存在及其意义 [M]. 北京：中国人民大学出版社，2010：40.
② 叶澜. 教师角色与教师发展新探 [M]. 北京：教育科学出版社，2004：3.

段，"成他"既是目的又是手段，这就构成了"成我"与"成他"互为目的与手段的复杂关系。高校教师不仅具有为我性，还具有为他性。高校教师既是实现教学生命价值的目的，同时也是实现教学生命价值的手段。高校教师作为教学主体，他是教学生命价值追求的目的；作为教学客体，他是教学生命价值追求的手段。高校教师作为教学实践的客体与手段，就是指教学过程中高校教师的生命存在及其属性满足除个体之外的他者的生命发展的需要，而对生命价值实现与提升产生的积极效应与意义。高校教师教学生命价值追求的"成他"的对象主要包括学生、家长、社会等，其主要是通过对引导和促进学生生命发展和生命价值实现与提升来间接满足家长、社会等主体的需要，这就是高校教师社会生命价值。高校教师的教学实践活动不仅要满足自身生命发展的需要，也要引导和促进学生的生命发展与完善。高校教师教学实践中的"成他"或社会生命价值是其生命价值实现与追求的重要组成部分，也是高校教师自我生命价值的确证、彰显与提升的重要方面。高校教师不仅要通过教学实践直接实现、确证、提升自己的生命存在与本质，也通过不断改善教学，引导与促进学生生命的发展以间接实现、确证与提升自己的生命存在与生命本质。学生生命发展与生命价值提升作为家长、社会利益与需求的集中体现，是高校教师社会生命价值的根本彰显。因而，用高校教师生命点化学生生命、以高校教师生命润泽学生生命、以高校教师生命提升学生生命，这是高校教师教学生命价值追求的根本旨趣和最终归宿。学生生命的发展与生命价值提升使得高校教师教学的生命存在变得更加有意义和更加具有普适性，也是高校教师获得社会认可与地位、成就感、幸福感和生命尊严的重要现实途径和方式。因而，高校教师在教学实践中应积极主动处理好和学生主体的关系，创建一种开放、民主、平等、和谐的师生关系和教学文化环境，唤醒与激发学生的生命价值意识，增强和提高学生的生命反思意识、批判精神与超越能力，把教学实践作为一个生命碰撞生命、生命润泽生命、生命感动生命、生命丰富生命的过程，使教学实践不仅是学生获得知识、提高技能、增强思维品质的活动，更应是学生完善生命、增强生命价值意识、提升生命智慧、形成生命品质、提高生命质量与价值的生命历程。

高校教师教学实践成为高校教师与学生生命对话与交互生成的生命价值追求、实现与提升的过程。教学既不是高校教师外在的任务，也不是其外在负担；而是教师生命发展的内在需要与本质要求。教学实践不仅培养着学生，也造就高校教师自身。高校教师作为具有整体性、独特性、价值性、创生性、超越性、自觉性等特征的生命主体，在教学实践中应全面地掌控教学过程，全面地实现、确证与提升生命存在的本质，自觉把生命价值实现与提升作为教学实践的根本价值追求，积极自主地尊重生命、关爱生命、发展生命、完善生命、拓展生命，不断实现与推动生命价值的提升与超越。"大学教学作为大学人才培养的根本渠道，它不仅是大学的中心工作以及大学赖以生存的一种基本方式，而且是大学教师实现自身价值以及大学功能发挥的基本途径。"①

6.1.3 树立教学学术理念

长期以来高校存在着重科研、轻教学现象，科研与教学处于一种失衡的状态。通过调查我们发现高校教师把主要的时间、精力用在科研上，高校教师教学处于一种价值自发的状态，导致了广泛而深刻的教学危机。为了解决高校教学质量危机、消解教学与科研的矛盾，提高高校教学质量。"1990 年时任美国卡内基教学促进会主席厄内斯特·博耶在其出版的《学术水平的反思——大学教授的工作重点》一书认为：学术应包括相互联系的四个方面，即发现的学术、整合的学术、应用的学术和教学的学术，这四种学术并不是相互排斥而是相互促进的。"② "博耶创造性地把'教学'纳入"学术"范畴，教学支撑着学术，没有教学的支撑，学术就失去强大生命力的土壤，教学在学术范式下重新获得了尊严和地位，也使学术之火燃烧出新的生机与活力，使得教学与科研的矛盾得到化解。教学学术意味着教师不仅仅把专业学术作为学术，也应该把教学作为学术来对待，教师在教学中不仅仅传播知识，还要研究如何更加有效的传播知识与提高教学质量。"③ "教学学术的内涵经过几十年的发展主要形成了三种代表性的观点，一是教学学术是教师生产研究

---

① 彭泽平，徐辉. 守护批判品性：大学教学的超越之道［J］. 高等教育研究，2013，（1）：76 - 80.

② Keith Trigwell. Scholarship of Teaching［J］. Hinger education research and development，2002，（2）：36.

③ 周波，任登波. 教学学术视角下大学初任教师专业发展研究的审视［J］. 首都师范大学学报（社会科学版），2012，（2）：76 - 82.

性和创造性的可见成果，对教与学的研究被视为教学学术的一个重要方面。二是教学学术等于优秀教学。三是教学学术和学术性教学相似，是教学领域的学者们所使用的将教育理论和研究运用于实践中的学术性取向。"① 教学学术主要包含两方面的内容：一是教师对教学实践中的问题进行研究与探讨，形成可表征、可交流、可传播的研究成果；二是教师在教学实践中应用教学学术研究成果指导和解决教学实践问题与改进教学，实现了教学质量的提高。教学学术使大学教学不仅具有教育性的特点，而且还具有学术性的新特质。教学活动不仅是一个传播知识的过程，也是一个发现知识、拓展知识和研究如何有效传播知识的过程。教学学术使大学教学突破了传统教学的局限，教学活动不再是教师传授与学生接受的简单传授过程，而是一个以高深知识为依托，基于教学实践中的实际问题为导向，通过教师与学生的共同探索、以解决教学实践问题与改善教学为旨归，所产生的教学研究成果具有可评价、可交流、可传播、可改进等特性的一种实践活动。教学学术视域下大学教学活动成为一种教育活动和学术活动交融相生的开放性的创造活动，它不仅培养学生，也成就教师。

教学学术把教学创造性地纳入学术范畴，使教学学术成为一种新型的学术形态，扩展了学术内涵与范畴，利于化解长期以来科研与教学的矛盾和促使教学中心地位的复归。教学学术使高校教学不仅是一个传播高深知识的过程，也是一个探索高深知识的过程；不仅是一个培养学生的过程，也是一个提升自我的过程。教学学术使高校教学同高校教师自身的生命成长与意义追求有机结合起来，促使高校教师从把教学视为一种外在的任务或负担转变为一种自身生命成长与生命价值提升的方式与过程。树立教学学术理念意味着高校教师必须要始终坚定地坚持高校教学的中心地位，充分发挥自身作为高校教学主体的作用，自觉把解决教学实践问题作为改善教学的逻辑起点，加强教学实践本身的研究，有效平衡教学与科研、社会服务之间的关系，把教师自身与学生的生命成长与生命价值提升融入到提高高校教学质量和实现教学专业发展之中。

---

① Caralin Kreber. Patricia A Cranton Exploring the Scholarship of Teaching [J]. The Journal of Higher Education, 2000, (4): 23 – 26.

　　教学学术使教学变成一个研究教学问题和应用研究成果改进教学的过程。"教学是一种较为独特的学术活动，体现了学术活动的基本特点，呈现出问题性、研究性、文本性与可交流性特征。"① "高校教师教学实践问题是教学学术活动的起点，也是高校教师持续改善教学和提高教学质量的动力所在。教学学术把高校教师自身教学实践问题纳入了学术研究范畴，使教学实践问题具有了学术意义。"② 高校教师自觉加强对自身教学实践问题的研究实质上就是解决制约教学质量提高的因素，也是解决实现自身教学成长的障碍。研究和解决教学实践问题不仅利于高校教师改善教学，还利于高校教师形成教学的效能感、价值感和成就感。它不仅是高校教师教学价值自觉的体现，还利于促进和强化高校教师教学价值自觉。教学学术不仅仅局限于研究教学实践问题，关注与研究教学实践问题的根本目的就是要形成指导与解决实践问题的成果，从而帮助高校教师切实解决教学实践问题，以达到提高教学质量和实现师生生命成长与生命价值提升的目的。"教育所要解决的问题其实质是人的问题，也即教育本质要解决的是'人'的问题，是人的社会性、思想及语言、发展能力、自我肯定、追求意义和自由以及超越等本质特征发展的问题。"③ 因而，从根本上，高校教师解决自身的教学实践问题和改进教学实践本身实际上就是解决人在教学中的存在问题，人在教学中的生命价值问题。高校教师如何理解教学，就如何在教学中生存与生成自我，就如何在教学实践中创生与展示自身的生命存在。高校教师主动研究教学实践问题、自觉改进教学、努力提高教学质量，就是为了改善教学实践中生命存在的方式、实现生命成长和提升生命价值，实现从教学价值自发到教学价值自觉的根本跨越。

6.2　自觉树立崇高的教学理想

　　人作为一种生命价值存在，既生活在现实生活之中，却又不仅仅满足与

---

① 时伟. 大学教师专业发展模式探析 [J]. 教育研究，2008 (7)：81-84.
② 周波. 教学学术：高校教师教学专业发展的内生点 [J]. 国家教育行政学院学报，2016 (4)：47-52.
③ 孙杰远，徐莉. 人类学视野下的教育自觉 [M]. 桂林：广西师范大学出版社，2007：15.

停留于现实世界之中。人生活于当下，却总是把目光与发展目标朝向前方，总是企图不断改善当下的生存环境和不断地超越现实与当下、超越自身，追求与过上一种更加完善、更加丰富、更加幸福、更加有意义的生活。对更加美好生命存在的价值追求与向往是每个人之为人灵魂深处闪耀不灭的火花，是人之为人自我确证、自我实现、自我提升的内源性动力。人类社会发展史其实就是一部不断超越现实存在、追求与实现更加美好生命价值存在的奋斗与超越过程。人栖居于当下，却总是朝向和生活在理想和实现理想的过程中。"生命存在的意义来自于对未来的期待，人与动物的不同在于：人生活在'可能'的世界中，总是向着理想中的目标前进，而动物却是生活在"事实"的世界中，它无知无识。"① "理想是价值意识的最高范畴，是对主体所追求的未来成果的完整的、具体的描述。它是以一定的信念和信仰为基础的价值目标体系，是信仰对象的未来形象，是具体实践者的信仰，它为人的价值追求提供着自觉的典范或'样板'。……总之在理想中，人的价值意识形态从心理水平到观念水平，形成了一个完整、自觉的观念和形象系统，并且同知识和理智紧密地结合在一起，成为指导和推动实践活动的精神力量源泉。理想的培养、确立和追求，是人的精神生活的最高层次。"②

高校教师教学理想作为理想的一种具体形态，它是高校教师在教学实践中产生的一种精神现象，它是高校教师在教学生活中确定了通过自身努力能够实现的教学目标的向往与价值追求。教学理想是高校教师渴望与追求达到的精神境界，是建立在教学信仰与信念基础之上高校教师主动自觉追求的价值目标体系，是高校教师对自身教学活动的超前反映，为自身的教学活动与行为提供了"样板"，体现了高校教师的教学追求与价值取向。"教师的理想信念对其教育教学行为具有显著的影响作用……不仅影响自身的思想灵魂，同时也会从意识的、精神的形式影响到教育教学行为，并且通过教育教学行为影响学生的思想和行为。"③ 高校教师树立崇高的教学理想，将极大地引导与促进高校教师更加积极地、主动地、自觉地从事教学活动与改善教学本身，

---

① 车玉玲. 总体性与人的存在 [M]. 哈尔滨：黑龙江人民出版社，2001：96.
② 李德顺. 新价值论 [M]. 昆明：云南人民出版社，2004：279－280.
③ 耿文侠，冯春明. 教师理想信念与教学行为的相关分析 [J]. 教育评论，2005（2）：24－26.

成为实现高校教师教学价值自觉的重要条件与保障。然而，当前我国高校教师崇高教学理想的缺乏是引发教学价值自发的一个重要原因。"人如果失去了信仰与理想，就意味着失去了动力与目标，失去了精神世界，也就意味着失去了自身的统一性、整体性，其结果是人自身堕落到一个纯粹物化的存在层面，丧失了完整意义上的自我。"① 引导和促使高校教师树立教学理想成为高校教师教学价值自发走向价值自觉的重要路径。

6.2.1 教学理想的特征

6.2.1.1 未来指向性

教学理想作为高校教师教学的一种价值目标体系，它来源于高校教师的教学实践，同时又是高校教师对教学的一种未来的期待。它是高校教师当下未实现的，对现实的教学期望达到的一种精神境界的规划。教学理想作为高校教师教学活动的目的，对高校教师教学的行为与状态提出了"应当如何"的美好要求与指引，以未来的"教学形象"和教学价值目标的面目出现与表达，和高校教师的教学目标紧紧联系在一起。高校教师不仅生活在现实的教学生活中，还通过教学理想生活在未来可能实现的更加美好的教学生活世界之中。高校教师的教学动机、教学态度、教学意志、教学知能、教学行为等正是经由教学理想的未来指向而不断地向未来理想的境界层面靠近，充分体现了教学理想具有显著的未来指向性特征。

6.2.1.2 价值性

教学理想作为教学价值意识的最高范畴，是以教学信念与教学信仰为基础形成的教学价值目标体系，是高校教师教学价值观的一种信奉与遵循，在高校教师的价值世界中居于核心地位。教学理想体现了高校教师在教学中的价值追求和价值取向，它内含了高校教师个体的兴趣、教学价值观念、教学动机、教学态度、教学情感、教学意志、教学信念等，是高校教师价值因素全面参涉其中的结果。教学理想意味着高校教师的教学活动"应当如何""应当达到一种什么样的状态与境界"，是高校教师对教学活动的价值判断、价值选择与价值追求的一种呈现，也反映了高校教师内在的价值需求。因而，教

---

① 车玉玲．总体性与人的存在［M］．哈尔滨：黑龙江人民出版社，2001：195.

学理想一刻也不能离开人的价值而单独存在，而是高校教师作为生命价值存在的一种彰显，具有鲜明的价值性特征。

6.2.1.3 实践性

教学理想不同于教学幻想，教学幻想是凭空想象的结果，它严重脱离了教学实践和高校教师个人的实际，具有不现实性和不可能实现性。教学理想也不同于理想教学，理想教学是通过想象出来的一种教学应当达到的完美的教学状态与教学境界，它强调的是教学的完美的、理想化的状态或"样子"，体现了完美性和理想性的特点，带有较大的幻想成分。教学理想的实践性体现在两个方面：一方面是指教学理想是不会自发形成的，而是高校教师在自身的教学实践中形成的，并通过对社会、个人与教学实际的综合考量确定的，具有现实性。高校教师的教学实践为教学理想的产生提供了现实的土壤，使教学理想摒弃了幻想的成分，使自身具有扎实的现实依据。另一方面，教学理想的实现不是自发实现的，而是需要高校教师通过自身的教学实践才能使教学理想变成一种现实，教学实践成为教学理想实现的根本途径。因而，高校教师必须要树立实践的观点，主动自觉地把教学理想作为自身教学实践的奋斗方向和行为依据，围绕教学理想积极采取有效的教学行动，在教学实践中向着教学理想迈进。可见，教学理想的产生与实现都体现了实践性的特征。

6.2.2 教学理想的功能

6.2.2.1 导向功能

教学理想是高校教师的价值追求、奋斗目标与前进方向，对高校教师的教学职业与教学活动起着导向作用，对高校教师具体的教学行为具有定向与规范意义。教学理想就如高校教师教学职业生活中的指路明灯，它的确定使高校教师的教学活动与行为的方向明确，使自身的教学活动即使遇到困难、挫折以及科研的压力或现实利益的诱惑也能不迷失作为高校教师应当承担的教学责任与和努力前进的方向。教学理想使高校教师在自身的教学活动中明确应当坚持什么、应当放弃什么，做到有的放矢，利于高校教师"始终围绕既定目标采取有效行动而不能偏离目标盲目行动。不能把过多精力耗费在无谓的事务上,要努力排除外界因素的干扰,集中力量向着既定目标前进"①。高校教师无法选择自身的存在,但是完全有意识、有自由、有权利选择自身在教学职业与教学活动中的存在方式。我们也许难以改变高校教学面临的困境,但是却有责任与能力选择和认真对待教学的态度与方式。教学理想作为高校教师生命价值主体的选择,高校教师只有在不断追求与实现教学理想的过程中才能全面确证与实现作为生命价值主体的本质与意义。

6.2.2.2 动力功能

教学理想来源于教学现实、又高于教学现实,它是高校教师在深刻理解教学的生命意义上所确定为之奋斗的价值目标和价值追求,它使高校教师不满足与不拘泥于当下的教学生活,而是以一种充满热情、激情和充分发挥主观能动性去追求教学的精神境界与生命价值世界。高校教学作为"意义主体的'人'的活动本身即是一种具有能动性和自觉性的活动,是一种萨特所言的'自由选择'的内在发展。何况作为承担传承人类知识和文明,教化高等人才职责的高校教师更不应该满足于现状,不受'自在'的规约和束缚,而是顺应时代的发展而不断实现着自身的发展"②。教学理想作为高校教师的一种特有的精神现象,它是高校教师对高校教学认知、情感与意志有机结合的高度体现,是高校教师内在生命成长与生命价值提升需求的反映。高校教师一旦树立了崇高远大的教学理想,就会激发强大的生命价值需求和释放生命潜能,唤醒强烈的教学情感和坚强的意志,增强追求教学成功的自信心,激励高校教师重视教学、关心教学和主动改善教学。一个高校教师只有具备崇高的教学理想,才能以坚定的意志面对各种教学困难,以必胜的自信心战胜各种教学挫折,才能促使高校教师真诚地对待教学和持之以恒、锲而不舍主动自觉改善教学,实现教学的不断提升和自我超越。

6.2.2.3 调节功能

教学理想作为高校教师追求的价值目标,需要高校教师为之付出艰辛努

① 张继延,万勇华.试论职业理想及其实现途径 [J].学校党建与思想教育,2010 (12):77－78.

② 高亚杰.论我国高校教师专业发展"自为"的缺失与建立 [J].国家教育行政学院学报,2011 (2):17－20.

力方可能实现。如果说教学现实是此岸，那么教学理想则是彼岸。从教学现实的此岸到教学理想的彼岸并不是一个自然而成的过程，在这个过程中往往充满了困难、阻力、挫折，高校教师只有按照教学的本然要求才能使自身的教学行动遵循教学规律和不偏离通向教学理想的轨道。然而，在现实的复杂的教学生活中，人由于自身的局限或外在因素的干扰，诸如科研任务与压力或现实物质利益的诱惑等，使高校教师易在教学中迷失自我和导致教学行为偏离教学理想目标。"教学活动作为一种人为的、为人的生命活动，对于不同主体有着不同的价值。然而，教学目的被窄化为实现有用或实用的教学。"①教学理想为高校的教学生活提供了现实的、具有指导意义的参照系，指导和调节着高校教师教学活动的方向和具体的教学行为。教学理想为高校教师的教学价值追求与教学行为提供了标准的作用，对于跑偏的教学发挥着及时纠偏的功能。教学理想使高校教师的知、情、意、行等实现了内在的有机统一，使高校教师取得教学成就时，不至于得意忘形和骄傲自大；遇到教学困难与挫折时，不至于心灰意冷和轻易放弃。教学理想促使高校教师的教学生活变成一个紧盯教学理想目标并根据实际自我调节、自我约束、奋发进取的过程。

6.2.3 高校教师教学理想的构建

6.2.3.1 引导高校教师充分认识教学理想的重要性，增强树立教学理想的价值感

教学理想作为高校教师精神世界不可或缺的组成部分，对高校教师的教学职业生活与教学行为具有重要的导向功能、动力功能和调节功能。高校教师作为一种生命价值存在，教学是高校教师生命价值存在方式，高校教师在教学活动中实现自身的生命成长和生命价值提升。高校教师生命价值的丰富与提升并不是一个自发、自然的过程，而是一个高校教师自为自觉的过程。这种自觉的教学行动则需要崇高的教学理想的指引和激励。高校教师教学理想一旦产生与确立，高校教师的教学活动与行为就会更加具有目标性、就更利于激发高校教师的教学热情和教学激情，就更利于释放高校教师的生命潜能与活力，促使教学活动成为高校教师生命全面、全程、全心参与的过程。

---

① 宋洁绚．"自觉"与"自决"：原理性课程教学应有之义［J］教育研究与实验，2015（3）：54－57．

教学理想使高校教师从事的教学活动超越了现实的物质利益的局限，更加重视教学的内在生命价值，更加注重教学对自身生命价值实现与提升的意义。教学理想来源于教学现实又高于教学现实，它融通了当下的教学生活和未来美好的教学生活之间的关系，使高校教师不满足于当下的教学生活，以一种超越与批判的精神谨慎地审视教学现实，并不断地追求一种更加美好的教学生活。教学理想对引导与促进高校教师重视教学、潜心教学与主动自觉改善教学，努力提高教育教学质量和实现自身教学专业发展具有不可估量的现实意义。长期以来，"社会对高校教师的关注与评价多是聚焦在专业知识、技能与能力等显性层面，较少关注教师个体的生成等内在问题。教师的生存与生长价值被所谓的知识、技能、能力等更"实用"的内容所遮蔽"①。高校教师专业知识的丰富、技能的提高对高校教师提高教学质量与实现教学专业发展具有现实意义，重视专业知识与技能固然很重要。但是，教学作为高校教师生命存在的方式，我们不能仅仅重视专业知识、技能而忽视或遮蔽高校教师在教学活动中生命成长与生命价值提升的要求。教学理想可以帮助高校教师在教学生活中克服只重眼前利益、忽视长远利益，只重局部价值、忽视整体价值，只重外在价值、忽视内在价值的困惑。教学理想作为高校教师专业发展的重要内容，也是高校教师教学职业成熟的一个重要标志。高校教师应充分全面准确地认识与理解教学理想对高校教师自身成长的重要意义，自觉树立崇高远大的教学理想，主动自觉从事教学活动与改善教学，把教学理想作为自身教学生活的行动指南与依据，在持之以恒地教学改进中实现从教学现实的"此岸"不断走向教学理想的"彼岸"。

6.2.3.2 自觉加强教学反思，增强树立教学理想的责任感

教学理想的确定不是一蹴而就的结果，而是高校教师在自身的教学职业生涯中不断探索、反思、实践的一个螺旋式实现的过程。反思作为一种哲学思维方式，它是对自身及其活动的反观自照，它有利于主体对自身心灵的觉察与自省。高校教师教学理想的形成与确定离不开高校教师对自身教学生活的主动自觉反思，通过教学反思才能实现对自身教学活动的继承、扬弃与超

---

① 宋洁绚.."自觉"与"自决"：原理性课程教学应有之义 [J] 教育研究与实验，2015（3）：54-57.

越，才能吸收教学的合理成分形成科学合理的价值目标体系。因而，教学反思不仅是改善教学与提高教学质量的有效途径，也是形成教学理想的有效方式。教学理想的形成与确定需要与呼唤高校教师进行积极的、自觉的教学反思。高校教师要养成教学反思的习惯，增强教学反思意识和不断提高教学反思的能力，做一名自觉的、成熟的教学反思者。教学反思要做好以下几个重点内容的反思。

一是对自身教学价值取向与价值追求的自觉反思。"教学是教师与学生的双边活动，是教师与学生双边生命价值与意义共同生成的活动。在这样的语境下，教学的本质并不以理论知识传授量的多少为目标，而是关注是否在传递理论知识的基础上实现对教师与学生个体的生存、生成意义的追寻。认真地关注自己与学生是一名教师的生存之道。每个称职的教师都会经常反思自己究竟做得是否正确。"[①] 教学价值取向与价值追求是同教学理想紧密相关的内容，是高校教师教学生活与活动的精神内核。高校教师应经常自觉地追问自己：我究竟秉承一种什么样的教学价值追求？这种教学价值追求是不是符合自身内在的生命成长与生命价值提升的需求？这种教学价值追求与价值取向是不是体现了教学理想的要求，利不利于教学理想的实现与彰显？高校教师通过对教学价值取向与价值追求的自觉反思，就是要使自身的教学活动确定正确的价值取向与价值追求，唤醒自身的教学生命价值意识，激发自身的教学生命活力与激情，建立教学价值取向同教学理想的内在关联与通道，为形成自身的教学理想提供正确的教学价值支撑。

二是要自觉反思自身的教学动机。教学动机是发起、维持与推动高校教师教学活动的直接因素，是高校教师追求与实现教学目标的动力，它对高校教师的教学态度与行为具有直接的影响。教学动机同高校教师自身的切身需求与利益密切相关。从满足需求的角度看，高校教师的教学动机主要有追求物质利益的动机和追求精神需要的动机。追求物质利益的动机主要把教学视为一种谋求物质利益的手段，这种动机不利于高校教师崇高教学理想的形成，我们应当对其警惕。对精神层面需求的动机主要把教学活动视为一种自身精

---

① 宋洁绚."自觉"与"自决"：原理性课程教学应有之义 [J] 教育研究与实验，2015（3）：54－57.

神世界需求的有效途径，这种动机同教学理想具有内在的一致性，是教学理想的重要体现形式，它有利于激发高校教师在教学生活中的积极性、主动性与创造性。对教学动机的反思就是要看教学动机是否体现了自身的生命价值需求，是否同教学理想具有内在的一致性。一旦发现自身的教学动机偏离了精神层面的轨道，就应及时主动地纠偏。

三是对教学行为的自觉反思。教学行为作为教学实践的具体构成，它是教学理想的直观体现与直接反映，也是高校教师形成教学理想的直接依托。对自身教学行为的反思就是要理解自身教学行为是否符合教学"行为标准"，清晰地认识自身教学行为的缺陷与不足，自觉控制与调节自身的教学行为。通过在教学实践中对教学行为的反思不断增强战胜困难与抵御诱惑的毅力，提高教学行为的积极性、主动性、自觉性、目的性，通过自身的努力实现教学价值目标，增强高校教师的教学成就感与价值感，提高高校教师主动自觉改善教学的责任感与使命感。

6.2.3.3 增强教学自信，提高高校教师教学理想的信心感

教学自信就是教师相信自己的教学理想或教学价值目标一定能够实现的一种积极心理状态，它是高校教师构建教学理想和追求教学理想的重要支撑。教学自信是教师教学专业发展的重要品质，是高校教师搞好教学工作的重要条件，也是高校教师形成教学理想的重要基础。高校教师一旦缺失教学自信，就难以激发自身的教学热情与激情，就难以调动自身的积极情绪情感和主观能动性全身心地参与教学活动，就难以树立崇高的教学理想，更难以付出行动去追求教学理想。增强高校教师教学自信：一是要增强高校教师对自身教学理想和价值目标的自信。教学理想和教学价值目标对高校教师的教学生活与活动具有导向、动力、调节等功能。对教学理想和教学价值目标的坚信与否直接影响到高校教师的教学生活、教学行为等。增强对教学理想和教学价值目标的自信就要坚定地相信自身教学理想和教学价值目标的科学性、合理性和崇高性，相信教学对实现自身的生命成长与生命价值提升的重要意义，相信通过自身的不懈努力一定能够实现自己所确定的崇高教学理想和与远大的教学价值目标。二是要增强对自身教学能力的自信。教学能力是完成教学任务、实现教学价值目标的重要保障，教学工作的有效开展须臾离不开高校

教师较强的教学能力。高校教师在自身的教学生活中应全面、客观、充分地认识自身教学能力，积极肯定与认可自身的教学能力，坚信自身的教学能力能承担起各项教学工作、能完成各项教学任务、能保障教学价值目标的实现。增强高校教师教学自信，提高高校教师教学理想的信心感，应从以下几个方面努力。

6.2.3.3.1 实现教学专业发展

教学专业发展是教师不断完善专业知识结构、提高教学能力和教学品质等，从而不断提高教学水平与教学质量的过程。高校教师只有不断实现自身的教学专业发展，成为教学专业人员，才能从根本上增强自身的教学自信。一是要加强学习，形成科学合理的知识结构。既要学习学科专业知识，又要学习教育教学理论知识。知识积累是一个循序渐进的过程，高校教师必须要持之以恒，提高对所学知识的理解与转化能力，构建和完善自身的教学知识体系。二是要积极参加教学活动，提高高校教师自身的教学能力。高校教师教学能力的高低直接影响高校教师教学能力的自信程度。一般而言，教学能力越高就有利于形成较强的教学能力自信；反之，则不利于形成较强的教学能力自信。高校教师提高教学能力的根本途径就是要积极参加教学活动。高校教师作为教学活动的主体，应主动参与教学、潜心教学与自觉改善教学，充分发挥自身的教学主体性，在积极主动参与教学活动中提高自身的教学能力。三是加强自我教育，提高教学专业素养与品质。高校教师要不断提高自我教育意识和自我教育能力，在自我教育中"提升自我"与"发展自我"，进而"实现自我"与"超越自我"。高校教师应认真履行作为一名高校教师的教学责任和践行教师职业道德，钻研教学、潜心教学，积极主动反思和自我批判，着力提升自身的教学生命智慧与教学精神。

6.2.3.3.2 积极主动参加教学实践，丰富与增强教学的积极体验

传统的教学注重知识的传播、能力的培养等浅层价值，忽视师生生命价值等深层价值。"一所高校的理想与其说是知识不如说是力量……在古代的学园里，哲学家们渴望传授智慧，而在今天的高校里，我们卑微的目的却是传

授各种科目。"① 高校教师难以体验到高校教学的尊严与生命价值，也难以体验与享受到高校教学所带来的教学自信、快乐、兴奋等积极情感。教学成为一种机械的、程序化的操作，而不是充满生机、激情与活力的生命运动。"教学像一座用巨大的技巧做成的、用最精细的工具巧妙地雕镂着的钟一样……整个过程才会和一座得到重锤作动力的钟的运行一样，不会发生摩擦。"② 高校教师的教学激情与教学自信被淹没在程式化的教学之中。不可否认的是高校教师教学自信根植教学实践之中，教学实践是生成与提升高校教师教学自信的根本途径。教学自信来源于教学实践成功案例与积极体验的积累，高校教师不断增加自身教学实践成功的次数和教学成功的体验是提高自身教学信心的重要方式。教学作为高校的中心工作、作为高校教师的根本职责。积极主动参与教学实践和改善教学是高校教师的根本使命，也是高校教师教学职业的根本价值所在。"教师对主体意义的追寻才是一种有意识的自觉的行为。"③ 高校教师在教学活动中应积极思考、主动反思与自我批判，坚定教学信念与意志，勇于克服教学现实困难，自觉把教学作为自身生命成长与生命价值提升的事业，以一种积极的教学态度与情感参与教学和体验教学，丰富和增强教学的积极体验，增强高校教师自身教学的成就感、效能感，进而提高高校教师自身的教学信心。

6.2.3.3.3 加强交流与沟通

教学自信一方面来源于自身通过实现教学专业发展进而在教学活动中获得的成就感、效能感。另一方面来源于他人对自身教学活动与结果的认可、称赞等。高校教师是社会关系中的人，要想获得他人的认可与称赞就需要积极主动地、多方位地加强同学生、同事的交流与沟通，以获得他人对自身教学价值目标、教学行为和教学结果的深度理解和高度支持。高校教师同学生、同事的交流与沟通不仅可以使自身的教学保持一种开放、相互借鉴的心态，规避一种孤立、封闭、静态的教学状态；还可以获得学生、同事对教学活动

① [英] 怀特海.教育的目的 [M].徐汝舟，译.北京：生活·读书·新知三联书店，2002：67.

② [捷] 夸美纽斯.大教学论 [M].傅任敢，译.北京：人民出版社，1985：78.

③ 魏薇，陈旭远，高亚杰.论我国高校教师专业发展"自为"的缺失与建立 [J].国家教育行政学院学报，2011，（2）：17-20.

的理解，进而使自身教学活动被认可。教学的被认可与赞同利于使高校教师获得一种情感上的支持，利于加强不同主体之间的相互理解与信任，提升高校教师的归属感、存在感、价值感，从而使高校教师从交流与沟通中获得一种精神上的力量支持。值得注意的是加强高校教师的交流与沟通的内容应该是多方面的，既应包括教学内容、教学方法、教学技能等方面的内容，还应包括教学情感、教学价值观、教学智慧等深层次的内容。交流与沟通的形式应该是灵活多样的，既可以是正式的教学听课、教学观摩、教学研讨、教学讲座等，也可以是非正式的教师交谈、教学分析等。高校教师作为教学活动的主体，应提高交流与沟通的积极主动性，及时获得有价值的教学信息，反思与审视自我，客观认识自身与展示自身教学的成功之处，激发自身的生命活力与教学激情，不断提升教学素质与能力，提高教学的自信心和增强教学理想的信心感。

6.2.3.4 加强高校教师教育，增强树立教学理想的使命感

高校教学不仅培养学生，也造就高校教师。高校教师的成长和学生的成长相生相成，高校教师的成长是学生成长的前提与基础，没有高素质的高校教师队伍就难以培养出优秀的学生。没有高校教师的成长，又怎么有学生的成长呢？加强高校教师教育是实现高校教师成长的重要途径，是引导高校教师的需求向高层次精神需求发展的重要方式，是增强高校教师树立教学理想使命感的有效措施。

6.2.3.4.1 加强高校教师教学理想与信念的教育，引导高校教师尽早确定崇高的教学理想和坚定的教学信念

树立教学理想与信念是高校教学的内在要求，是高校教师生命成长的客观诉求。教学理想与信念不仅影响高校教师自身的思想灵魂、教学动机、教学态度、教学意志、教学情感、教学行为等，还会有意无意地影响学生的思想观念与学习行为。一个没有教学理想与信念的高校教师又如何能实现理想的教学呢？又如何能在面对教学困难与挫折时表现出顽强的意志和奋斗精神呢？又如何能潜心教学呢？又如何能真诚地对待学生和培养出优秀的学生呢？教学作为高校教师的一种特殊职业和生命存在方式，高校教师的职责不允许忽视与放弃教学，忽视与放弃教学就等于放弃了自身生命成长与生命价值提

升的机会与权利。因而，高校教师教学的盲目、消极、被动，实质上就是教学理想与信念的丧失。加强高校教师有关教学理想与信念的教育就是要使高校教师全面客观认识与理解教学理想与信念的重要意义，增强树立教学理想与信念的意识。

6.2.3.4.2　加强高校教师思想道德教育，不断提高高校教师思想道德素养

思想道德素养作为高校教师的基础素养，它影响着高校教师的教学态度与行为。加强高校教师教育必须把思想道德教育摆在突出的优先地位，培养高校教师爱岗敬业的职业精神和关爱学生的人文情怀，增强高校教师履行教书育人的责任感，引导高校教师树立正确的人生观、教学价值观、教师观等。"大学的终极目标是人才的培养、品格的形成和真正'人'的塑造。而大学的首要使命是传播知识和发现真理，这里同时还包含或暗示着大学成员的行为规范、他们对彼此所肩负的使命以及他们对社会所负的责任。"①

6.2.3.4.3　加强教学专业教育，不断提高高校教师的教学专业品质

"近30年来的教育改革历程证明：没有教师的转变就没有学校的转变；没有教师的发展就没有学校的发展；没有教师生命价值的实现就没有学校甚至教育理想、价值的实现，教师生命价值的实现是学校变革的内生机制。"②针对当前我国高校教师从教意识淡薄、教学意愿低下、教学精神不高的现实，应加强对高校教师的教学专业教育，提高高校教师的教学专业认同水平、增强高校教师的教学意愿与情感，强化教学专业的角色意识。只有当高校教师自觉把教学专业融入到自身的生命世界中，才能实现高校教师教学专业发展的主动自觉，"才能从'要我做'转变为'我要做'，才能唤醒教师的生命意识，激发教师自我发展的动力，促进教师的自我反思与自我修养，教师的角色行为才能从根本上发生变革，才会克服职业倦怠，主动地更新教育观念，不断丰富完善自我、反思自己的教学生活，教师才能在积极投身教育改革的浪潮中实现自我，走向专业化发展之路，教师职业的生命价值才能充满朝气

---

① 常艳芳，顾旭东. 论大学学术秩序的建立与学术责任的担当［J］. 江苏高教，2016，（6）：44-47.

② 李继秀. 教师生命价值及其实现［J］. 教师教育研究，2006，（5）：40-43.

和活动"①。

6.3　坚定高校教学的生命立场

生命价值作为高校教学的本然之义，教学活动本质上就是一个教学主体生命价值确证、实现、创生、提升与超越的过程，是教学生活世界同生命世界融为一体、相互印证、相互促进的统一过程。高校教学本是高校教师的一种积极、主动的价值自觉活动，是自我生命成长与价值提升需求的体现。然而，我国高校教师的实际教学生活中却缺乏鲜明的生命立场，知识的传递、技能的培养等掩盖了教学主体之间生命的互动与对话，高校教学的功利主义遮掩了高校教学的生命关怀。高校教学正从"纽曼主张的"大学的理想"转向克尔所强调的"大学的用处"。②"当今的教育从根本上偏离了它本真的意义，成为一种在工具理性操作下的功利主义教育。"③ 教学本是高校教师生命存在方式和生命价值提升的重要方式，但在功利主义的影响下它却异化为高校教师的一种谋生的手段甚至是一种不想做又不得不做的额外任务或负担。高校教师教学的工具价值取向、生命意识淡薄、生命意义的缺失、生命价值追求的动力不足等成为制约提高高校教育教学质量的内在阻碍因素，也成为实现高校教师教学价值自觉必须逾越的现实困境。高校人才培养质量的下滑和高校教学的无生命现象是高校驱之不去的阴霾但又不得不面对的现实问题。"当前高等教育质量观中纯粹的适应性取向、科学主义取向、精英主义取向违背了马克思主义关于人的全面发展学说，也在实践工作中由于'人的缺位'造成了教育质量没有根本性的提高。"④ 人的缺位实质上就是人生命的缺位，在高校教学中表现为教学主体生命立场的缺失、生命价值取向的遮蔽。高校教学生命的缺位首先表现为高校教师生命的缺位，高校教师未能把自身完整

---

① 耿国彦. 教师角色：从"规定"走向"赢得"［J］. 教育发展研究，2007（5B）：23－26.
② ［美］约翰·S·布鲁贝克. 高等教育哲学［M］. 王承旭等，译. 杭州：浙江教育出版社，2001：91.
③ 鲁洁. 教育的返本归真：德育之根基所在［J］. 华东师范大学学报（教科版），2001（4）：1－6.
④ 金家新. 高等教育质量的人本立场、生命缺位与教育救赎［J］. 理论导刊，2015（11）：32－35.

的生命投入到教学活动中，有的高校教师仅仅把教学视为一种毫无生命属性的工作甚至是一种不得不完成的任务或额外负担。我们不能否定高校教学客观上具有的工具价值，但如果仅仅把高校教学作为谋求自身物质利益的手段，就降低了高校教学的层次与窄化了高校教学的价值。"对生命的遗忘是教育最大的悲哀，对生命的漠视是教育最大的失职和不幸。"① 一个缺乏生命向度的高校教学是难以真正实现高校教师教学价值自觉的。"对生命的关注是教育的本真所在，提升个体生命质量与其社会存在意义，是教育的终极追求。然而当今时代，物质的泛滥，精神的缺失，使现代人忽视了对个体生命意义的重视与思考……学校也因生命缺席而退化为劳动力培养的场所。"②

高校教学作为人的生命实践活动，实现与促进人的生命成长与生命价值提升是高校教学的根本价值所在。"真正有意义的教学应是一种以人的生命发展为依归的，它尊重生命、关怀生命、拓展生命、提升生命，蕴含着高度的生命价值与意义……关注生命发展的过程不是一种单纯的认识过程，而是生命意义的发生、创造与凝聚的过程，是生命力量的呈现与壮大的过程，是主体对于生命内涵的体验过程。教学不只是传递知识的活动，而是一种生命活动，是生命存在的基本方式。师生在教学中通过体验不断领悟世界的意义和人本身存在的意义，不断激活着生命、确证着生命、丰富着生命，使生命走向创造、超越与升华。"③ 教学作为高校教师的根本职责，对高校教学的放逐不仅仅是一种失职行为，本质上是对生命的忽视、遗忘、漠视，甚至是主观上的践踏。"只有建立在对个体生命的关怀与呼唤，对生命价值的追求与期盼，对生活意义的探寻与把握，对生命状态的审视与提升，才能真正复原教育的本真。"④ 没有生命价值的高校教学是没有灵魂的，没有高校教师生命感参与的教学是盲目与肤浅的。真正的高校教师是把知识、技能、道德等融入人的生命世界之中的，是具有崇高而坚定的生命价值立场和明确的生命价值追求的。坚定高校教学的生命立场、关怀高校教学的生命价值、坚持高校教学的生命价值取向，使教学回归生命世界，实现高校教师教学生活世界同自

① 张文质. 生命化教育的责任与梦想 [M]. 上海：华东师范大学出版社，2006：31.
② 张艳红，许海元. 教育本真与生命教育 [J]. 教育学术月刊，2009 (1)：33-35.
③ 辛继湘. 教学价值的生命视界 [M]. 长沙：湖南师范大学出版社，2006：2-3.
④ 王健. 关怀生命：教育的本真追求 [J]. 集美大学学报（教育科学版），2012 (1)：51-55.

身生命世界的融合与统一，才能使高校教师感受到生命在教学活动中的存在感、价值感、幸福感和作为人生命成长的力量，才能使教学内化为一种追求自身真实生命成长与生命价值提升的生命历程，高校教师教学价值自觉才能得以真正实现。

6.3.1 理解高校教学的生命尊严，珍爱生命价值

尊严是人之为人的一个重要特征，是生命存在价值的根基。生命尊严是人尊严的核心，是生命意义的灵魂所在。没有生命尊严，就没有所谓的生命价值与意义。如果说生命是树，那么尊严就是树的根。没有根的树，只能是一棵枯树、死树，必将是一棵没有生机与活力的树。生命尊严为人的生命存在意义提供了坚实的基石，没有生命尊严的生命只能是一种自然生命，人的价值性生命则难以实现与彰显。人生命的批判性、超越性、价值性特征决不容许没有生命尊严的存在，生命因尊严而奋发图强、因尊严而光芒四射。人作为价值性生命存在，人生命存在的过程就是一个获取、维护和提升生命尊严的过程。高校教师作为独立、自由的生命主体，对生命尊严更有着自身独特的情怀与希冀。教学作为高校教师生命存在方式，参与教学活动就是高校教师生命尊严确证、实现与彰显的过程。但是，高校教师的这种生命尊严并不是生而有之的，也不是因为他是高校教师而被额外赠予的，而是需要高校教师在教学生活中通过积极的教学行动获得的。

6.3.1.1 生命尊严来源于高校教师对生命的爱护

"爱是人原初生命的直接体现，爱是生命的推动力，是生命行动的力量……因为对生命的爱，人才会积极地献身于自己的劳动和创造，才会追求智慧和道德。"① 对生命的爱护与关怀是高校教师全身心投入教学的原动力，是实现教学生活世界和生命世界融为一体的起点。对生命的爱护使教学活动充满了生命的热度与活力，教学活动不在是冰冷的知识传递过程，也不是高校教师为了生存而不得不完成的工作，而是成为高校教师发自内心热爱的生命事业。对生命的爱发自本心、源于自然，源自心底的生命之爱必将充满一种强大的力量。这种力量激励与牵引着高校教师积极主动地投入教学，使自

---

① 甘剑梅. 关于教育起点观的哲学阐释 [J]. 教育研究，2003，(1)：21-23.

身的生命情感、生命意愿、生命智慧全方位地融入到教学活动中。教学生活不再仅仅是一种职业生活，而是高校教师的一种生命价值自觉活动。发自高校教师生命深处之爱的教学活动就多了一些温情、少了些冷漠，多了一些生命关怀、少了些麻木，多了一些生命活力、少了些封闭沉闷，多了一些生命创造、少了些生命的惰性，多了一些生命价值的重视、少了些对生命价值的忽视。正如陶行知所言："晓庄是从爱心里出来的，晓庄可毁，爱不可灭。"①足见爱对教育教学具有的重要性，没有爱就没有真正意义上的教育。高校教师只有拥有对生命的真诚之爱，才会拥有对高校教学的真切热爱，才能把教学视为一种有生命尊严的活动，才能因发自内心之爱而积极主动自觉进行教学活动。一个缺乏生命之爱的高校教师是不配拥有教学的生命尊严的，更是不懂得何为高校教学的生命尊严。高校教师对生命的爱护不仅包括对学生生命的关心爱护，也包括对自身生命的关爱。"一个自爱的人才能有能力去爱人。一个没有自爱意识的人，一个不懂得如何爱自己的人，就不会很好的发展自己，培养自己爱人的能力。"② 高校教师不仅要具有爱护学生生命的意识与能力，还要具有爱护自身生命的意识与能力，自觉把学生生命之爱和自身生命之爱融入到实际教学生活中，实现生命"成他"与"成我"统一。因而，高校教师应自觉培养和树立高校教学的生命尊严意识，努力提升实现生命尊严的能力，在教学中切实珍爱生命价值，才能拥有与创造一个美好的教学人生。

6.3.1.2 生命尊严来源于高校教师对教学权利与责任的精准把握

教学既是高校教师的权利，也是高校教师的责任。教学权利与责任是高校教师教学职业本身所具有的内涵，也是高校教师角色的内在要求。教学作为高校教师的权利，是高校教师职业与角色所赋予的教学参与权、生存权、指导权、学习权、发展权，以及在教学活动中追求生命幸福的权利等。教学权利既是高校教师履行高校教学职责的前提条件，也是高校教师获得教学生

---

① 中国陶行知研究会.陶行知教育思想理论与实践［M］.合肥：安徽教育出版社，1991：280.

② ［美］埃里希·弗洛姆.爱的艺术［M］.亦非，译.北京：京华出版社，2006：47-64.

命尊严的基本保障。任何人、任何组织机构都不能非法剥夺高校教师的教学权利，高校教师自身也不能无故放弃自己的教学权利。高校教学权利的被剥夺或自主放弃实质上就是对高校教师教学生命尊严的放逐。因而，高校教师应积极主动自觉地践行自身的教学权利，实现自身的教学专业发展是获得、维护自身教学生命尊严的重要保障。教学责任是同教学权利相对应的一个概念，是高校教师职业与角色赋予高校教师应当承担与履行的职责。当前在重科研、轻教学的评价制度、政策与文化导向下，高校教师教学失责的现象不断凸显。高校教师教学失责意味着高校教师教学者角色的边缘化，意味着高校教师教学价值与贡献的减小，也意味着高校教师教学价值认同的降低，还意味着高校教师教学生命尊严的失落。高校教师教学责任的缺失不仅有评价制度与政策的原因，还有高校教师对教学认识与理解的因素。"唯有认识教师劳动的价值在于创造人的精神生命的本质，才能了解不同于传统观念的新型教师职业形象的本质特征。"[1] 高校教学不仅是高校教师的一种职业活动，还是高校教师的一种生命价值的成长方式，是高校教师获得与维护作为高校教师教学生命尊严的根本途径。因而，承担与履行教学责任就是高校教师获得与维护自身生命尊严的根本依据与现实途径。高校教学不仅要传播知识、培养技能、提高道德素质与陶冶情操，还要将知识、技能、道德、思想观念等融入到教学主体的生命世界之中，实现教学主体生命质量与价值的提升。一方面高校教师要对学生的生存负责、更要对学生的生命成长负责。对学生负责、对学生的生命成长负责是高校教师的主要职责。高校教师教学责任不仅要帮助学生获得生存发展的能力、素质，还要积极引导学生理解生命、热爱生命、珍爱生命，积极追求生命价值和过一种有生命尊严的生活。另一方面，高校教师教学责任还表现为高校教师在教学中积极发展自己、努力提升自己、正确对待生命和积极实现自身生命价值与质量的提升，过一种有生命价值、有生命尊严的教学生活。"教师总是为学生彰显各自的生命力量、发展各自的独特精神提供一个广阔、融洽、自主的空间，让学生的心灵得以自由舒展、生命意义得以真正实现，而在这一过程中，教师自身也体验到了生命的活力

---

① 叶澜. 面向 21 世纪新基础教育探索性报告集 [M]. 上海：上海三联书店，1999：31.

与价值,获得了工作乃至生命的意义感。"① 一句话,高校教师教学责任的根本体现就是实现教师自身与学生生命的共同成长与生命价值提升。没有高校教师承担教学责任而做出的贡献与价值,就无所谓高校教师教学的生命尊严可言。高校教师教学的生命尊严不是天赋的,而是主动、真诚承担与履行教学责任的结果。可见,高校教师承担教学责任是高校教师教学生命尊严的现实依据和根本来源。因而,高校教师应把自身的教学权利与教学责任有机结合起来,在主动维护、践行教学权利和主动自觉承担、履行教学责任中通过实现与提升生命价值与质量来确证、实现与彰显自身的教学生命尊严。

6.3.2 唤醒高校教师教学的生命意识, 高扬生命情怀

教学主体的生命是高校教学的原点,实现教学主体生命成长与生命价值提升是高校教学的出发点与归宿。高校教学作为教学主体的生命实践活动,教学主体是否具有强烈的生命意识直接影响到高校教学活动的生命参与程度与生命价值的实现。人之为人不仅仅是一种生命存在,还是一种意义的生命成长。高校教师作为一种价值性生命存在,具有强烈的生命意识。这种生命意识使他不满足于当前的教学现实,在生命意义的指引下总是企图追求一种更好、更美、更高的生命价值存在。"当这个时代已经体现出"以人为本"或者说已经将'个体''自我''主体'归还给个体生命的时候,教师是否具有建立在清醒的自我意识基础上的主动性,是教师生命价值实现与否的关键。"② 所谓高校教师教学的生命意识就是指高校教师在教学活动中对生命的位、作用、意义等的体认与觉知。生命意识是高校教师坚定高校教学生命立场的前提,是秉持生命价值取向的基础。只有"具有自我意识的人对未来的追求中,包括着明显地对自身发展的追求,并根据自己的追求决定自己的行为策略,一步一步的为实现自己的理想人格、才能为价值目标而奋斗"。③ 高校教师没有生命意识就难以去唤醒与引导学生树立正确的生命意识,就容易导致高校教学生命的缺位和生命价值的遮蔽。

6.3.2.1 唤醒高校教师教学的生命本位意识

生命本位意识就是要把教学主体(教师与学生)的生命成长作为高校教

---

① 辛继湘. 教学价值的生命视界 [M]. 长沙:湖南师范大学出版社,2006:4.

② 李继秀. 教师生命价值及其实现 [J]. 教师教育研究,2006 (5):40-43.

③ 叶澜. 教育概论 [M]. 北京:人民教育出版社,1999:218.

学的中心，作为教学活动的依归，实现高校教学由知识中心、能力中心等转向了教学主体的生命中心。知识、能力、道德等都是为人的生命成长服务的，知识、能力、道德等只有融入教学主体的生命世界之中才具有现实的意义。生命本位意识不仅要充分尊重和关怀学生的生命成长，还要重视高校教师自身的生命成长与生命价值提升，使教师与学生生命的共同成长成为高校教学持续改进的内在动力和生命源泉。高校教学以人为本实质上就是要以教学主体的生命为本。传统的高校教学往往过于注重学生的成长而忽视了高校教师自身的生命诉求，从而导致学生的成长失去了依托与前提，使教学的持续改进失去了内在动力。因为高校教师只有在教学活动中不断实现自身的生命成长，不断提升与完善自身的生命价值，才能更好地发展自我，才能为引导与促进学生的生命成长与生命价值提升奠定基础与创造条件。一个没有自我生命成长与生命价值提升意识的高校教师，怎能很好地去帮助学生实现生命成长与生命价值提升呢？高校教师教学的生命本位意识要求高校教师在教学生活中尊重生命、关怀生命、服务生命成长和遵循生命成长的规律，坚持生命的中心地位，把生命成长和生命价值提升作为高校教学的根本价值追求。

6.3.2.2 唤醒高校教师教学的生命批判意识

"大学教学批判品性是大学基于价值充分发挥而在教学中所主张的一种理性思考、审慎反思与批判的精神和态度，反映了大学求实、求真、反省与超越的本性和不断自我超越和关怀社会的境界追求。"[1] 批判品性是高校教学的一种基本品质，生命批判意识是高校教学批判品性的重要内容，是高校教师在教学生活中实现生命成长的重要动力。高校教师的生命作为一种非确定性的存在，生命的成长不是按照约定轨迹运行的。它需要高校教师在教学活动中以科学的精神不断反思与审视自身的生命存在状态，追问高校教学是否具有生命意义、高校教学是否具有生命情感、在教学活动中能否获得生命体验和生命价值感等。人作为一种超越性的生命存在，总是不满足当前与现实，总是对未来的美好生活充满着憧憬与期待，力图实现生命从现在的"此岸"走向未来的"彼岸"。生命批判意识使人全面客观地认识到生命存在的不足与

---

① 彭泽平，徐辉.守护批判品性：大学教学的超越之道 [J].高等教育研究，2013，(1)：76 -80.

发展空间，为人的发展提供了动力。没有生命批判意识的人的生命就缺乏生命成长的意愿和动力，人就难以全面真实地认识自我和实现生命的全面和谐自觉发展。唤醒高校教师教学的生命批判意识就是要引导高校教师客观审视生命在教学活动的存在状态，以理性精神反思生命成长存在的不足、拷问高校教学的生命意义，使生命在教学活动中处于一种开放、包容、活跃的状态，使教学活动成为高校教师真正意义上生命自觉反思、自觉审视、自觉建构的过程，促使高校教师的生命情感、生命意志、生命信念等在批判、吸收与创造中获得提升。

6.3.2.3 唤醒高校教师教学的生命主体意识

高校教师不仅是教学的主体，还是教学活动中自身生命的主体。高校教师作为生命主体的存在，它不仅是教学活动的手段，其本身还是教学活动的目的。教师生命与学生生命在教学活动中是一个共在、共生、互为手段与目的的关系。高校教师为了实现自身的生命主体价值必须要把自己作为实现学生生命价值的手段，在实现学生生命价值的过程中也实现着自身的生命价值。没有高校教师自身生命成长与生命价值提升的高校教学是难以真正进入高校教师内心世界的，高校教学的持续改善就难以为继，高校教师教学的价值自觉就难以真正实现。引导与促进学生生命成长是高校教学的出发点与归宿，这本身并没有任何不妥，但是如果仅仅把高校教学目的局限于此，就忽视了高校教师在高校教学活动中的地位与意义，就遮蔽了高校教师生命成长的需要和生命主体地位。现实的高校教学生活中过分强调学生的生命意义，而对高校教师自身的生命成长与生命价值关注不够或忽视，实际上是对高校教师教学生命主体的遮蔽与消解。这种现象割裂了高校教学世界同高校教师生命世界的内在关联，必将导致高校教师教学的消极、被动、冷漠、麻木、盲目。"人的主体性是一切价值的根本，宇宙间只有人的主体性具有绝对的价值。人有各种要求，但是无论是多么强大的要求或高尚的要求，如果离开了人的主体性要求，便没有任何价值；只有作为人的主体性要求的一部分或者手段时才有价值。"[①] 只有唤醒高校教师教学的生命主体意识，才能使高校教师主动

---

① 袁贵仁. 价值学引论 [M]. 北京：北京师范大学，1991：65.

自觉地成为教学活动的生命主体，才能从根本上发挥和提升高校教师的主体性。唤醒高校教师教学的生命主体意识，使高校教师在教学活动中认识了自我、找到了自我、成为了自我，高校教学成为高校教师生命意识觉醒和生命价值建构的过程。唤醒高校教师的教学生命意识就是要"激发教师主体性、创造性的发挥，关注教师的生存质量，关注教师的情绪和情感体验；要多一点生命意识，把创造与生命还给教师，让每一个教师都能享受到成功的喜悦和无比的幸福，能在学校这一组织中焕发出强大的生命力，有效促进教师的专业成长，真正从制度管理发展到人文管理，赋予教师更多的人性化内涵，还教师一个自由成长的空间，让教育成为教师生命历程中充满活力、富有诗意的一段重要经历"①。

6.3.3 激发高校教师教学的生命成长需求，追寻生命意义

人作为一种价值性生命存在，人的生命具有价值性、超越性等特征。人生命的超越性使人既生活在当下，又对未来的美好生活充满着向往。人总是向往过一种更加美好、更加丰富、更加完善、更加幸福的生活，不断超越当前的生命存在，使人的生命处于动态地持续地成长过程之中。人生命的价值性使人最不能忍受的是人生命存在的无意义感、空虚感。人总是渴望获得生命存在的价值，通过生命价值确证与实现人之为人的本质。高校教师作为独特的价值性生命存在，高校教学从根本上讲就是一个探索、实现、提升与创造生命价值的过程。高校教学作为师生生命的存在方式，是师生重要的生命历程与生命世界的重要组成部分。"对于教师而言，课堂教学是其职业生活的最基本的构成部分，它的质量直接影响教师职业的感受、态度和专业水平的发展、生命价值的体现。"② 教学质量对教师而言最根本标准就是实现与提升了教师自身的生命质量与价值，实现与促进了自身的生命成长。"教学源于生命成长的需要。"③ 因而，高校教学应当关注高校教师的生命价值诉求，全面激发高校教师教学的生命成长需求，关心高校教师在教学活动中的生命价值

---

① 耿国彦.教师角色：从"规定"走向"赢得"[J].教育发展研究，2007，(5B)：23-26.

② 叶澜.让课堂焕发出生命活力——论中小学教学改革的深化 [J].教育研究，1997，(9)：5.

③ 邵小佩，杨晓萍.让教学为生命的成长奠基 [J]重庆师范大学学报（哲学社会科学版），2014，(2)：97-100.

与质量的实现与提升。只有这样，高校教师的教学生活才能真正和自身的生命世界融为一体，才能使教学活动内化为高校教师的一种价值自觉活动，才能坚守与实现高校教学本真的意义、才能把握高校教学的正确方向。正如钱理群教授谈及民国知识分子做学问时曾言："那一代人，无论做学问、讲课、做事，都是要把自己的生命投入进去的，学问、工作不是外在于他的，而是和自我生命融为一体的。"①

高校教师在教学活动中一旦产生生命成长的需求，这种需求就成为高校教师积极主动教学与自觉改善教学的内在动力。高校教师的生命成长的需求是作为"人生命本性"的需求，是合理的、正当的需求，是一种高层次的精神需要，是属于马斯洛需要层次理论中的自我实现需要的部分。传统的教育思想观念，把教师比喻成蜡烛、春蚕，倡导教师职业"春蚕到死丝方尽、蜡烛成灰泪始干"的无私奉献精神，这无疑是对教师职业崇高性的肯定。但是，遗憾的是人们在肯定教师职业崇高性的同时，却没有看到教师自身正常的生命成长需求。满足教师正当的生命成长需求是教师不容剥夺的正当权利。教师与学生作为教学相长的主体，没有教师的生命成长就难有效实现学生的生命成长。"近 30 年来的教育改革历程证明：没有教师的转变就没有学校的转变；没有教师的发展就没有学校的发展；没有教师生命价值的实现就没有学校甚至教育的理想、价值的实现。"② 高校教师同中小学教师、幼儿教师相比有着自身的独特性，因为他不仅要从事教学工作，还可能受到科研或社会服务的压力或诱惑。高校教学一旦同高校教师生命世界割裂，同时又受到科研压力或教师评价机制的诱导，就极易主动或被迫放逐教学。因而，必须要改变传统的教学价值观念，使高校教学不仅是引导与促进学生生命成长的活动，也是实现与促进自身生命成长的过程，实现高校教学目的从单一性向多向性转变。引导高校教师认识到高校教学作为高校教师自身生命存在的方式，把教学作为自身生命成长需求，把提高高校教学质量同实现与提升高校教师自身生命价值有机结合起来，使高校教学真正成为满足高校教师生命成长和生命价值提升需要的媒介、载体与历程。

---

① 徐百柯．民国风度［M］．北京：九州出版社，2011：序.
② 李继秀．教师生命价值及其实现［J］．教师教育研究，2006（5）：40-43.

6.3.4　增强高校教师教学的生命体验，提升生命智慧

"教育是贯穿于人的生命过程始终，旨在发展人获取、选择、处理和运用知识的智慧的过程，学校教育事业便是将此过程外显为提升人的生命质量的社会实践活动。"[①] 教育作为一种生命活动，旨在发展与提升人的生命质量、生命智慧与生命价值。教师不应把教学工作视为一种负担或任务，而是应视为一种师生的生命历程与一种丰富、复杂的生命体验。因而，对教师而言，参与教学活动的过程就是一个丰富自身生命体验、提升生命智慧、生命质量、生命价值的过程与方式。但是，"教育者的生命体验一直被人忽略。在激发学生体验的过程中，我们往往忘却了教师也有自己的体验。对教师生命体验的漠视，也常常成为制约教师发展的'命门'所在"。[②] 对教师生命体验的忽视，在一定程度上阻碍了教师生命智慧、生命质量与生命价值的实现与提升，也就难以体验到教师职业的幸福，在教学实践中表现为教师教学行为的消极、懈怠、麻木、应付等形态。因而，增强教师的生命体验是提升教师生命智慧、生命质量、生命价值等应有的现实途径，也是促进教师走向教学价值自觉的有效方式。教学作为高校教师的核心职责与根本使命，增强高校教师教学的生命体验是高校教师生命成长的内在诉求和高校教学工作的客观使然。

高校教师的生命体验不是一种抽象的而是一种具体的感受、体悟。高校教师教学的生命体验不是一种基于现象的结果、也不是基于逻辑推理，而是高校教师在自身的教学活动中的一种生动的、具体的感受与体认。这种生命体验不仅可以用语言进行精准的表达，还可以通过具体的教学行为进行展示。它不是模糊地存在高校教师的脑海中，而是深刻地印刻在高校教师的心底；它不是一个个抽象概念的集合，而是融通在具体的教学行为之中。高校教师的生命体验就是表现在高校教师每一次欢笑、哭泣、拍手称赞、无奈叹息的言行之中。高校教师的生命体验不是局部的，而是整体的。高校教师生命体验不仅有积极的感受，还有消极的感受；不仅有对学生成长带来的生命体验，还有对自身生命存在的感受；不仅要勇于承担高校教学所带来的挫折感、孤

---

① 巴登尼玛，李松林，刘冲. 人类生命智慧提升过程是教育学学科发展的原点 [J]. 教育研究，2014，(6)：20－24.

② 李政涛. 心在哪，智慧就在哪 [J]. 人民教育，2008，(23)：16.

独感、无助感、失败感，还要积极享受高校教学所带来的存在感、价值感、尊严感、幸福感等。高校教师理应用整体的思维看待生命体验的整体性，客观认识消极的生命体验，用消极的生命体验鞭策教学、用积极的生命体验激励教学。唯有如此，高校教师的生命体验为生命智慧的提升提供更加全面、更加丰富、更加真实的情感依托。高校教师的生命体验不是同一的、而是多元的。高校教师由于个人知识、能力、价值观念、利益诉求、教学环境等的不同，高校教师教学的生命体验往往是有差异、多元的。有的高校教师关注高校教学的生命之美、有的高校教师侧重的是高校教学的生命之真、有的高校教师关心的是高校教学的生命之善、有的高校教师追寻的是高校教学的生命之乐……无论何种生命体验，只要它是高校教师真诚、真实、真切的生命体验，它就意味着高校教师把高校教学生活"放进"了自身的生命世界里或者说高校教师把自身的整体生命真心地投入到了自身的教学活动中，意味着这是一种充满生命元素与律动的教学生活，也还意蕴这种生命体验为打开生命智慧之门奠定了基础。这样的高校教学生活难道不是高校教师值得过的生活吗？这样的教学生命体验难道不是高校教师值得拥有与珍惜的吗？增强高校教师教学生命体验应从以下几个方面着手。

6.3.4.1 高校教师要积极主动地参与教学实践活动

高校教师教学的生命体验不是凭空产生的，而是来源于高校教师真诚地将自身的整体生命投入教学实践中产生的切实的感受与体认。教学实践是高校教师产生生命体验的现实土壤，高校教师只有在同教学活动的交互作用才能建立起内在的情感联系，才能在教学实践中触动自身的生命元素、才能产生真实的生命律动，才能点燃自身生命的火花。因而，没有高校教师积极主动、真诚地参与教学实践活动，高校教师教学的生命体验就失去了现实的依托，就成为一种"空中楼阁"，极易使高校教师的教学生命体验走向一种虚无主义。

6.3.4.2 高校教师要在教学实践中真诚地投入自身的整体生命

高校教师参与教学实践并不直接产生相应的生命体验，有的高校教师虽然参与了教学实践活动，但是只是他的"身体步入了教学世界之中"，而他的"生命却游离于教学世界之外"。只有当高校教师真诚地将自己的整体生命放在教学实践之中，才能使教学生活世界同高校教师的生命世界建立实质性的联系，才能拨动高校教师内心深处的生命之弦。当前，某些高校教师对教学存在着盲目、冷漠、应付、抗拒的现象，因为他们只是把教学当作一种工作或任务或额外的负担，没有把高校教学当作一门具有丰富与深刻生命意蕴的学问，没有真诚地把自身的整体生命放在教学实践之中。高校教师未能真诚地将自身的整体生命放进自身的教学生命世界之中，必将导致教学生活世界同自身生命世界的割裂和造成难于逾越的鸿沟，高校教师生命被剥离在教学生活世界之外。高校教学缺乏生命的滋养与引导，高校教师如何能在自身的教学实践中产生真实的、深刻的、丰富的生命体验？如何能实现生命智慧、生命质量、生命价值的提升？

6.3.4.3 高校教师要主动增强生命体验的素养与能力

高校教学活动中有的生命火花稍纵即逝，需要高校教师敏锐、及时地把握；有的生命情感深刻而细腻，需要高校教师细细地品味；有的生命情感复杂丰富，需要高校教师认真地甄别与体悟；有的生命情素含苞待放，需要高校教师正确地引导与点拨；有的生命情感苦涩而难以言说，需要高校教师以坚定的信念与博大的胸怀面对之……生命如酒如歌，生命体验就是品酒赏歌。品酒赏歌自然需要具备相当的素养与能力，才能精准地把握和品味酒与歌的味道。因而，高校教师教学的生命体验不仅是一种态度，还是一种素养与能力的体现。高校教师要增强生命体验的素养与能力，只能在教学生活中不断地锤炼、反思、总结中才能实现，因为只有在生命体验中才能提升生命体验的素养与能力。

6.4 增强高校教师教学认同

6.4.1 高校教师教学认同的内涵

认同与人的行为有着极其紧密的关系，人对对象的认同程度将对人的实践活动产生重要的影响。关于认同的观念，有关学者主要从心理学、社会学、哲学等角度进行了探讨，如认为，"认同是社会成员平均具有的信仰和情感的总和"①。"认同是个人向另一个人或团体的价值、规范与面貌去模仿、内化并形成自己的行为模式的过程。"② "认同是人们在交往活动中彼此从自我出发而寻找共同性的过程和结果，它表征着人与人之间的共性关系，其核心是价值认同。"③ 基于不同视角对认同的探索为我们进一步认识认同的内涵提供了广阔的视野和有意义的借鉴。本研究把认同理解为主体在实践活动中在认知的基础上产生的对对象的承认、认可、赞同，并内化为主体的价值体系和实践行为的过程。认同和趋同有着根本的区别，主要表现为：一是趋同强调的是完全的统一性，而认同尊重与容忍差异。二是趋同体现了一方主体向另一方主体的"服从"，不同主体处于不平等的地位；认同则强调不同主体的平等性。三是趋同的结果是对主体自我的消解；认同则是对主体自我的确认与彰显。四是趋同更多依赖的是控制、支配的手段；认同主要通过自愿、民主与对话的方式实现。

高校教师教学认同同教学价值自觉有着内在的关联，高校教师教学认同是高校教师教学自觉的根本，是实现教学价值自觉的有效方式。教学认同作为认同的一种具体形态，它是指教师在教学活动中在对教学认知的基础上产生的对教学的认可、赞同，并把这种认可内化为自己的教学价值体系和教学实践中的过程。教学认同不是一个单一的过程，而是教师教学认知、教学认可、教学内化与实践相统一的整体。教师对教学本质、规律、特性、地位、功能、意义等认知是教学认同的前提与基础，教学认可是教学认知进一步深化、是教学认同的关键环节，教学内化与践行是教学认同的表征和落脚点。高校教学是一种开放、自由的实践活动，是高校教师的一种"良心活"。因而，高校教师对教学的认同情况更直接、更根本地影响着高校教师的教学态度、教学情感、教学意愿、教学意志、教学行为等，从根本上决定着教学价值自觉与否，也就从根本上决定了高校教育教学质量。因而，增强高校教师教学认同是实现高校教师教学价值自觉的根本，是提高高校教学质量的根本

① ［法］埃米尔·涂尔干. 社会分工论［M］. 渠东，译. 北京：生活·读书·新知三联书店，2000：42.
② 梁丽萍. 中国人的宗教心理［M］. 北京：社会科学文献出版社，2004：12.
③ 贾英健. 认同的哲学意蕴与价值认同的本质［J］. 山东师范大学学报（社会科学版），2006，(1)：10-16.

之策。然而，"我国大学教师职业认同总体水平一般……尤其是当教师认同自己的职业能力，但对职业价值的认同较低时，易引起教师的职业倦怠，影响工作的投入度甚至导致教师对所在学校的不满而流动。"① 增强高校教师的职业认同尤其是教学认同成为高校教师专业发展和提高教学质量的内在诉求和客观要求，"发展并维持一种强烈的职业认同是批判教师的专业性和把他们与其他工作者区别开来的重要依据"②。

6.4.2 教学认同对高校教师教学价值自觉的意义

6.4.2.1 教学认同为高校教师教学价值自觉提供基础

对教学本质、规律、特性、功能等的正确认识与理解是高校教师教学价值自觉的重要前提与基础，对教学的认识与理解越是全面深刻，就越有利于高校教师端正教学态度和正确地对待教学，就越有利于激励高校教师潜心教学、关心教学和积极改善教学。教学认同是高校教师建立在对教学全面深刻认识与理解基础上的一种结果，这里的认识既包括教学的本质、教学特性、教学规律等内容，还包括教学具有何种意义的认识，即"我从事教学活动对我与他人而言有何种价值"的理解。人们如何理解教学，将直接影响人们的教学行为。试想，一个仅仅将教学视为一种额外负担的高校教师，无不制约着教师对待教学的忠诚度和投入教学的热情。教学认同包含了教学认知的环节，教学认知是教学认同的基础。教学认同蕴含着高校教师对教学全面而深刻的认识与理解，为高校教师教学价值自觉提供了基础与前提。

6.4.2.2 教学认同为高校教师教学价值自觉提供动力

教学认同不仅是一个认识问题，还是一个价值问题。它不仅意味着对教学是什么的认识与理解，还意蕴着教学对教师主体而言具有何种价值的认可、肯定、欣赏。因而，如何理解教学的价值，将影响教师对教学的认同、教学担当与教学行为。教学实质上是人的价值问题。教学不仅具有手段价值，还具有目的价值。教学作为手段价值，高校教师通过教学手段换取为之生存的

---

① 方明军，毛晋平. 我国大学教师职业认同现状的调查与分析 [J]. 高等教育研究，2008，(7)：56-61.

② JUDYTH SACHS. Teacher professional identity：competing discourses. Competing outcomes [J]. Education policy, 2001, (2)：155.

物质资料；教学作为目的价值，是高校教师的一种生命存在方式，是高校教师生命价值的生成、确证与彰显。高校教师在教学活动中不仅培养学生，也造就教师自身。高校教师只有积极主动、全身心地投入教学活动，才能更好地彰显与提升自己的生命价值。教学"价值链的一端是人们积极投身于对他人福祉的关怀，另一端则是人们为自我实现和自我提升而奋斗"①。教学对高校教师自身生命价值的实现与提升是教学内在价值的体现，是教学对作为教学主体的教师的生命需求的满足，为高校教师教学价值自觉提供了内在动力。高校教师是否认真对待教学、是否积极从事教学活动和自觉改善教学，在很大程度上取决于对教学所具有和承载的意义的认识与认可。教学认同所包含的教学价值认同，蕴含着高校教师对教学的价值认识、价值判断、价值选择，使教学同高校教师的自身价值需求紧紧联系起来，使高校教学活动同高校教师自身的生命价值世界融为一体，使教学成为高校教师生命价值实现与提升的内在诉求。教学不仅是高校教师为他的一种价值活动，也是一种为己的价值活动。"任何人如果不同时为自己的某种需要和为这种需要的器官做事，他就什么也不能做。"② 教学认同从根本上说体现了教师自身需要的合理诉求，是高校教师对教学价值的理性价值追求的表现，它是高校教师教学的内在动力。教学认同作为高校教师对自身需求的认识、认可，引领与激发高校教师主动自觉从事与改善教学活动，为高校教师教学价值自觉提供了动力源泉。

6.4.2.3 教学认同为高校教师教学价值自觉提供保障

"当教师遭遇到价值认同危机，教师往往会对自身的教学行为与专业发展产生诸多的冲突与困惑。"③ 教学认同作为一个整体，它是高校教师教学角色认同、教学专业认同、教学情感认同、教学价值认同等方面的和谐统一，是规避高校教师教学价值认同危机的根本途径，有利于实现高校教师教学生活

---

① SCHWARTZ SH. Normative influences on altruism ［M］. Advances in experimental social psychology. New York：Academic Press，1977：221.

② 马克思，恩格斯. 马克思恩格斯选集第3卷 ［M］. 中央编译局，译. 北京：人民出版社，1972：286.

③ 王怡. 冲突与认同视域下的教师职业价值 ［J］. 内蒙古师范大学学报（教育科学版），2009（3）：154－156.

世界与自身生命价值世界的有机统一，为自身的教学活动与教学行为提供价值定向与目标指引。教学认同是高校教师树立教学理想信念的重要前提，当高校教师的教学认同和自身的教学价值追求有机结合起来则有利于升华为教师的教学理想信念。如果说教学认同是教学理想信念的基础与根据，那么高校教师一旦树立了崇高的教学理想信念就会为高校教师教学价值自觉提供重要保障。高校教师教学价值自觉不是一个自然而然的过程，而是需要高校教师付出艰辛努力、克服重重困难和不断战胜挫折的自我挑战与创造的过程。我们必须要充分与客观地认识到高校教师教学价值自觉的艰巨性、长期性和困难性。但是高校教师一旦具备了崇高的教学理想信念就会激发出强烈的教学责任感、坚强的意志、战胜挫折与困难的信心与勇气，从而使高校教师在教学理想信念的指引与激励下始终如一、自觉自愿、积极主动地关注教学、潜心教学、改善教学，促进和保障高校教师真正走上教学价值自觉的道路。

6.4.3　教学认同的实现策略

一个对教学具有高度认同感的高校教师，不可能不主动承担教学责任，不可能不重视教学工作，不可能不珍视教学对教师所具有的生命价值。教学认同作为高校教师教学价值自觉的根本，思考与回答如何实现与增强高校教师教学认同就成为一个具有十分重要意义的课题。教学认同作为一个有机的整体，包括了高校教师教学者角色认同、教学专业认同、教学情感认同、教学价值认同等多种具体认同形式，它们各自具有独特的地位、作用，共同制约着教学认同整体功能。剖析教学认同的内在构成，处理好各种子要素之间的协调关系，使教学认同发挥出最大功效。

6.4.3.1　教学者角色认同

人生活在一定的社会关系中总是要扮演一定的角色，而每种角色都有自身相应的权利与职责。履行角色所赋予的权利和承担角色所规定的职责是角色的客观要求，也是主体扮演角色的过程中实现自我成长的内在需要。因而，扮演角色既有来自角色本身的要求，也有来自主体自身内在的需要。角色认同则是推动与实现人主动扮演好角色的内在动因。角色认同实质上就是一个自我认同的过程，是"个体依据个人的经历所反思性理解到的自我"① 的基础上对自我的认可、接纳和行动的规约。生活在全球化、多元化的当今社会，人们普遍面临着自我认同的困惑与危机。对于高校教师而言，是从事教育教学、科学研究和社会服务等工作的人，也同样面临着角色认同的现实问题，也存在着角色认同的困惑甚至是自我认同危机。"我国学者对 441 名大学教师职业认同状况进行了问卷调查，结果显示：我国大学教师职业认同总体水平一般。"② "教学是一种良心活，用心与否，投入与否，很大程度上取决于教师个人。如果对其职业身份和职业活动有较高的认同，完全不用担心其是否尽职尽责地工作，因为其内在的职业意识、职业操守，以及职业尊严，将促使其全身心地投入到教学之中。"③ 教学作为高校的原生职能和核心工作，是实现人才培养的根本途径。履行好教学者角色、做好教学工作是高校教师的首要职责和根本使命。而履行好教学者角色和做好教学工作的前提就是积极将自己所从事的教学作为自身反思的对象，理解教学的本质与价值，实现高校教师教学者角色认同。教学者认同对于高校教师来说，是教学认同的核心，是教师职业认同的基础，是高校教师自我认同的关键。

教学者角色作为高校教师角色体系中主要的职业角色，是高校教师职业最根本、最基础的角色。认同和扮演好教学者角色是高校教师提高教学质量和实现教学专业发展的根本前提和保障，也是高校教师持续关注教学、潜心教学和自觉改善教学的内在动力。然而在现实的"重科研、轻教学"的评价机制和大学文化影响下，不少高校教师在利益的驱使和科研压力的迫使下有意或无意地把教学者角色遗忘或"悬置"了，导致某些高校教师把教学工作视为一种额外的任务甚至是不愿意但又不得不完成的负担。教学作为高校原初职能和核心工作，自高校产生起到 1810 年德国教育家威廉·洪堡以"科研与教学并重"的理念创办柏林大学，将科学研究引进为大学的职能的这一段时期内，人才培养是高校的唯一职能，不存在着教学者角色认同困惑甚至教

---

① ［英］安东尼·吉登斯. 现代性与自我认同［M］. 赵旭东，译. 北京：生活·读书·新知三联书店，1998：27.

② 方明军，毛晋平. 我国大学教师职业认同现状的调查与分析［J］. 高等教育研究，2008，(7)：56－61.

③ 李兵. 教风与大学教师的职业认同［J］. 中国大学教学，2014，(6)：27－33.

学者角色认同危机的现象。从 19 世纪初到 20 世纪中叶，教学与科研基本上保持了一种相对平衡的局面，高校教师基本上也能扮演好教学角色。但是 20 世纪中叶以后，随着科学研究职能在高校"强势地位与功能"的彰显，导致教学中心地位式微和不断被边缘化。高校教师的教学者角色认同与践行日益受到挑战，引发了一定程度的教学价值失范现象，导致了高校教学质量的持续下滑。引导和促进高校教师教学者的角色认同就成为提高教学质量和高校教师教学专业发展的必然选择。教学作为一种具体的社会职业，对于高校教师个人的生存来说首先具有工具价值，它是满足高校教师获取基本生活条件的途径与手段。这是我们不应也是不能忽视教学对高校教师而言所具有的工具价值，即我们通常所说的教学的外在价值。但我们决不能陷入教学的功利主义泥潭而迷失自我，仅仅把教学视为一种谋取现实利益的工具。我们还应深深地认识到教学是高校教师的一种生命存在方式，是高校教师实现与创生生命价值的重要途径和方式。高校教师扮演教学者角色的过程实质上就是一个释放个人生命潜能、提升生命智慧、拓展生命空间和提升生命价值的过程。教学对高校教师来说作为一种意义、有意识的生命活动，关注教学、重视教学、潜心教学和自觉改善教学就是选择了一种实现、创生与提升生命价值的方式。高校教师正是在教学活动中完成了人之为人的本质力量的确证、彰显与提升，在真实扮演教学者角色的过程中真切地体悟到教学的生命意义和获得了教学者角色的认同。

增强高校教师的教学者角色认同就是要不断提升高校教师的教学者角色意识和增强高校教师教学者角色的责任感。人们无时不生活在自己的意识世界之中，生活与行为无时不受自己意识的规约。增强高校教师的教学者角色意识就是不断提高教学者角色意识对高校教师教学活动与行为的指导和规约，使自身的教学行为更加符合教学的要求与期待，引导与促进高校教师更加主动自觉地从事教学与改善教学。实现高校教师教学者角色认同应做到以下两个方面。

6.4.3.1.1 增强高校教师教学者角色意识

教学者角色意识是高校教师明确意识到作为教师理应承担的教学责任和牢记自身的教学使命，引导高校教师按照教学者的角色要求与期待积极、主动从事教学活动与改善教学。教学者角色意识既是高校教师教学者角色认同的基础，又是教学者角色认同的强化与体现。所谓教学者角色意识，就是要求高校教师应以主人翁的态度与精神主动参与到教学活动中去，积极发现教学问题、主动进行教学反思和开展教学研究，自觉改进教学。教学者角色的主体意识表现高校教师积极主动、平等地参与教学活动。高校教师是教学活动的参与者，而不是旁观者或局外人。高校教师作为教学活动的主体，应及时了解学生的实际需求、发现教学中学生的学习困难与困惑，有针对性地精准施教和帮助学生有效解决现实问题，在教学过程中发挥主导作用。高校教师作为教学活动的主体，但并不是教学活动的控制者、支配者、垄断者，而是以平等的方式参与同学生的对话与交流，以平等与合作的方式参与课堂教学的实际讨论，允许学生发表不同意见，引导学生参与教学、体认教学和感悟教学的意义。改变传统的知识与真理"代言人"的角色意识，自觉摒弃压抑学生思想、创造力的思想与做法。高校教师只有具备教学者角色意识，才能实现由被动的教学者意识转变为主动的教学者角色意识，实现由'要我教学'到'我要教学'的根本转变。"教师只有找回主动赢得教师角色的意识，才能从"要我做"转变为"我要做"，才能唤回教师的生命意识，激发教师自我发展的动力，促进教师的自我反思与自我修养，教师的角色行为才能从根本上发生变革，才会克服职业倦怠，去主动地更新教育观念，不断丰富完善自我、反思自己的教学生活，教师才能在积极投身教育改革的浪潮中实现自我，走向专业化发展之路，教师职业的生命价值才能充满朝气和活动。"①

6.4.3.1.2 增强高校教师教学者角色的责任感

教学者角色作为高校教师的核心职业角色，高校教师就要承担与履行教学者角色所赋予的教学责任，因为角色是责任的逻辑起点。② 增强高校教师教学者角色的责任感是激发和促进高校教师主动承担与履行教学责任的重要基础。高校教师应全面深刻认识、领会教学同师生生命成长与价值提升之间的内在关系，在教学过程中切实感受教学的生命意义，激发自身对教学活动的责任感、自觉树立注重教学与改善教学的责任意识，自觉把从事教学活动作为追求与实现自我生命价值的方式，在过一种负责任的教学生活中追求有生

① 耿国彦.教师角色：从"规定"走向"赢得"[J].教育发展研究，2007，(5B)：23-26.
② 汪信砚.全球化中的价值认同与价值观冲突[J].哲学研究，2002，(11)：22-26.

命价值的人生。教学者角色责任感培养应立足于高校教师自身的教学生活之中，高校教师在教学生活中积极发现、体认、感悟积极从事教学与改善教学活动所蕴含的生命价值，体验提高教学质量与水平所带来的价值观与成就感，感知因积极履行教学责任而获得认同感与归属感，从而激发高校教师教学责任感的内在需求，促使高校教师产生强烈的教学责任认同感和教学者角色责任意识。

6.4.3.2　教学专业认同

"专业认同问题可谓'专业化'的中心问题之一，也是衡量一个职业专业化程度高低的重要指标之一。教师的职业认同问题是教师专业发展的必要前提和切入口，没有专业认同，专业发展对教师来说就成为被动的外在要求，这样的教师也只能是'貌合神离'和'生活在别处'的教师。"① 可见，专业认同对促进教师专业发展、实现教师教学生活与自身的精神生活的统一、激发教师积极主动从事教学活动等都具有积极作用与意义。"有学者从专业主义的视角认为教学专业至少有四重内涵，从知识内涵上看，教学专业是占有教育教学专门知识的精英群体；从文化和权力的内涵上看，教学专业是一个文化和权力的共同体；从功能内涵上看，教学专业是社会制度框架的一部分；从意义内涵上看，教学专业是一种表示尊称的符号。"② 1966 年，联合国教科文组织在《关于教师地位的建议》中提出，教师工作应被视为一种专门职业。1993 年我国颁布的《中华人民共和国教师法》规定："教师是履行教育教学职责的专业人员。"教师教学作为一种专业首次以法律文本的形式明确，表明教学专业成为一种较为正式和成熟的提法，并得到了政府的认可。"高校教师专业发展主要包括学科专业发展（科研）、教学专业发展和社会服务等方面的内容，教学专业发展是高校教师专业发展的主要和核心内容。因而，提高高校教育教学质量的根本与关键在于高校教师教学专业发展。"③ 教学专业认同作为教师专业认同的核心内容，是实现教师教学专业发展的重要前提，是引

---

① 谈儒强. 从情感视角看教师的专业认同 [J]. 教育与现代化，2008，（3）：51 - 60.

② 王军. 论教学专业的理论解释 [J]. 教师教育研究，2015，（6）：8 - 13.

③ 周波. 教学学术：高校教师教学专业发展的内生点 [J]. 国家教育行政学院学报，2016，（4）：47 - 52.

导和促进高校教师教学价值自觉的重要途径与条件。

教学专业认同是指高校教师在对教学专业认知的基础上把教学作为一种专业的认可、赞同，并树立相应的教学专业价值观念和指导自身教学实践的过程。教学不仅是高校教师的一种职业，更是一种专业；它不是简单的重复性劳动，而是一种需要付出艰辛努力的复杂性创造活动。每个教师都能进行教学活动，但并不意味着每个教师都能搞好教学工作。教学作为一种专业包括了教学专业理想信念、教学专业态度、教学专业情感、教学专业知识和能力等方面的内容，它需要教师经过长期系统的教育培训和实践经验的积累等才能使自己不断具备教学专业的素养与能力。教学专业认同有利于提高教学地位、专业形象、从业标准，增强高校教师的职业信心、价值感与成就感，激发高校教师主动自觉从事教学的动力和发挥高校教师教学的主体性，是高校教师教学专业发展的必然选择与前提。

"专业认同只有建立在理解的基础上才是稳固的。"[①] 高校教师如何理解与认识教学专业关系到教学专业认同的稳固性，也就是说对教学专业理解得越深刻就越有利于促进高校教师的教学专业认同。一是要引导高校教师理解教学专业的地位。从社会学的角度看，教学专业作为社会职业分类中的一种独特的专业，它具有自身的专业规范、专业要求、专业素质、专业伦理、专业价值等内容，在社会的发展中具有不可替代性、独特性。正如贝克所言："专业指的是那些在当今工作世界的政治中，能足够幸运地获得和保持那个尊称的职业。"[②] 而教学专业凭借自身的独特地位、功能，使自身获得和保持了那个被社会尊称的职业。从教师专业发展的角度上看，教师专业发展主要包括教学专业发展、学科专业发展、社会服务三个方面的内容。教学作为高校的原初职能和核心工作，作为高校教师的根本职责和主要使命，教学专业理应成为高校教师专业发展的核心内容，实现教学专业发展成为高校教师专业发展的首要责任和根本依托。高校教师首先是一个教学者，其次才是一个研究者。高校教师只有在教书育人的过程中才能不断构建与确证作为教学者角

---

① 谈儒强. 从情感视角看教师的专业认同 [J]. 教育与现代化，2008，（3）：51-60.

② Becker, Howard S. "The Nature of a Profession." //Henry N B. Education for the professions [M] . NssE, 1962：33.

色，也只有不断实现自身的教学专业发展才能更好地扮演好教学者角色和履行好教学者的责任。因而，教学专业关涉到高校教师职业角色的完整性和专业形象。只有把教学专业摆在更加基础性的地位，不断实现自身的教学专业发展，才能成全高校教师专业的和谐持续发展。二是要引导高校教师理解与把握教学专业的根本性质。教学专业作为一种专业类型，它不仅具有专业的一般特性，还具有作为高校教学的独特性。"高校教学是以高深知识为依托的专业教育活动，是认知已知和探索未知的统一，教学与科研的结合渗透在高等学校教学过程的一般形态之中。"① 这说明高校教学不仅具有教育教学性，还具有探究性、学术性。教学专业的学术性有利于化解教学与科研的矛盾，使教学活动变成一种具有探究、研究特点的学术活动，从根本上改变了传统的学术观点与教学认识。1990 年时任美国卡内基教学促进会主席厄内斯特·博耶在其出版的《学术水平的反思——大学教授的工作重点》一书认为：学术应包括相互联系的四个方面，即发现的学术、整合的学术、应用的学术和教学的学术，这四种学术并不是相互排斥而是相互促进的。教学学术意味着教师不仅传授知识，而且也创造知识和扩展知识；教学既在培养学生，又在造就学者；教学不仅更好地促进学生发展，也要推动教学专业发展，促进教师专业化。② 博耶创造性地把教学纳入学术范畴，使教学活动与教学专业不仅具有教育属性，还具有学术属性。"教师在教学中不仅仅传播知识，还要研究如何更加有效的传播知识与提高教学质量。"③ 大学教学从单一的教育性活动拓展为一种既具有教育性又具有学术性的活动，教育性和学术性的交互融合与生成成为大学教学新的特质。④ 教学学术使教学不仅具有教育属性，还具有学术属性，从而从根本上化解了科研与教学的矛盾，利于高校教学中心地位

① 潘懋元，王伟廉. 高等教育学［M］. 福州：福建教育出版社，2007：182－183.

② Keith Trigwell. Scholarship of Teaching ［J］. Hinger education research and development，2002，(2)：31－36.

③ 周波，任登波. 教学学术视角下大学初任教师专业发展研究的审视［J］. 首都师范大学学报（社会科学版），2012，(2)：76－82.

④ 周波，刘世民. 教学学术视域下大学教学的品性及其意蕴［J］. 高等教育研究，2018，(6)：67－73.

的复归。① 重视教学、关注教学、研究教学和实现教学专业发展成为高校教师自身的内在需求和义不容辞责任的有机统一。

6.4.3.3 教学情感认同

"情感发生在个体与社会环境的互动过程中，是个体对周边环境事件与他的目的和利益作出相关评价后的产物。"② 个体在与社会环境的互动中如果获得的是一种积极情绪情感体验，则利于形成积极的情感；反之，则利于产生一种消极的情感。人对某事、某物产生情感的深度取决于人与对象互动的程度以及同个人需要的符合度。高校教师教学情感是高校教师和教学活动的交互作用中体认、体验、感悟、感受的结果。高校教师教学情感认同是指高校教师同教学的交互作用中教学满足了高校教师某些方面的需要和积极情感体认，进而对教学产生了肯定、认可、赞同等，而这种积极认可又促进了高校教师对教学的积极认知和积极教学行为的发生。高校教师教学情感认同有三个方面的特征：一是高校教师参与教学活动并同教学活动交互作用是产生情感认同的现实基础。教学情感不是凭空产生的，高校教师只有在参与教学活动的过程中才能产生教学情感，也才可能引发教学情感认同。事实上，高校教师的教学情感同自身参与教学活动的广度、深度与质量有直接的关联。高校教师参与教学活动越有广度、深度与质量，就越能触动自身的内心世界同教学活动的碰撞，就越能产生情感的火花。在现实中存在形形色色的形式主义的教学活动，甚至有的高校教师对教学活动与学生是麻木的、冷漠的，则难以激发、生成高水平的教学情感。二是满足高校教师情感方面的需要是产生教学情感认同的关键。只有当教学活动满足了高校教师的实际情感需要，诸如愉悦、归属感、受到尊重、激发自信等，才能产生对教学活动积极的感受、体验与认可。三是教学情感认同对深化教学认知和促进积极教学行为具有积极作用。教学情感认同为促进高校教师深化教学认知和重视教学、关注教学、研究教学与改善教提供了积极的情感支撑。

---

① 周波. 教学学术：高校教师教学专业发展的内生点［J］. 国家教育行政学院学报，2016
(4)：47-52.

② Oatly. K. Emotion：theories. In A. E. Kazdin，Encyclopedia of psychology，Vol. 3. New York/Oxford：American Psychological Association［M］. Oxford University Press，2000：167-171.

教学情感认同作为教学认同的一种重要形式，是实现教学认同的重要环节与助推剂。如果高校教学活动没有获得高校教师的情感认同，高校教学活动的要求与期待就难以在真实的教学活动中得到有效的贯彻落实，甚至会受到高校教师的坚决抵制。相反，如果高校教师具有强烈的教学情感认同，教学活动的要求与期待则利于内化为高校教师自身内在的情感需要，利于推动高校教师积极、主动地从事教学活动。可见，教学情感认同对高校教师教学活动具有积极的意义。一是教学情感认同对实现教学价值自觉具有助推剂的作用。教学情感认同是高校教师提高教学质量的本质要求，是形成积极的、健康的教学价值观的重要保障。教学情感认同意味着高校教师在教学活动中获得了积极的、向上的情感体验、感受与认可，意味着高校教师对教学活动有着深刻的、积极的、情感感知的"记忆"，使高校教师获得了积极主动从事教学活动的情感驱动力。教学情感认同利于解决高校教师愿不愿意、乐不乐意从事教学活动的问题，使教学活动成为高校教师满足积极情感需要，丰富与深化情感体验的过程。教学情感认同是高校教师教学行为的助推剂，利于激发与促进高校教师主动教学、乐于教学、潜心教学，引导高校教师按照高校教学与自身教学价值观要求和教学实际做出正确的、积极的教学行为，自觉抵制与反对不符合高校教学要求的教学行为。二是教学情感认同利于激发高校教师教学的动力。教学情感是高校教师同教学活动交互作用的结果，这种结果既可能产生消极的教学情感，如教学的挫折感、低效感、教学焦虑、自尊受到伤害、自信心受到打击、教学的无助、教学带来的痛苦等消极感受；又可能产生积极的教学情感，教学带来的快乐、成就感、幸福感、自尊、自信与心理的满足等积极感受。消极的教学情感容易导致使高校教师对教学失去兴趣、信心，甚至是反感、疏离教学，产生一种教学价值自发的现象。而积极的教学情感利于高校教师产生教学情感认同，促进高校教师关心教学、主动教学、乐于教学、安于教学，并积极充分地开发与调动自身的潜能改革教学、创造教学，使教学焕发出生命的活力与激情。教学情感认同作为高校教师对教学活动的一种情感希冀与归依，利于唤醒与激发高校教师的归属感与教学责任感，使高校教师主动自觉遵守高校教学的要求，调动自身积极的情感因素为提高高校教学质量提供精神动力与力量支撑。

教学情感认同对实现教学认同、促进高校教师教学价值自觉具有积极作用。应高度重视、关注高校教师的教学情感问题，培养高校教师的教学情感素养，采取相应的措施促进与实现高校教师教学情感认同。

6.4.3.3.1 积极满足高校教师的教学情感需要唤醒教学情感认同

情感需要是人之为人的一种基本需要，也是人区别于动物的一个重要维度。在物质生活需要日益得到满足的当下，人们的精神需求尤其是情感需要越发显得重要与凸显。满足人的情感需要成为实现满足人们日益增长的美好生活需要的一个极其重要的方面。教学作为高校教师生命存在的方式和生命价值提升的重要途径，高校教师对教学活动有着更加强烈的情感需求，教学活动对满足高校教师的情感需要有着更加重要的意义。教学情感的满足是高校教师产生教学情感认同的基础与必要条件，教学情感需要的满足有利于增强高校教师对教学的认同感、情感的依托感和心理的归属感。高校教学不仅要关注学生的成长成才，引导与促进学生的全面和谐发展；还要关心与重视高校教师自身的内在需求，注重高校教师情感的表达与诉求，使教学成为高校教师实现自身合理的情感需要的重要方式。一种健康有效的教学不仅是培养学生的，也是实现教师成长的；不仅是满足学生发展需要的，也是成全教师合理需要的，包括情感需要。如果一种教学是以牺牲高校教师合理的需要甚至是职业幸福感为代价以达到培养优秀学生为目的的，那么这种教学必将是难以为继的，也是难以持续提高教学质量的。高校教学的成功或有效开展就必须要充分考虑高校教师的教学情感认同问题，把教学情感认同作为教学成功的必要前提与基础。高校教师作为一种人的存在，有着人的合理需要。我们要充分客观地认识到高校教师教学情感需要的合理性、必要性和重要性，关心与重视高校教师的教学情感需要，创造条件积极满足其情感需要，决不能在"春蚕到死丝方尽，蜡烛成灰泪始干"的名义下忽视、掩盖高校教师合理的情感需要。忽视高校教师教学情感需要，缺乏教学情感认同的教学本身不就隐藏着危机吗？

6.4.3.3.2 深化积极的教学情感体验激发教学情感认同

教学情感不是高校教师仅仅依靠个人的主观感受产生的，而是通过高校教师同教学的交互过程中经过自身的体验、感受产生的。消极的教学情感体验与感受，诸如挫败感、焦虑等，不利于促进高校教师对教学的认同；而积极的教学情感体验与感受，诸如愉悦、教学成就感等，则利于高校教师产生教学情感认同。提高高校教师的教学效能感、成就感是深化高校教师积极教学情感体验的重要方式与现实途径。教学效能感与成就感是高校教师在教学取得良好效果或成功时产生的一种轻松、愉悦、自我肯定、自我欣赏、自豪的心理体验与感受。它是高校教师对自己教学活动肯定、认可与赞赏，展示高校教师具有较强的教学能力、较高的教学水平和教学热情，是高校教师对自身教学活动的成功、意义的一次深刻的情感体验与感受。教学效能感与成就感会进一步激发高校教师的教学自信、教学热情、教学兴趣、教学责任感与增强教学乐趣、愉悦感的体验。高校教师教学效能感与成就感越高，就越利于产生积极的教学情感，就越利于高校教师对教学充满热情与热爱，就越容易形成教学情感认同。"真正的永不消失的教学热情必须建立在对教师职业的热爱上，对教师工作的心驰神往。"① 因而，只有具有较高教学情感认同感的高校教师，才能更好地激发自己的教学热情与教学责任感，才能更加主动自觉地把更多的时间、精力投入到教学之中去。而一位经常体验消极教学情感体验与感受的高校教师，往往对教学具有更多的消极情感，教学情感认同感往往也较低，也就难以激发与调动高校教师教学的热情与主动性。

6.4.3.3.3　树立教学榜样引领教学情感认同

"承认是科学王国中的通货"，② 对高校教师教学给予"承认"，创造多样化的方式让高校教师在教学中展示自我，获得承认与欣赏。人需要被认可，同时人也需要榜样。人被认可使人获得自信、价值感、存在感与归属感；人需要榜样，人可以获得激励、价值的引领和产生学习、模仿与向上的动力。树立教学榜样既是对关注教学、乐于教学、潜心教学和取得良好教学效果的教师的一种肯定、认可与鼓励，也是引导广大高校教师向榜样学习的倡导。因而，树立教学榜样既是一种有效的肯定、鼓励的方式，也是引导高校教师情感认同的有效方式。教学榜样彰显了优秀教师热爱教学、重视教学、积极主动从事教学活动与改善教学的良好一面，展现了高校教师的教学职业道德、教学热情、教学精神的一面，展现了高校教学的美好，利于触动高校教师对

---

① ［德］第斯多惠. 德国教师培养指南［M］. 袁一安，译. 北京：人民教育出版社，2001：59.

② ［美］杰里·加斯顿. 科学的社会运行——英美科学界的奖励系统［M］. 顾昕等，译. 北京：光明日报出版社，1988：7.

教学的美好情感的向往，激发高校教师情感驱动力，推动高校教师向榜样学习。树立教学榜样就是要营造一种重视教学、认真积极主动教学的高校教师应该得到社会肯定的价值导向，就是要营造一种鼓励高校教师全身心投入教学的情感氛围，使教学榜样引发广大高校教师的情感共鸣，充分发挥教学榜样的引领示范与带动作用。教学榜样应来自高校教师的身边，教学榜样同高校教师教学的实际联系的越是紧密就越是能触发高校教师的内心情感世界，使高校教师在自己的教学过程通过学习榜样、模仿榜样不断向榜样靠拢，甚至通过自身不懈的教学追求使自己成为一种榜样，实现教学榜样以情感引领情感、以教学认同引领教学认同的目的。

6.4.3.4 教学价值认同

价值就是实践活动中主客体交互作用，客体对主体需要的满足或趋近而产生了积极效应或意义。它体现和强调的是促进人生存与发展得更加完善、更加美好，促进人全面自由自觉和谐发展，促进人生命价值的实现、完善、提升与超越。教学价值就是教学主体在教学活动的交互作用中实现自身的需要的满足或趋近而产生的积极效应或意义。这里的教学主体主要包括教师、学生等，高校教师作为一个成熟的教学主体，其从事教学活动无不是和自身的价值需求有着内在的联系。对高校教师而言，教学一方面通过提供物质资料满足高校教师现实生存的需要，另一方面促进和提升高校教师的内在价值尤其是生命价值。"人们奋斗所争取的一切，都同他们的利益有关。"[1] 教学对高校教师既具有外在价值又具有内在价值。但是教学价值不是自然产生的，它需要高校教师认同教学价值并把它作为自身教学活动与行为的价值取向与追求。教学价值认同是教学主体对教学意义的认可、肯定，并把教学价值作为自身教学活动的价值取向与价值追求。"教师职业价值的自我认同是教师个体对职业的自我建构与意义追寻，自我认同体现了教师职业的个体生活世界与意义世界的统一……它是教师职业的内在动力，是教师个体对职业价值的

---

① 马克思，恩格斯. 马克思恩格斯全集第 1 卷 [M]. 中央编译局，译. 北京：人民出版社，1995：82.

理想追求，是教师职业价值实现与职业幸福的根本所在。"① 教学价值认同是教学认同的最根本问题，它是高校教师对教学意义理解、认可基础上一种自主选择与判断，是价值理性的一种彰显，它支配着高校教师教学价值自觉的方向与动力。教学是高校教师生命存在的方式和生命价值提升的重要途径。高校教师作为一种生命价值存在，具有超越性、自觉性、创生性等特点，他们不会无视教学的生命意义。因而，作为现实生命价值存在的高校教师最不能忍受的就是生命的无价值感。"人无法忍受单一颜色，无法忍受凝固的空间，无法忍受自我的失落，无法忍受存在的空虚，无法忍受彻底的空白。"② 教学生活作为高校教师生命世界的重要组成部分，在教学生活中追求与实现自身的生命价值是教学的本然之义，也是高校教师生命世界自我完善的内在要求。教学价值认同为高校教师生命价值的实现、完善与提升提供了坚实的保障与现实的动力。因而，高校教师放逐教学或只顾教学的功利价值，那无异于在放逐自身的生命意义和摧残自身生命意义的支点。除非有的人选择高校教师职业完全是被迫的结果或者仅仅是一种权宜之计。

高校教师教学价值认同需要全面深刻理解与把握教学同高校教师之间的关系，充分肯定与满足高校教师教学的生命成长需要。教学不仅是高校教师的一种职业，还是高校教师生命世界的重要组成部分。高校教师在教学活动中不仅要实现"传道、授业、解惑"的角色作用，引导与促进学生的成人成才；还要把教学作为自身生命存在的方式，自觉与努力实现自身生命价值的完善、丰富与提升。传统的教学价值观过于注重高校教师在教学中的奉献功能，强调教学中高校教师"大我"的职业形象，教师被形象地比喻成蜡烛、春蚕、梯子等，更是倡导一种"春蚕到死丝方尽、蜡烛成灰泪始干"的无私奉献精神。倡导教师角色的奉献精神本是职业的本质要求，本无可厚非。但是忽视现实生活中具体的、生动的、形象教师"小我"的自我生命成长的需要，必将导致一种虚无的教师"大我"。长此以往，教师也将难以真正发自内心地认真从事教学活动和进行教学改革。因为教学生活同高校教师生命价值

---

① 王怡. 冲突与认同视域下的教师职业价值 [J]. 内蒙古师范大学学报（教育科学版），2009，(3)：154 - 156.

② 孙正聿. 超越意识 [M]. 长春：吉林教育出版社，2001：1

世界是割裂的，也将难以引起高校教师的教学价值认同。在教学和高校教师建立一种内在的关联，实现教学生活世界同高校教师生命价值世界之间的统一。教学发展同高校教师生命价值提升的统一是实现高校教师教学价值认同的必由之路。教学对高校教师的价值主要表现为外在价值和内在价值两个方面。教学作为一种职业，它为高校教师依托自身的专业知识、专业技能通过从事一定的教学活动获得生存的报酬提供途径。教学成为高校教师获取生活物质报酬的手段，展现了教学对高校教师而言的一种工具价值，体现了教学同高校教师之间的一种外在价值关系。高校教师作为一种生命价值存在，它是一个成熟的价值理性主体，教学对高校教师而言，它不仅是一种职业，更是一种生命存在的方式、是自我生命价值实现、创生与提升的重要途径。高校教师通过教学活动不仅要引导与促进学生成长成才，还要不断地开发自身的生命潜能，在教学中确证、实现、创生与提升自身的生命价值。从最根本意义上说，教学同高校教师就是一种生命意义关系。也只有在这种生命意义关系中，高校教师的教学生活和生命世界才是完全统一的，才能实现高校教师的教学价值认同，才能促进高校教师的教学价值自觉。为此，我们需要深刻理解与把握教学同高校教师的关系，既要认识到教学对高校教师的功利意义，承认这种外在价值是客观的、现实的、必要的；还要精准透彻地理解教学对高校教师的生命意义，自觉把生命成长与生命价值提升作为教学的根本价值追求。教学应兼顾到高校教师的现实关怀和终极关怀的有效统一，使高校教师的教学价值认同获得强大的源泉和现实的生命力。

6.5 扎根教学实践积极主动作为

"人是实践的生命存在，脱离实践人就降格为自然生命存在，人的生命价值就无从谈起。实践是人们认识世界和改造世界的活动。"[①] 实践是人的生命存在之根和立命之本。"人是在实践的过程中成长的，是在实践中获得自我和实现发展的，丰富多彩的社会关系也只有在无限丰富的实践过程中实现。因此，实践是人之所以为人的关键，受动性和能动性的统一是在实践中实现的，

---

① 蒲新微. 论实践视阈下人的生命价值及其实现路径 [J]. 理论探索，2009，(5)：82－85.

实践不仅使人受动，但同时又给了人能动的可能和条件。"① 高校教师作为一种生命存在，其本质上是实践的。高校教师只有在教学实践中才能不断确证自我、实现自我、彰显自我与提升自我。也只有在教学实践中高校教师生命才是一种现实的、具体的、生动的价值性生命存在，使高校教学活动既是一种"为他"的实践、又是一种"为我"的实践，才能真正把教学活动变成高校教师的一种价值自觉的生命活动。

高校教师教学价值自觉不仅是一个理论性的、价值观念层面的课题，还应该是一个实践性的、具有实践意义的命题。高校教师不仅需要自觉树立生命价值理念、坚持生命立场和追求生命价值理想，还应把生命价值理念变成一种自觉实践，在实现中形成与发展生命、实现生命成长与生命价值提升。高校教师教学价值自觉只有在教学实践中才能实现与彰显生命的价值性、自觉性、主体性、超越性，使教学实践变成高校教师对象化的生命活动。高校教师教学价值自觉须臾也不能脱离教师自身的生命实践活动。这主要体现为：一是高校教师教学价值自觉来源于教学实践。教学实践作为高校教师生命存在的方式和现实媒介，也是高校教师教学价值自觉的现实来源和现实土壤。没有高校教师的教学实践，就没有所谓的高校教师教学价值自觉。动物的生命存在脱离了现实的实践生活，在动物的生命中就不存在价值自觉的现象与命题。高校教师在自身的教学实践中产生生命成长的需要、改善教学的需求，进而才能产生教学价值自觉的需求。二是高校教师教学价值自觉实现于教学实践。高校教师教学价值自觉不仅仅停留在思想观念层面，它还扎根在教学实践中、并通过教学实践实现自身与学生的生命价值。高校教师也只有在教学实践中才能使教学价值自觉变成一种现实和可能。三是高校教师教学价值自觉彰显于教学实践。高校教师教学积极与否、主动与否、自觉与否都通过教学实践得以呈现与展示，教学实践成为检验高校教师教学价值自觉的"试金石"，也是高校教师教学价值自觉展现的舞台。"实践体现了人作为不同于自然生命的自觉生命存在，是人之为人的最主要的标志。"② 教学实践成为高

---

① 刘旭东. 关注生命价值与创新教育琐谈 [J]. 青海民族学院学报（社科科学版），2005，（2）：100－103.

② 陈伯海. 回归生命本原 [M]. 北京：商务印书馆，2012：95.

校教师培育价值自觉、实现价值自觉和彰显价值自觉的现实途径与根本方式。

6.5.1 在教学实践中坚持教学的中心地位

教学作为高校的原初职能，在相当长的时间里它是高校的中心工作，也是高校教师的根本职责。教学的中心地位不仅在思想观念层面获得高校教师的认可，在教学实践层面也真正得到贯彻落实，教学并没有成为一个真实的问题。1810年，德国教育家威廉·洪堡以"科研与教学并重"的理念创办了柏林大学，科研成为高校的又一个重要职能，教学和科研在相当长的时间里基本上保持了一种平衡的关系。"二战"后，随着欧美国家和高校对科研的大力支持和高度重视，科研逐渐成为高校教师评价与晋升的主要依据，成为高校教师实际的中心工作，教学的中心地位被边缘化，导致了广泛而深刻的教学价值自发和价值失范现象。高校教学作为高校教师生命存在方式、生命成长与生命价值提升的重要途径。高校教师对教学的放逐不仅仅是对自身根本职责和使命的抛弃，从根本上讲，还是对学生与自身生命价值的遮蔽、对生命成长的漠视。对生命成长与生命价值提升的重视不仅要在思想观念层面承认教学是高校的中心地位、教学是高校教师的根本职责和核心使命，更要在教学实践中重视教学、关心教学，积极主动参与教学和自觉改善教学活动，使教学真正成为高校教师的根本职责和核心使命。高校教师教学价值自觉来源于教学实践、实现于教学实践、彰显于教学实践，高校教师只有在教学实践中真诚地坚持教学工作的中心地位，才能真正把教学价值自觉落到实处。

6.5.1.1 要热爱教学工作，把倾心教学和主动改善教学作为自身的首要责任

热爱教学工作是高校教师爱岗敬业精神的一种重要表现形式，也是高校教师在教学实践中坚持教学工作的中心地位的基础和表现形式。热爱教学工作就是要求高校教师不仅仅把教学视为一种谋取生存物质的手段，还应自觉地把教学"放在自身的生命世界"中来思考和对待，使教学成为高校教师重要的生命历程和生命世界的重要组成部分。教学不再是高校教师一种冷冰冰的工作任务甚至是额外的负担，而是一种充满生命情怀与关爱的、具有浓浓生命趣意的生命事业。高校教师自觉地把自身的生命世界放在教学生活世界中、把自身的生命世界放在学生的生命世界中，实现了教学实践同教师生命

世界的融合与互动。对教学负责实际上就是对教师与学生的生命成长负责、对生命价值负责。高校教师自觉把改善教学作为自身首要责任和根本使命，实质上就是要改善自身与学生生命的存在方式、提升生命质量与价值。高校教师最重要的职责就是要搞好教学工作，不断实现自身的教学专业发展，实现从"站上讲台"到"站稳讲台"再到"站亮讲台"的跨越。要实现这种跨越就要求高校教师积极主动地投入教学、倾心教学，在教学实践中深化生命元素的投入，使教学活动成为生命价值的一次提升、一次增值，使改善教学的责任不仅仅停留在工作层面，而且还使其上升到了生命的高度，这无疑有利于培育与实现高校教师教学价值自觉。

6.5.1.2　积极主动开展改善教学的工作

高校教师作为教学活动的主体要引领和促进学生生命成长和实现自身生命成长，就需要高校教师真诚地对待教学、积极主动地投入教学、自主反思教学、自觉改善教学。没有高校教师的生命需求，就没有高校教师主动追求的教学实践，就难以真正形成和维护教学工作的中心地位，也就使高校教师教学价值自觉只能停留在观念层面。"只有当教师工作被源自心灵的生命启迪所唤醒和鼓舞之时，才能赢得独立思想的可能性本源，教学才可能焕发勃勃生机和永恒魅力。"① 高校教师把教学作为自身生命世界的重要组成部分，是实现师生生命成长的重要历程，把积极开展教学工作和改善教学作为一种内在的生命需求，才能从根本上自觉抵制教学的外在诱惑或压力，在自由自为的教学实践中自觉改善教学，才能培育和实现高校教师教学价值自觉。

6.5.1.3　处理好教学与科研的关系

教学与科研作为高校的两大重要职能，也是高校教师的两大重要职责。处理好教学与科研的关系既影响到高校教学质量的提升，又影响到高校教师专业发展。高校教师在教学实践中坚持与维护教学工作的中心地位，并不意味着教学是高校教师的唯一职责，也不是要求高校教师轻科研重教学，而是要保持教学与科研的一种平衡关系，实现教学与科研的良性互动。高校教师不仅是学者，而且首先是教育教学者。这也是高校教师区别于专门研究者的

---

① 张华. 教师角色的迷失与澄明 [J]. 西南大学学报（社会科学版），2010（3）：129-134.

重要依据，也是塑造与彰显高校教师角色形象的重要依托。高校教师的教育教学者角色的构建需要高校教师认真对待教学、在时间、精力、情感等方面给予教学足够的、优先的投入。高校教师只有积极主动、创造性地进行教学实践活动、自觉把教学作为自我完善和实现的需要，才能造就丰满的教师形象和完整的职业人生。高校教师教学价值自觉的培养与实现要求高校教师在自身的教学实践中坚定不移地落实教学的优先地位，把教学摆在更加突出的位置，形成重视教学、倾心教学、完善教学、发展教学的教学价值观念和采取切实的教学行动，加强教学和科研的内在联系和结合，化解教学与科研的矛盾，实现二者的协调和相互促进。

6.5.2 在教学实践中坚持工具理性与价值理性的统一

高校教师教学所秉持的工具理性是指高校教师在教学实践中追求教学的实用与现实功用，把教学作为实现自我现实利益的手段。受工具理性的支配，高校教师过于注重高校教学的现实功效，教学被高校教师作为实现生存的手段，是高校教师谋取物质利益的工具。由于科学技术在人们日常生活中发挥着越来越明显的作用，科学技术极大地发展和高扬了工具理性，使得工具理性得到迅速的膨胀，导致工具理性成为控制、支配人现实活动的力量。工具理性对高校教学产生了广泛而深刻的影响，并使高校教学产生了异化，进而引发了广泛的教学危机。虽然，工具理性给高校教学带来了消极影响，但我们还应看到工具理性积极的一面。工具理性虽然把追求教学的最大功用作为目的使高校教学走向了极端化，但是同时看到了高校教师对现实物质利益需求的客观性。高校教师首先是现实社会关系中存在，满足生存需求是高校教师从事教学的原生动力和现实基础。同时，工具理性还强调教学主体对教学本质、规律、特性的认识、理解与把握，从而为高校教师进行有效教学奠定了基础。高校教师教学价值自觉并不否定高校教师的现实物质需求，恰恰是在倡导高校教师教学现实生存需求满足的基础上对更好、更高精神层次需求的追求。因而，事实上，工具理性为高校教师教学价值自觉提供了一定的现实条件。高校教师在教学实践中要客观全面地认识工具理性的两面性，合理追求与维护自身正当的教学利益，为教学价值自觉提供现实的物质基础，又要规避因工具理性的支配，使自身的教学实践滑向功利主义、技术主义、经验主义的泥潭。

高校教师作为价值性生命存在，具有价值性、批判性、超越性等特点。他生活在当下，却又总是对现实不满足，对未来美好的生活充满了渴望与憧憬；他离不开现实的物质支撑，但又不仅仅局限在现实的物质世界，总是期待过一种有意义、高品质的精神生活。人成为自身生活与存在的主体与目的，对人生命价值的追求成为人之为人的终极关怀与最终归宿。人对价值问题的关注与追问，体现了价值理性对人存在的影响。教学作为高校教师的生命存在方式和生命成长的重要途径，教师和学生生命成长成为高校教师教学活动的根本目的。价值理性在高校教师教学中表现为：它并不否定高校教学的功利性，也不否定高校教师追求教学现实利益的合理性，但它不把现实的物质利益作为高校教学的根本价值追求，而是把师生生命成长与生命价值提升作为自身的最高价值追求与目的。在价值理性支配下，高校教师教学不仅关注现实的功利价值，还要追求长远的生命价值，它不仅追求学生的生命价值，还追求教师自身的生命价值、并努力实现学生与教师生命的共同成长和生命价值的共同提升。价值理性使高校教师在教学实践中维护人的生命尊严、丰富生命情感、提升生命价值，实现生命的自由全面充分发展。只有在价值理性的指引下，高校教师才能更好地激发自身教学的内在生命活力与激情，实现教学同师生生命世界的融合，为高校教师积极主动、自觉地开展教学活动提供内在的动力。

培育和实现高校教师教学价值自觉应在教学实践中坚持工具理性和价值理性的有机统一，使高校教师的教学活动实现合规律性和合目的性的统一，这是高校教师教学价值自觉的重要保证。工具理性为高校教师教学价值自觉奠定了基础，使教学价值自觉成为现实的可能；而价值理性为高校教师教学价值自觉指明了正确的方向和提供了内在动力。工具理性和价值理性结合统一，才能引导和促使高校教师在教学实践中确证、实现与创生师生的生命价值和"人之为人的生命本质"，促使高校教师教学的生命价值创生由可能变成现实。

6.5.3 在教学实践中培育主体性

"从本质上讲，主体性是全面发展的人的根本特征。"① 它是人在认识世界与改造世界的活动中表现出来作为主体的特性，主要包括自主性、主动性、自觉性、创造性等内容。人的主体性既是人参与实践活动的前提条件，又是实践活动的目的与结果。高校教学作为一种特殊的实践活动，高校教师的教学主体性既是高校教师教学价值自觉的前提与基础，又是高校教师教学价值自觉的结果与体现。"人是一切问题的根本，主张关注人的价值和主体性。"② 高校教师作为教学主体是实现师生生命成长和生命价值提升的前提。因而，培育与提升高校教师教学的主体性是实现高校教师教学价值自觉的根基所在。

6.5.3.1 唤醒高校教师教学的主体意识

主体作为主体性的承载者，高校教师是否具有主体意识是高校教师发挥主体性的基础。高校教师应时刻牢记教学作为高校教师自身的首要职责和根本使命，积极主动地履行教学责任是高校教师作为教学主体的体现和内在要求。唤醒高校教师教学主体意识、促使高校教师教学主体意识的觉醒，就是要使高校教师理解教学主体的本质与内涵、主动承担教学主体的责任和正确履行教学主体的权利，在思想观念层面实现"要我教学"到"我要教学"的根本转变。唤醒高校教师教学主体意识最重要的是要唤醒与激发高校教师教学专业发展的意识。1966 年，联合国教科文组织在《关于教师地位的建议》中提出，教师工作应被视为一种专门职业。1993 年我国颁布的《中华人民共和国教师法》规定："教师是履行教育教学职责的专业人员。"高校教学作为一种传播、应用与创造高深知识的学问，其专业地位与性质越来越获得广泛的认可。高校教师教学专业发展是指高校教师在整个职业生涯中以专门性的高深知识为依托，以不断提高知识有效传播与应用为手段，以促进学生成长和个人成长为目标的专门性的教育实践活动和过程。"高校教师专业发展主要包括学科专业发展（科研）、教学专业发展和社会服务等方面的内容，教学专业发展是高校教师专业发展的主要和核心内容。因而，提高高校教育教学质

---

① 张天宝. 主体性教育 [M]. 北京：教育科学出版社，2001：10.
② 高清海. 主体呼唤的历史根据和时代内涵 [J]. 中国社会科学，1994，(4)：90-98.

量的根本与关键在于高校教师教学专业发展。"① 唤醒高校教师教学专业发展意识是实现高校教师教学专业发展的前提，利于引导高校教师把积极主动关注教学、研究教学与改善教学作为自身的教学使命。

6.5.3.2　在教学过程中培育与提升高校教师的主体性

人的主体性是人认识世界与改造世界的结果，实践是人提高主体性的根本途径。高校教师教学主体性只能在教学实践才能提高，脱离教学实践，高校教师教学主体性提升就成为一句空话。一是高校教师在课前应认真进行教学设计。教学设计是高校教师做好教学工作的前提，也是高校教师的重要工作职责。做好教学设计就是要充分考虑教学目标、教学内容、教学任务、教学条件、学生需求等情况，使教学设计既要做到科学地预设，又能使教学实现有效地动态生成；既要使教学完成知识传播、能力培养等外在硬性任务，又能促使师生生命成长与生命价值提升的内在要求。教学工作作为一种"良心活"，教学设计环节是最能体现高校教师的教学态度与教学主体性，也是利于培养高校教师教学主体性的一个重要环节。二是在教学实施中积极开展师生对话与交往。高校教师与学生同为教学活动的主体，在平等、多维、主动的对话与交流中，才能实现生命之间的碰撞、才能点燃生命的火花和焕发生命的活力，在对话与交往中培育和提升主体间性。三是教学结束后积极主动进行教学反思。教学反思作为高校教师重要的教学环节，教学反思有利于及时解决教学实践中的问题和科学总结教学经验，是高校教师的一种主动自觉的教学行动表现形式，具有自主性、自觉性、能动性等特点。在教学反思中发现问题、分析问题和解决问题，使教学处在一种持续改进的状态之中。教学反思作为高校教师主动地、系统地批判与省思的过程，在这个过程中高校教师通过主动地质疑教学问题、批判性地思考与审视、积极寻求解决教学问题的方案与措施，致力于改善教学实践和提高教学质量，使高校教师的教学主体性得以提升。

6.5.4　在教学实践中提升教学能力

"每一个体在成就自我生命价值过程中，其能力作为人的本质力量的体现

---

① 周波.教学学术：高校教师教学专业发展的内生点［J］.国家教育行政学院学报，2016，（4）：47-52.

构成了成就自我的内在条件。"① 人的能力是实现自身生命成长与提升生命价值的力量，它既是人们认识世界与与改造世界的条件，也是人们认识世界与改造世界的结果。人的能力表达形式往往以"我能够"体现，人的能力与社会发展互为因果关系。社会发展为人的能力提升创造了条件，人的能力提升又利于促进社会发展。教学能力作为教师的一种职业能力，是教师开展教学活动必不可少的条件。高校教学的有效开展就需要高校教师具备较强的教学能力，也是高校教师教学价值自觉的现实基础和必要保障。如果说树立高校教学的生命意识是解决教学价值自觉"意向"的问题，那么提升高校教师教学能力就是解决教学价值自觉"实现条件"问题。因而，高校教师教学价值自觉不仅仅是一个教学意愿的问题，还是一个教学能力的问题。高校教师有教学意愿而无教学能力，那么高校教师教学则只能停留在思想价值观念层面；有教学能力而无教学意愿，那么高校教师难以采取有效的教学行动。高校教师只有既有教学意愿又有教学能力，才能使积极主动的教学变成一种现实，才能使高校教师教学价值自觉落到实处。

高校教师教学能力不是生而有之的，而是高校教师同教学实践互动的结果，是高校教师在教学实践中确证、实现与创生生命价值的本质力量体现。教学能力作为高校教师教学专业发展的核心要素，是高校教师"站稳讲台"、胜任教学工作和扮演好教学者角色的根本，是提高高校教学质量和提升师生生命价值的基石。"在美国，15%的教师在第一年教学后离开学校，15%的教师在第二年结束时离任，超过50%的教师在工作7年内放弃教师职业。"② "在英国大约有30% ~50%的教师会在从教5年内离开教师队伍，新教师的流失率为老教师的5倍之多。"③ 高校教师离开教育职业的一个非常重要的因素是教学能力难以胜任教学工作。提升高校教师教学能力成为高校教师生存、发展与实现自我生命价值的必然选择，也是实现教学价值自觉的内在诉求。

---

① 俞世伟. 生命价值实现的逻辑要素：能力、规则与资源［J］. 齐鲁学刊，2013（2）：82 - 85.

② Michael Strong. Wendy Baron An analysis of mentoring conversations with beying teacher: suygestions and responses. Teaching and Teacher Education［J］.2004,（1）：47 -57.

③ Edward Hebert, Tery Worthy. Does the first year of teaching have to be a bad one?［J］. Teaching and Teacher Education, 2001,（18）：88.

在教学实践中提升高校教师教学能力的方法与途径丰富多样，如培养提升教学能力的意愿与热情，积极主动地教学反思、教学观摩学习、积极进行教学研究与改革、获得教学指导与帮助、参加教学竞赛与教学能力培训等。需要注意的是：一是教学能力提升伴随着高校教师整个职业生涯，贯穿于整个教学专业发展过程之中，是一项终生的、艰辛的工作，应把教学能力提升作为高校教师教学专业发展终生要求与价值追求。二是高校教师教学能力提升不能仅仅停留在"技艺"层面，而应把教学能力提升同高校教师自身的生命成长有机结合起来，赋予教学能力的生命意义，为教学能力提升提供价值引导和动力支持。教学能力提升与教师生命价值实现是手段与目的的关系，是"术"与"道"的关系。教师与学生生命成长与生命价值提升是高校教学的目的，是高校教师教学价值自觉的"道"之所在；而提升高校教师教学能力是实现高校教学目的的手段，是高校教师教学价值自觉的"术"之所在。高校教师在教学实践中把教学能力提升和生命价值实现有机结合起来，实现高校教学目的合理性和手段有效性的结合，这是高校教师实现教学价值自觉内在的要求和客观的保障。

6.6　营造与构建高校教师潜心教学的文化

一个良好的、宽松的、重视教学的文化环境与氛围对引导和促进高校教师教学价值自觉是至关重要的。但是目前不少高校对高校教师在教学中的生命成长与生命价值提升的认识不足和重视不够，对高校教师教学没有给予应用的支持与保障。"大学教学面临的根本问题是缺乏重视教学的文化氛围。"[①]"不少学校对教学采取粗暴管制办法，不尊重教师的教学权利，干涉正常教学，造成教师对学校教学管理持消极态度。这就大大削弱了教师投身教学的热情，从而仅仅满足于教学不出事故状态。"[②] 无论是从高校发展还是高校教师成长的角度来看，高校都应营造和创造一个利于高校教师潜心教学的文化，

[①]　邬大光. 教学文化：大学教师发展的根基［J］. 中国高等教育，2013，(8)：34-36.
[②]　王洪文. 论大学教学文化的缘起、难题与出路［J］. 四川师范大学学报（社会科学版），2015，(3)：73-80.

为高校教师教学提供一个更宽松、更自由、更激励的环境，激发高校教师教学自主、进取、自觉的意愿。在这种教学文化环境下利于引导更多的高校教师重视教学、关心教学、研究教学、潜心教学和改善教学，实现与提升高校教师教学价值自觉。

6.6.1 坚守学术责任， 构建良好学术生态

"大学的终极目标是人才培养、品格的形成和真正"人"的塑造。而大学的首要使命是传播和发现真理，这里同时还包含或暗示着大学成员的行为规范、他们对彼此所肩负的使命以及他们对社会所负的责任。"[①] 1990 年，"时任美国卡内基教学促进会主席厄内斯特·博耶在其出版的《学术水平的反思——大学教授的工作重点》一书中创造性地把学术分为发现的学术、整合的学术、应用的学术和教学的学术"。[②] 高校教学被创造性地纳入到学术范畴，教学学术成为一种新型的学术形态，使得高校教学不仅是一种教育性活动，还是一种学术性活动。作为高校教师不仅是一名学者，而首先应该是一名教学者。因而，高校教师坚守学术责任就不仅仅是要对传统的科学研究负有义务，还首先要把做好教学工作作为自身首要的职责。实现教学与科研的有效统一是高校教师坚守学术责任的有效途径和表现方式。用教学支撑科研，以科研引领与促进高校教学，实现教学与科研的良性互动和共赢。营造一种重视教学、关心教学、乐于教学、研究教学的高校教学文化氛围，使广大高校教师积极主动进行教学、改进教学和提高教学质量而充分感受教学带来的情感体验、成就感和自豪感。构建良好的学术生态就是要保持教学与科研的一种平衡关系，并使高校教师自觉把积极主动改善教学作为自身职业生涯的核心和首要使命。

6.6.2 培育高校教师教学专业文化

高校教学作为一种专业性极强的活动，教学专业文化作为教学文化的内核，是高校教师实现教学专业发展和提高教学质量的重要保障，也是高校教师实现与提升教学价值自觉的重要基石。高校教师教学专业文化是指高校教

---

① 常艳芳，顾旭东. 论大学学术秩序的建立与学术责任的担当［J］. 江苏高教，2016，（3）：44－47.

② Keith Trigwell. Scholarship of Teaching［J］. Hinger education research and development，2002，（2）：36.

师在长期的教学专业活动中形成的稳定的价值观念、思维方式和行为模式等的总和。它一旦形成就会对高校教师的教学活动与教学行为产生规约作用,对引导与促进高校教师潜心教学和实现教学专业发展具有重要意义。高校教师教学专业文化是一种自我实现的职业文化。教学专业发展不是一个一蹴而就的过程,而是一个持续实现与生成的过程。自我实现是高校教师高层次的需要,它是激发人从事某项活动、追求某种价值的内在动力。培育与构建高校教师教学专业文化就是要积极培育和激发高校教师自我实现的需求,引导高校教师做好职业生涯规划,明确自身的价值追求,使高校教学成为高校教师自我实现的重要方式与途径。高校教学专业文化是一种求精文化。求精文化是高校教学文化的应有之意,它要求高校教师在教学活动中主动发现教学问题、积极开展教学学术研究和自觉应用研究成果改善教学实践,使自身的教学能力、教学方法、教学效果等不断得以提升。求精文化意味着高校教师需要以高度的责任感、强烈的进取心和精益求精的精神自觉追求教学的卓越。高校教学专业文化是一种共同体文化。高校教学专业文化是高校教师在长期的教学过程中形成的一种文化,这种文化是高校教师共同创造和享有的文化。高校应培育高校教师共同的教学价值理想信念和价值追求目标,建立高校教师教学共同体,积极推动高校教师的教学合作,实现高校教师之间的信息交流、经验分享、示范引领、共同成长。

6.6.3 加强自觉学习,培育学习型高校教师文化

高校教师的教学工作不是一次性完成的,而是一个持续的、未完成的、开放的动态过程。高校教师的知识结构、能力水平、职业精神等不是伴随着高校教师教学职业的增长而实现自然成长的,也不是一劳永逸的,它是在高校教师教学职业生涯过程中需要持续建构的。高校教师知识、能力、素质等的持续建构不仅是做好教学工作的基础,也是实现教学价值自觉的条件。高校教师自觉学习是实现高校教师知识、能力、素质等持续建构的重要途径与方式,也是实现高校教师教学价值自觉的有效方式。高校教师自觉学习与否,不仅决定着高校教学质量的高低,还直接影响着师生生命价值实现与提升的程度。自觉学习是一种内生性学习。高校教师自觉学习是高校教师认识到学习的本质、学习对人的生命意义以及自身生命成长需要的一种结果。自觉学习的动力来自自身,而不是来源于外在的强迫或驱动。人是未完成的生命存

在，人的生命潜能是一个需要持续开发与创造的过程。高校教师自觉学习就是一个未完成的学习，就是一个开发自身潜能和创造潜能的过程。高校教师在自觉学习中是自由的、轻松的、愉快的，是寓生命情感、生命意义于学习之中。高校教师自觉学习不是一种被动的、强迫式的学习，而是一种主动、积极的探究过程。在这种过程中高校教师以高度的教学责任感和浓厚的生命情怀投入到学习中，他们主动从教学实践中学习、自觉总结经验教训，从和他人的比较中发现差距和自觉吸取他人的经验。高校教师在教学过程中不畏艰险、客观认识自身的长处与短处，通过主动探索适合自身生命成长的教学之路。高校教师自觉学习需要自觉反思，这应是自觉学习应有的立场和价值向度，也是高校教师教学价值自觉的重要特性和实现途径。自觉学习是一个自我反思的过程。学而不思则罔，思而不学则殆。学思结合、才能使学习更加深入和具有针对性，才能使学习更加有效果。高校教师的自我反思主要是把自身作为思考、反省与审查的对象，从学生视角、同事视角、专家视角、教学管理者视角等对其进行关照，自觉剖析自身的教学实践以不断超越和提升自己的教学能力、教学水平和教学境界。"大学教师教学不仅仅要具有本学科的知识，重要的是还要对自己在教学实践过程中出现的问题进行研究、反思，根据研究结果在实践中改进自己的教学，并将研究结果与同事分享。"[1]高校教师作为反思性教学实践者，自觉反思利于教师主动解决自身学习和教学中的实际问题，提高自觉学习的主动性、针对性、科学性和合理性。自觉学习作为提高高校教师教学质量和实现高校教师教学价值自觉的重要途径与方式，高校教师应高度认识自觉学习的意义，努力形成自觉学习的意识、养成自觉学习的习惯和提高自觉学习的能力。

6.6.4 构建与完善高校教师重视教学的管理制度与政策体系

营造与构建高校教师潜心教学的文化，应当体现教学的中心地位，维护与保障高校教师积极履行教学的首要职责，体现尊重知识、尊重教师，激发和充分发挥高校教师的积极性、主动性、自觉性和创造性。构建与完善高校教师重视教学的管理制度与政策体系是培育和构建良好高校教学文化的重要

---

[1] 楼军江.反思自觉：应用型高校教师教学立场的探索与建立［J］.中国高等教育，2014（2）：42－45.

内容。教学管理制度与政策应使认真教学的高校教师得到尊重、取得教学成效的高校教师得到肯定、创造教学价值的高校教师获得认可，使高校教师在潜心教学中利于获得生命成长与生命价值提升、使高校教学为高校教师职业发展提供畅通的晋升通道等。"教师生命价值实现需要内外保证机制。内部保证机制是指教师生命价值本身的属性、结构、质量，主要是教师自身的知识结构和自我意识、主动性。教师生命价值实现的外部保证体系是指存在于教师生命之外的社会、学校的关于物质、文化、制度等方面的因素。"① "良性的教学文化是需要培育的，它有赖于学校教学政策的正确引导。"② 构建高校教师管理制度与政策体系应注重以下几点：一是建立健全高校教师分类管理制度与政策体系。高校教师各有所长、兴趣爱好各种侧重。高校教师分类管理制度与政策体系就要为热爱教学、擅长教学、潜心教学、做出教学成绩的高校教师在评价、考核、激励、晋升等方面提供保障，突显教学的地位与意义，为这类高校教师职业发展提供畅通的晋升通道。如"健全教师教学工作考核评价和绩效激励制度，将教学工作考核结果作为年度考核、聘期考核和职务晋升的基本依据；如建立相应的教学激励机制，对教学技能和教学效果突出的优秀青年教师，可单列指标，适当放宽其职务晋升条件，破格晋升职称，充分调动和激发广大教师教学工作的积极性与创造性，促使教师专心于教学，促进学生培养质量的提升"③。二是要维护与保障高校教师的教学自由。高校教师不仅仅传播知识，还要培养学生的批判性品性和促进师生的生命成长与生命价值提升。这就需要高校教师管理制度与政策体系能充分地尊重与维护高校教师的教学自由，反对外在因素任意干涉或干扰高校教师的正常教学工作，尊重和确保高校教师的教学专业自主权和合法的教学权利，使高校教学成为高校教师的一种自由自觉的生命活动。

① 李继秀. 教师生命价值及其实现［J］. 教师教育研究，2006（5）：40-43.
② 王洪才. 论大学教学文化的缘起、难题与出路［J］. 四川师范大学学报（社会科学版），2015（5）：73-80.
③ 马敏. 关于高校人文社会科学如何创建一流的思考［J］. 中国大学教学，2016（9）：4-7.

参考文献

一、著作类

（一）中文著作

[1] 车玉玲.总体性与人的存在［M］.哈尔滨：黑龙江人民出版社，2001.

[2] 陈伯海.回归生命的本源［M］.北京：商务印书馆，2012.

[3] 陈惠邦.教育行动研究［M］.台北：师大书苑，1998.

[4] 陈永明.教师教育研究［M］.上海：华东师范大学出版社，2002.

[5] 陈玉琨.教育从自发走向自觉［M］.上海：华东师范大学出版社，2013.

[6] 冯建军.生命化教育［M］.北京：教育科学出版社，2010.

[7] 高恒天.道德与人的幸福［M］.北京：中国社会科学出版社，2004.

[8] 高清海.人的“类生命”与“类哲学”［M］.长春：吉林人民出版社，1998.

[9] 高清海.人就是“人”［M］.沈阳：辽宁人民出版社，2001.

[10] 郭湛.主体性哲学——人的存在及其意义［M］.北京：中国人民大学出版社，2010.

[11] 金生鈜.理解与教育：走向哲学解释学的教育哲学导论［M］.北京：教育科学出版社，1997.

[12] 兰明.人与人的存在［M］.哈尔滨：黑龙江大学出版社，2013.

[13] 李秉德.教学论［M］.北京：人民教育出版社，2001.

[14] 李德顺.新价值论［M］.昆明：云南人民出版社，2004.

[15] 李定仁，徐继存.教学论研究二十年［M］.北京：人民教育出版社.2001.

[16] 李连科.价值哲学引论［M］.北京：商务印书馆，1999.

[17] 李长吉.教学价值观念论［M］.兰州：甘肃教育出版社，2004.

[18] 刘济良.青少年价值观教育研究［M］.广州：广东教育出版社，2003.

[19] 刘济良. 生命教育论 [M]. 北京：中国社会科学出版社，2004.

[20] 刘铁芳. 给教育一点形而上的关怀——刘铁芳教育讲演录 [M]. 上海：华东师范大学出版社，2007.

[21] 刘铁芳. 回到原点——时代冲突中的教育理念 [M]. 上海：华东师范大学出版社，2006.

[22] 刘铁芳. 追寻有意义的教育——教师职业人生叙事 [M]. 长沙：湖南师范大学出版社，2006.

[23] 刘铁芳. 走向生活的教育哲学 [M]. 长沙：湖南师范大学出版社，2005.

[24] 龙宝新. 教师教育文化创新研究 [M]. 北京：教育科学出版社，2009.

[25] 龙宝新. 教师专业成长力研究 [M]. 北京：中国社会科学出版社，2014.

[26] 欧阳光伟. 现代哲学人类学 [M]. 沈阳：辽宁人民出版社，1986.

[27] 潘懋元，王伟廉. 高等教育学 [M]. 福州：福建教育出版社，2007.

[28] 12 所重点师范大学. 教育学基础 [M]. 北京：教育科学出版社，2008.

[29] 尚凤祥. 现代教学价值体系论 [M]. 北京：教育科学出版社，1996.

[30] 沈亚生，李莹，袁树中. 人学思潮前沿问题探究 [M]. 北京：社会科学文献出版社，2010.

[31] 石中英. 知识转型与教育改革 [M]. 北京：教育科学出版社，2001.

[32] 司马云杰. 价值实现论——关于人的文化主体性及其价值实现的研究 [M]. 西安：陕西人民出版社，2003.

[33] 司马云杰. 文化价值论 [M]. 西安：陕西人民出版社，2003.

[34] 孙杰远，徐莉. 人类学视野下的教育自觉 [M]. 桂林：广西师范大学出版社，2007.

[35] 孙利天. 死亡意识 [M]. 长春：吉林教育出版社，2001.

[36] 孙正聿. 超越意识 [M]. 长春：吉林教育出版社，2001.

[37] 王策三. 教学论稿 [M]. 北京：人民教育出版社，1985.

[38] 王定功. 生命价值论 [M]. 北京：教育科学出版社，2013.

[39] 王坤庆. 教育哲学——一种哲学价值论视角的研究 [M]. 武汉：华中

师范大学出版社，2006.

[40] 王坤庆．现代教育价值论探寻 [M]．长沙：湖南教育出版社，1990.

[41] 王坤庆．现代教育哲学 [M]．武汉：华中师范大学出版社，1999.

[42] 王双桥．人学概论 [M]．长沙：湖南大学出版社，2004.

[43] 王玉樑．从理论价值哲学到实践价值哲学 [M]．北京：人民教育出版社，2013.

[44] 王枬．教师发展：从自在走向自为 [M]．桂林：广西师范大学出版社，2007.

[45] 吴天岳．意愿与自由 [M]．北京：北京大学出版社，2010.

[46] 吴振利．美国大学教师教学发展研究 [M]．北京：教育科学出版社，2012.

[47] 肖川．教育的理想与信念 [M]．长沙：岳麓书社，2002.

[48] 辛继湘．教学价值的生命视界 [M]．长沙：湖南师范大学出版社，2006.

[49] 熊晓红，王国银．价值自觉与人的价值 [M]．北京：人民教育出版社，2007.

[50] 徐百柯．民国风度 [M]．北京：九州出版社，2011.

[51] 薛忠祥．教育存在论——教育科学的形而上学基础研究 [M]．武汉：武汉大学出版社，2013.

[52] 颜普元．教育以人为本：我国现代学校教育的回眸与思考 [M]．广州：中山大学出版社，2005.

[53] 杨国荣．理性与价值 [M]．上海：上海三联书店，1998.

[54] 叶澜．教师角色与教师发展新探 [M]．北京：教育科学出版社，2001.

[55] 叶澜．教育概论 [M]．北京：人民教育出版社，1999.

[56] 叶澜．教育理论与学校实践 [M]．北京：高等教育出版社，2000.

[57] 叶澜．面向21世纪新基础教育探索性报告集 [M]．上海：上海三联书店，1999.

[58] 袁贵仁．价值学引论 [M]．北京：北京师范大学出版社，1991.

[59] 袁贵仁．马克思的人学思想 [M]．北京：北京师范大学出版社，1996.

[60] 张楚廷．大学教学学 [M]．长沙：湖南师范大学出版社，2002.

[61] 张世英. 哲学导论 [M]. 北京：北京大学出版社，2007.

[62] 张曙光. 生存哲学——走向本真的存在 [M]. 昆明：云南人民出版社，2001.

[63] 张天宝. 主体性教育 [M]. 北京：教育科学出版社，2001.

[64] 张文质. 教育的十字路口 [M]. 上海：华东师大出版社，2002.

[65] 张文质. 生命化教育的责任与梦想 [M]. 上海：华东师范大学出版社，2006.

[66] 赵昌木. 教师成长论 [M]. 兰州：甘肃教育出版社，2004.

[67] 赵汀阳. 论可能生活 [M]. 北京：生活·读书·新知三联书店，1994.

[68] 中国陶行知研究会. 陶行知教育思想理论与实践 [M]. 合肥：安徽教育出版社，1991.

[69] 朱桂琴. 教师的实践性格 [M]. 哈尔滨：黑龙江教育出版社，2012.

[70] 朱旭东. 教师专业发展理论研究 [M]. 北京：北京师范大学出版社，2013.

[71] 邹进. 现代德国文化教育学 [M]. 太原：山西教育出版社，1992.

（二）外文著作

[1] 马尔蒂莫·J. 阿德勒. 哲学的误区 [M]. 汪关盛等，译. 上海：上海人民出版社，1992.

[2] R. 奥伊肯. 人生的意义与价值 [M]. 张蕾，译. 北京：新星出版社，2013.

[3] 德里克·博克. 美国高等教育 [M]. 北京：北京师范大学出版社，1991.

[4] 厄内斯特·博耶. 关于美国教育改革的演讲 [M]. 涂艳国，译. 北京：教育科学出版社，2002.

[5] 亨利·柏格森. 形而上学导言 [M]. 刘放桐，译. 上海：商务印书馆，2001.

[6] 约翰·S. 布鲁贝克. 高等教育哲学 [M]. 王承旭等，译. 杭州：浙江教育出版社，2001.

[7] 第斯多惠. 德国教师培养指南 [M]. 袁一安，译. 北京：人民教育出版社，2001.

［8］恩格斯．自然辩证法［M］．北京：人民出版社，1955.

［9］埃里希·弗洛姆．爱的艺术［M］．亦非，译．北京：京华出版社，2006.

［10］利希·弗洛姆．健全的社会［M］．欧阳谦，译．贵阳：贵州人民出版社，1994.

［11］歌德．德国诗选［M］．钱春绮，译．上海：上海译文出版，1982.

［12］黑格尔．精神现象学［M］．贺麟，王玖兴，译．北京：商务印书馆，1979.

［13］怀特海．教育的目的［M］．徐汝舟，译．北京：生活·读书·新知三联书店，2002.

［14］马丁·海德格尔．存在与时间［M］．陈嘉映，王庆节．译．北京：生活·读书·新知三联书店，2006.

［15］安东尼·吉登斯．现代性与自我认同［M］．赵旭东，译．北京：生活·读书·新知三联书店，1998.

［16］杰里·加斯顿．科学的社会运行——英美科学界的奖励系统［M］．顾昕等，译．北京：光明日报出版社，1988.

［17］克拉克·克尔．大学的功用［M］．陈学飞等，译．南昌：江西教育出版社，1993.

［18］恩斯特·卡西尔．人论［M］．甘阳，译．上海：上海译文出版社，1985.

［19］康德．康德著作全集［M］．李秋零，译．北京：中国人民大学出版社，2007.

［20］康德．实践理性批判［M］．韩水法，译．北京：商务印书馆，1999.

［21］夸美纽斯．大教学论［M］．傅任敢，译．北京：人民出版社，1984.

［22］唐纳德·肯尼迪．学术责任［M］．阎凤桥等，译．北京：新华出版社，2002.

［23］哈瑞·刘易斯．失去灵魂的卓越［M］．侯定凯，译，上海：华东师范大学出版社，2007.

［24］兰德曼．哲学人类学［M］．阎嘉，译．贵阳：贵州人民出版社，1988.

［25］卢梭．社会契约论［M］．何兆武，译．北京：商务印书馆，1980.

[26] 洛克. 人类理解论［M］. 关文运，译. 北京：商务印书馆，1959.

[27] 米切尔·兰德曼. 哲学人类学［M］. 张乐天，译. 上海：上海译文出版社，1988.

[28] 伊丽莎白·劳伦斯. 现代教育的起源和发展［M］. 纪晓林，译. 北京：北京语言学院出版社，1992.

[29] 列宁. 列宁选集［M］. 北京：人民出版社，1972.

[30] 赫伯特·马尔库塞. 单向度的人——发达工业社会意识形态研究［M］. 刘继，译. 上海：上海译文出版社，2008.

[31] 罗伯特·默顿. 社会理论和社会结构［M］. 唐少杰，译. 南京：译林出版社，2006.

[32] 马克思，恩格斯. 马克思恩格斯全集［M］. 北京：人民出版社，1995.

[33] 马克思. 1844年经济学哲学手稿［M］. 北京：人民出版社，2000.

[34] 马斯洛. 马斯洛人本哲学［M］. 成明编，译. 北京：九州出版社，2003.

[35] 弗兰克·纽曼，莱拉·科特瑞米，杰米·斯葛瑞. 高等教育的未来：浮言、现实与市场风险［M］. 李沁，译. 北京：北京大学出版社，2012.

[36] 约翰·亨利·纽曼. 大学的理想［M］. 徐辉等，译. 杭州：浙江教育出版社，2001.

[37] 马克斯·舍勒. 人在宇宙中的地位［M］. 李伯杰，译. 贵阳：贵州人民出版社，1989.

[38] 让-保罗·萨特. 存在主义是一种人道主义［M］. 周煦良，汤永宽，译. 上海：上海译文出版社，1988.

[39] 史密斯，韦伯斯特. 后现代大学的来临？［M］. 侯定凯，译. 北京：北京大学出版社，2014.

[40] 马克斯·韦伯. 经济与社会（上卷）［M］. 林荣远，译. 北京：商务印书馆，1997.

[41] 卡尔·雅斯贝尔斯. 时代的精神状况［M］. 王德峰，译. 上海译文出版社，1997.

[42] Becker, Howard S. "The Nature of a Profession." //Henry N B. Education for the professions［M］. New York：NssE，1962.

［43］ SCHWARTZ SH. Normative influences on altruism ［M］. Advances in exper-
imental social psychology. New York：Academic Press，1977.

［44］ David F. Labaree. How To Succeed in School in School without Really Learn-
ing：The Gredentials Race in American Education ［M］. New Haven &
London：Yale University Press，1977.

［45］ Oatly. K. Emotion：theories. In A. E. Kazdin，Encyclopedia of psychology，
Vol. 3. New York/Oxford：American Psychological Association ［M］. Oxford
University Press，2000.

［46］ Polanyi，M. The Tacit Dimension ［M］. London：Routledge & Kegan
Paul，1966.

［47］ National Education Association. Faculty Development in Higher Education：
Enhancing a National a National Resource ［M］. A booklet in the series to
promote Academic Justice and Excellence. Washington，DC，1992.

二、学术论文类

（一）中文论文类

［1］巴登尼玛，李松林，刘冲. 人类生命智慧提升过程是教育学学科发展的
原点 ［J］. 教育研究，2004（6）：20－24.

［2］蔡宝来，王会亭. 教学理论与教学能力：关系、转化条件与途径 ［J］.
上海师范大学学报（哲学社会科学版），2012（1）：49－52.

［3］曹霞，姚利民，黄书真. 提升高校课堂教学有效性的对策探讨 ［J］. 高
教探索，2012（2）：70－75.

［4］曹月新，张博伟. 高校教师教学能力培养问题研究 ［J］. 东北师范大学
（哲学社会科学），2016，（2）：208－213.

［5］常艳芳，顾旭东. 论大学学术秩序的建立与学术责任的担当 ［J］. 江苏
高教，2016（3）：44－47.

［6］陈桂生. 也谈"教师角色" ［J］. 江西教育科研，2005（6）：63－63.

［7］陈莉莉，庄铭杰. 高校教师工作时间的有限性探析 ［J］. 理工高教研
究，2005（12）：79－81.

［8］陈梦稀. 教学价值辨析 ［J］. 湘潭大学学报（哲学社会科学版），2004

（4）：157－159.

［9］陈时见，周虹．高校教师教学发展的内涵特征与实践路径［J］．高等教育研究，2016（8）：35－39.

［10］陈锡坚．学术性视野中大学教师专业发展的逻辑［J］．教育研究，2011（8）：81－84.

［11］程良宏．教师的理论自觉：意涵与价值［J］．教育发展研究，2011（4）：54－58.

［12］杜静．英国教师在职教育发展研究［D］．重庆：西南大学，2007.

［13］樊泽恒．提升大学教师教学能力的技术选择及策略［J］．高等教育研究，2009（8）：90－91.

［14］范彦彬．高校教师教学发展电子档案袋设计与应用研究［J］．北京邮电大学学报（社会科学版），2016（2）：104－109.

［15］方兰然．新建本科院校教师教学发展若干问题的思考［J］．南阳理工学院学报，2012（3）：56－59.

［16］方明军，毛晋平．我国大学教师职业认同现状的调查与分析［J］．高等教育研究，2008（7）：56－61.

［17］冯爱秋，杨鹏，林琳．地方高校教师教学投入状况调查分析［J］．中国大学教学，2015（12）：68－74.

［18］冯现冬．唤醒生命"自觉"——对教育本质的思考［J］．当代教育科学，2016（11）：30－32.

［19］高清海．主体呼唤的历史根据和时代内涵［J］．中国社会科学，1994（4）：90－98.

［20］耿国彦．教师角色：从"规定"走向"赢得"［J］．教育发展研究，2007（5）：23－26.

［21］韩建华．教学学术观念及其对大学教师专业发展的启示［J］．江西社会科学，2009（8）：236－239.

［22］何妮．教师本科教学性投入问题研究［D］．西安：西北大学，2012.

［23］何旭明．教师教学投入影响学生学习投入的个案研究［J］．教育学术月刊，2014（7）：93－97.

[24] 何云峰，丁三青. 大学教学的品性、发展困惑及改革路径选择 [J].
中国高教研究，2010 (4)：104 - 107.

[25] 贺蓉蓉. 高校教师教学失范行为的预防策略 [J]. 成都大学学报（社
科版），2012 (2)：121 - 123.

[26] 胡蓉，陈璐. 高校教师教学水平现状及提升策略 [J]. 西安邮电学院
学报，2011 (5)：132 - 135.

[27] 黄元国. 大学卓越教学研究 [D]. 长沙：湖南师范大学，2014.

[28] 贾英健. 认同的哲学意蕴与价值认同的本质 [J]. 山东师范大学学报
（社会科学版），2006 (1)：10 - 16.

[29] 蒋明宏，胡佳新. 从情感关怀到生命自觉的教师自我升华 [J]. 教育
理论与实践，2016 (1)：36 - 40.

[30] 金家新. 高等教育质量的人本立场、生命缺位与教育救赎 [J]. 理论
导刊，2015 (11)：32 - 35.

[31] 康翠萍. 从"理念"到"行动"：高校教师教学发展的理性之思 [J].
江苏高教，2016 (2)：5 - 11.

[32] 李宝斌. 转型时期通往教育自觉的高校教师评价 [D]. 武汉：华中科
技大学，2012.

[33] 李兵. 教风与大学教师的职业认同 [J]. 中国大学教学，2014 (6)：
27 - 33.

[34] 李德顺. 以实践的思维方式研究价值 [J]. 人文杂志，1998 (1)：7
- 8.

[35] 李继秀. 教师生命价值及其实现 [J]. 教师教育研究，2006 (5)：40
- 43.

[36] 李楠，仇勇. 高校教师教学绩效评价模式研究 [J]. 教育评论，2015
(1)：59 - 61.

[37] 李沛，杨宁，韦钢. 高校教师教学能力研究 [J]. 教育与职业，2013
(8)：71 - 72.

[38] 李森. 教学动力的本质与特征 [J]. 四川师范大学学报（社会科学
版），2000 (3)：8 - 13.

［39］李尚卫．试析教育的内在价值与外在价值［J］．教育理论与实践，2004（6）：4-6.

［40］李淑云．价值自觉：社会主义核心价值构建的根本维度［J］．甘肃理论学刊，2016（1）：48-50.

［41］李小波．论教师的教育研究［D］．上海：华东师范大学，2006.

［42］李学书．从认识论到生存论：中小学作业改革的新取向［J］．课程·教材·教法，2013（7）：33.

［43］李艳梅．中国特色高校教师发展与使命自觉［D］．长春：吉林大学，2017.

［44］李焰，赵君．幸福感研究概述［J］．沈阳师范大学学报（社会科学版），2004（2）：22-26.

［45］杨建华．理性的困境与理性精神的重塑［J］．浙江社会科学，2014（1）：104-111.

［46］李永，陈达云．关于高校教师教学发展工作的思考［J］．民族教育研究，2015（1）：71-75.

［47］李政涛．教育呼唤"生命自觉"［J］．人民教育，2010（23）：9-12.

［48］李政涛．生命自觉与教育自觉［J］．教育研究，2010（4）：5-11.

［49］李政涛．心在哪，智慧就在哪［J］．人民教育，2008（23）：16.

［50］刘次林．教师的幸福［J］．教育研究，2000（5）：22-26.

［51］刘莉．唤起我们时代的成人自觉［J］．湖南师范大学教育科学学报，2017（5）：123-124.

［52］刘铁芳．培育中国人：当代中国的教育自觉［J］．湖南师范大学教育科学学报，2018（2）：1-11.

［53］刘小强，陈明伟．大学教师教学发展：现状、特点与对策——基于3所地方教学研究型大学的实证研究［J］．国家教育行政学院学报，2012（1）：80-85.

［54］刘晓颖．高校教师教学能力的培养与提升［J］．中国成人教育，2014（1）：95-96.

［55］刘秀华．马克思实践观视域中价值自觉的内涵及功能［J］．前沿，

2013（23）：15－17.

［56］刘旭东．关注生命价值与创新教育琐谈［J］．青海民族学院学报（社科科学版），2005（2）：100－103.

［57］刘学利．教师教学价值观的现状与分析［J］．沈阳师范大学学报（社会科学版），2007（2）：91－94.

［58］刘亚明．生命价值论要［J］．社会科学研究，2016（6）：136－142.

［59］刘勇．试论我国高校教师教学评价体系重构［J］．黑龙江高教研究，2016（1）：59－61.

［60］刘振天．高校教师教学投入的理论、现状及其策略［J］．中国高教研究，2013（8）：14－19.

［61］楼军江．反思自觉：应用型高校教师教学立场的探索与建立［J］．中国高等教育，2014（2）：42－45.

［62］卢菲菲．教学学术：高校教学质量提高的关键点［J］．高等理科教育，2011（4）：19－26.

［63］鲁洁．教育：人之自我建构的实践活动［J］．教育研究，1998（9）：13－18.

［64］鲁洁．教育的返璞归真——德育之根基所在［J］．华东师范大学学报（教育科学版），2001（4）：1－6.

［65］鲁洁．实然与应然两重性：教育学的一种人性假设［J］．华东师范大学学报（教育科学版），1998（4）：1－8.

［66］鲁洁．一个值得反思的教育信条：塑造知识人［J］．教育研究，2004（6）：3－7.

［67］鲁洁．走向世界历史的人——论人的转型与教育［J］．教育研究，1999（11）：3－10.

［68］路日亮．人的生命价值与人的全面发展［J］．中国特色社会主义研究，2012（5）：36－41.

［69］罗秋兰．高校教师教学能力提升的妨碍因素及对策研究［J］．教育与职业，2012（36）：79－81.

［70］吕林海．大学教学学术的机制及其教师发展意蕴［J］．高等教育研究，

2009（8）：83－88.

[71] 马敏. 关于高校人文社会科学如何创建一流的思考 [J]. 中国大学教学，2016（9）：4－7.

[72] 马秋丽. 论优秀传统文化的现代德育功能 [J]. 湖南科技学院学报，2005（8）：172－173.

[73] 马秋丽，燕良轼. 教育的生命价值探索 [J]. 高等教育研究，2006（1）：27－30.

[74] 马廷奇. 论大学教师的教学责任 [J]. 高等教育研究，2008（5）：20－25.

[75] 缪锌. 地方高校教师教学能力提升的研究与实践 [J]. 教育理论与实践，2015（33）：45－47.

[76] 潘懋元，别敦荣. 2014 年中国高等教育研究的回顾与述评 [J]. 高校教育管理，2015（2）：1－7.

[77] 潘懋元，罗丹. 高校教师发展简论 [J]. 中国大学教学，2007（1）：5－8.

[78] 潘懋元. 大学教师发展与教学质量提升 [J]. 深圳大学学报（人文社会科学版），2007（1）：23－25.

[79] 彭春妹. 大学教学：应然、实然与当然 [J]. 大学教育科学，2010（3）：29－32.

[80] 彭泽平，徐辉. 守护批判品性：大学教学的超越之道 [J]. 高等教育研究，2013（1）：76－80.

[81] 蒲新微. 论实践视阈下人的生命价值及其实现路径 [J]. 理论探讨，2009（5）：82－85.

[82] 邱艳萍. 我国高校教师教学发展研究：现状、问题及趋势 [J]. 宝鸡文理学院学报（社会科学版），2016（4）：109－112.

[83] 任艳红. 高校教学评价制度的反思与重构 [D]. 西安：陕西师范大学，2011.

[84] 荣司平. 论教育的内在价值 [J]. 青海师范大学学报（哲学社会科学版），2013（6）：146－148.

［85］邵小佩，杨晓萍．让教学为生命的成长奠基［J］重庆师范大学学报（哲学社会科学版），2014（2）：97－100.

［86］申继亮，王凯荣．论教师的教学能力［J］．北京师范大学学报（人文社会科学版），2000（1）：66－67.

［87］时伟．大学教师专业发展模式探析——基于大学教学学术性的视角［J］．教育研究，2008（7）：81－84.

［88］宋宝安，蒲新微．论当代老年人的心理特点与生存价值［J］．社会科学战线，2005（5）：192－196.

［89］宋洁绚．"自觉"与"自决"：原理性课程教学应有之义［J］教育研究与实验，2015（3）：54－57.

［90］孙美堂．从实体思维到实践思维［J］．哲学动态，2003（9）：6－10.

［91］孙美堂．价值论研究与哲学形态转换［J］．中国人民大学学报，2007（1）：72－77.

［92］孙伟平，罗建文．从自发到自觉：民生幸福的价值追求［J］．西北大学学报（哲学社会科学版），2013（5）：29－33.

［93］孙伟平．价值的主体性维度及其意蕴［J］．湘潭大学学报（哲学社会科学版），2007（5）：100－104.

［94］孙伟平．价值定义略论［J］．湖南师范大学学报（社会科学版），1997（4）：9－14.

［95］孙伟平．价值与人［J］．山东社会科学，2007（6）：72－76.

［96］孙伟平．论价值论研究的历史方法［J］．河北学刊，2007（3）：34－38.

［97］孙晓慧．高校教学质量评价体系研究［J］．社会科学战线，2013（5）：279－280.

［98］谈儒强．从情感视角看教师的专业认同［J］．教育与现代化，2008（3）：51－60.

［99］谭建平，罗静．价值自发到价值自觉：当代公民教育嬗变之途径［J］．求索，2016（11）：40－44.

［100］唐世纲．大学教师教学自由权的失落与复归［J］．教育评论，2015

（3）：74－76.

［101］唐英. 价值·生命价值·生命价值观：概念辨析［J］. 求索，2010
（7）：87－89.

［102］汪信砚. 全球化中的价值认同与价值观冲突［J］. 哲学研究，2002
（11）：22－26.

［103］王春光. 反思型教师教育研究［D］. 长春：东北师范大学，2007.

［104］王国银. 论价值自发和价值自觉［J］. 学术论坛，2005（12）：12
－16.

［105］王洪才. 论大学教学文化的缘起、难题与出路［J］. 四川师范大学学
报（社会科学版），2015（3）：73－80.

［106］王建华. 大学教师发展——"教学学术"的维度［J］. 现代大学教
育，2007（2）：1－5.

［107］王健. 关怀生命：教育的本真追求［J］. 集美大学学报（教育科学
版），2012（1）：51－55.

［108］王军. 论教学专业的理论解释［J］. 教师教育研究，2015（6）：8
－13.

［109］王伟杰. 基于"自组织"的高校教师教学发展中心运作范式探究［J］.
教育理论与实践，2016（15）：45－47.

［110］王小英. 教育原点的偏离与回归：点化与润泽生命［J］. 学前教育研
究，2008（4）：34－37.

［111］王晓萍. 应用型人才智能结构与地方高校教师教学质量的评价［J］.
求索，2015，（7）：188.

［112］王玉樑. 价值自觉与科学发展观［J］天津社会科学，2008（1）：10－
14.

［113］王长纯. 教师专业发展：对教师的重新发现［J］. 教育研究，2001
（1）：45－48.

［114］魏薇，陈旭远，高亚杰. 论我国高校教师专业发展"自为"的缺失与
建立［J］. 国家教育行政学院学报，2011（2）：17－20.

［115］吴洪富. 高校教师教学发展中心的实践课题［J］. 高等教育研究，

2014（3）：45－53.

［116］ 吴振利．美国大学教师教学发展研究［D］．长春：东北师范大学，2010.

［117］ 徐继存．学校课程建设的价值自觉［J］．西北师大学报（社会科学版），2018（6）：106－111.

［118］ 宣杰，张荣军．走向自由自觉：人类劳动发展的价值应当［J］．贵州社会科学，2017（6）：32－36.

［119］ 闫学军，王雷震，汪晋宽．高校教师教学反思的阻碍及对策研究［J］．国家教育行政学院学报，2014（2）：73－76.

［120］ 杨耕．如何讲授《辩证唯物主义和历史唯物主义原理》导论［J］．教学与研究，1996（5）：24－28.

［121］ 杨继利．论教师的教育生命自觉与教育本真之境的抵达［J］．教育理论与实践，2016（2）：33－35.

［122］ 杨君，贾炜茵．课堂教学生命价值缺失的表现及原因发现［J］．内江师范学院学报，2014（7）：105－108.

［123］ 杨小微．教学中的价值引导与价值商谈［J］．教育科学研究，2004（10）：5－9.

［124］ 杨珍，牟占军．基于层次分析法的高校教师教学质量评价研究［J］．内蒙古工业大学（社会科学版），2010（1）：111－115.

［125］ 姚利民，綦珊珊，郑银华．大学教师成为教学学术型教师之路径探讨［J］．大学教育科学，2006（5）：41－45.

［126］ 姚林群．论教师的价值自觉［J］．中国教育学刊，2011（5）：69－71.

［127］ 叶澜．让课堂焕发出生命活力［J］．教育研究，1997（9）：3－8.

［128］ 叶澜．时代精神与新教育理念的构建［J］．教育研究，1994（10）：3－8.

［129］ 于伟．终极关怀教育与现代人"单向度"性精神危机的拯救［J］．东北师范大学学报（哲学社会科学版），2001（1）：92－97.

［130］ 于蔚华．富有生命活力的课堂教学样态探究［D］．长春：东北师范大

学，2009．

[131] 余承海，曹安照．论高校教学质量的文化保障［J］．江苏高教，2014
（1）：87－90．

[132] 俞世伟．生命价值实现的逻辑要素：能力、规则与资源［J］．齐鲁学
刊，2013（2）：82－85．

[133] 詹小美，苏泽宇．文化自觉的认同逻辑［J］．贵州社会科学，2017
（1）：107－112．

[134] 张爱琴，谢利民．教师角色定位的本质透视［J］．教育评论，2002
（5）：41－44．

[135] 张华．教师角色的迷失与澄明［J］．西南大学学报（社会科学版），
2010（2）：129－134．

[136] 张会杰．成为自己教学的研究者：高校教师教学发展的重要途径——
兼论高校教师教学发展中心对教师教学研究的促进［J］．现代大学教
育，2014（5）：93－99．

[137] 张继延，万勇华．试论职业理想及其实现途径［J］．学校党建与思想
教育，2010（12）：77－78．

[138] 张曙光．生存哲学的命意及其当代旨趣［J］．哲学动态，2001（1）：
2－7．

[139] 张笑秋，潘攀．高校教师教学能力发展体系构建分析——以人力资源
管理为视角［J］．中国高等教育评估，2016（2）：33－37．

[140] 张秀荣．教学学术视角下高校教师师德的实践分析［J］．内蒙古师范
大学学报（教育科学版），2016（3）：73－75．

[141] 张应强．大学教师的专业化与教学能力建设［J］．现代大学教育，
2010（4）：35－39．

[142] 郑爽．我国教师教育者自我研究的初步探索［D］．北京：首都师范大
学，2011．

[143] 郑晓红．论生活与生命［J］．江西师范大学学报（哲学社会科学版），
2001（3）：107－112．

[144] 郑志辉，刘义兵．论教学价值认识的思维范式转换［J］．江苏高教，

2008（2）：86 -71.

[145] 周波，刘世民. 教学学术视域下大学教学的品性及其意蕴 [J]. 高等教育研究，2018（6）：67 -73.

[146] 周波，任登波. 教学学术视角下大学初任教师专业发展研究的审视 [J]. 首都师范大学学报（社会科学版），2012（2）：76 -82.

[147] 周波. 教学学术：高校教师教学专业发展的内生点 [J]. 国家教育行政学院学报，2016（4）：47 -52.

[148] 周家荣. 论生存教育对生命价值的回归 [J]. 职业技术教育，2009（19）：14 -17.

[149] 周立光. 技术理性及其现代命运 [D]. 哈尔滨：黑龙江大学，2007.

[150] 周鹏. 论对教师的生命关怀 [J]. 教育评论，2012（5）：30 -32.

[151] 朱小蔓，王平. 在职场中生长教师的生命自觉——兼及陶行知"以教人者教己"的思想与实践 [J]. 南京师大学报（社会科学版），2017（3）：67 -74.

[152] 朱新武. 高校教师教学能力提升存在的问题与对策 [J]. 教育探索，2013（6）：124 -126.

[153] 朱哲，薛焱. 价值自觉、价值自信与价值实践 [J]. 思想教育研究，2014（5）：23 -27.

（二）外文论文类

[1] Caralin Kreber. Patricia A Cranton Exploring the Scholarship of Teaching [J]. The Journal of Higher Education，2000（4）：23 -26.

[2] Edward Hebert，Tery Worthy. Does the first year of teaching have to be a bad one？[J]. Teaching and Teacher Education，2001（18）：86 -89.

[3] FRANCIS J B. How Do We Get There From Here？Program Design for Faculty Development [J]. The Journal of Higher Education，1975（6）：719 -732.

[4] Hwtchings. p. &lees. Shulman. The scholarship of Teaching New Elaborations，New Developments [J]. Change - the Magazine of Higher Learning，1999（5）：10 -15.

[5] JUDYTH SACHS. Teacher professional identity：competing discour-

ses. Competing outcomes ［J］. Education policy, 2001 (2): 153 - 158.

［6］ Keith Trigwell. Scholarship of Teaching ［J］. Hinger education research and development, 2002 (2): 31 - 36.

［7］ Maxine P. Atkinson North Carolina State University. The Scholarship of Teaching and Learning ［J］ Reconceptualizing Scholarship and Transforming the Academy Social Forces, 2001 (4): 1217 - 1230.

［8］ Michael Strong. Wendy Baron An analysis of mentoring conversations with beyinning teacher: suygestions and responses ［J］. Teaching and Teacher Education, 2004 (1): 47 - 57.

［9］ RALPH N. Stages of Faculty Development ［J］. New Directions for Higher Education, 1973 (1): 61 - 68.

［10］ WATSONG, GROSSMAN L H. Pursuing a Comprehensive Faculty Development Program: Making Fragmentation Work ［J］. Journal of Counseling & Development, 1994 (72): 465 - 473.